国家级专业技术人员继续教育基地
专业技术人员知识更新系列丛书

孟 添 刘新宇 著

上海地区网络借贷信息中介业务合规专家解读与释义

上海大学出版社

内 容 提 要

从最初的"三无行业"(无门槛、无规则、无监管)到现今的监管体系逐步形成,国内网络借贷行业的发展已过十年。业务合规成为本行业健康可持续发展的重中之重。本书作为一本工具书,发挥参考作用,具有"系统全面同时重点突出,理论性与实用性兼具"的特色。本书充分结合网贷行业实践,从专家的角度对业务合规进行解读与释义,能够为行业从业人员,特别是高管团队与合规、风控专业技术人员,认识、理解与落实业务合规提供有益的建设性意见,助力上海地区相关从业机构积极拥抱监管,深入理解网贷规范,实现合规、稳健的可持续发展。

本书入选国家级专业技术人员继续教育基地专业技术人员知识更新系列丛书。

图书在版编目(CIP)数据

上海地区网络借贷信息中介业务合规专家解读与释义 / 孟添,刘新宇著.—上海:上海大学出版社,2018.6
ISBN 978-7-5671-3094-4

Ⅰ.①上… Ⅱ.①孟… ②刘… Ⅲ.①互联网络—应用—借贷—研究—上海 Ⅳ.①F832.4-39

中国版本图书馆 CIP 数据核字(2018)第 053846 号

责任编辑 刘　强
封面设计 柯国富
技术编辑 金　鑫　章　斐

上海地区网络借贷信息中介业务合规专家解读与释义
孟　添　刘新宇　著
上海大学出版社出版发行
(上海市上大路99号　邮政编码200444)
(http://www.press.shu.edu.cn　发行热线 021-66135112)
出版人　戴骏豪

*

南京展望文化发展有限公司排版
上海华业装潢印刷厂印刷　各地新华书店经销
开本710 mm×1010 mm　1/16　印张21.25　字数370千
2018年6月第1版　2018年6月第1次印刷
ISBN 978-7-5671-3094-4/F・176　定价 68.00元

特约顾问

唐豪（上海市政府参事、上海大学上海科技金融研究所所长、教授）
王喆（上海市互联网金融行业协会首席专家兼秘书长）

学术与专家支持机构

国家级专业技术人员继续教育基地（上海大学）
上海市互联网金融行业协会
上海经济管理中心
中伦律师事务所
上海大学上海科技金融研究所

序 一

王 喆*

中国互联网金融经历了萌芽、井喷和调整，来到了2018年，这是由乱到治的关键一年。从互联网金融元年2013年至今，行业发生了显著的变化，"防范风险，合规发展"成了行业关键词。

十九大报告强调金融要服务实体经济，要健全金融监管体系，要守住不发生系统性金融风险的底线。具体到互联网金融专项整治，体现为完善法律法规框架，创新监管方法，建立准入和监管体系，引导其为实体经济服务。

十三届全国人大一次会议召开，国务院总理李克强在政府工作报告中再次提及互联网金融，这是继2014年以来，互联网金融第5次被写入政府工作报告中。此次政府工作报告指出，强化金融监管统筹协调，健全对影子银行、互联网金融、金融控股公司等的监管，进一步完善金融监管。

中央精神的落实体现在监管体系的完善。近两年来，伴随着互联网金融行业专项整治的进行，从中央到地方出台了很多政策，从弱监管向强监管、从粗放监管向精确监管进行转变，而行业也逐渐从无序走向了有序。

这一路走来，我们行业协会，作为行业生态圈中的一环——行业自律组织，发挥着自己应有的作用。我们也特别重视专家智库的建设，组建了若干个专业委员会，以发挥行业专家的力量，帮助行业与会员单位解读政策，研判趋势，提供智力支撑。本书的两位作者——上海大学上海科技金融研究所副所长孟添博士、中伦律师事务所刘新宇律师，都是我们协会风险控制与法律专业委员会的专家委员。非常欣喜能看到他们带领团队联手编著《上海地区网络借贷信息中介业务合规专家解读与释义》。他们从专家的角度，根据现行的发展趋势，对业务

---

* 上海市互联网金融行业协会首席专家兼秘书长。

合规相关法律法规进行了解读与释义,十分有助于推进上海地区相关从业机构积极拥抱监管,深入理解网贷规范,从而实现健康发展。上海大学上海科技金融研究所是协会的长期战略合作伙伴,中伦律师事务所也是协会的常年法律顾问,在这里我要向这两家机构对我们协会一如既往的支持表示衷心的感谢。

  无规矩不成方圆,唯有合规才能发展,这是协会一直倡导的理念。集众人智慧,促行业进步,这是协会一直在做的事,也是出版本书的初衷。本书凝聚了众多专家的智慧,对现有的合规实务进行了探讨交流,加深理解,一定能够切切实实为各方提供有益的参考,引导行业自律,推进行业规范发展。

2018年3月于陆家嘴

序 二

混沌与芳华 涅槃与重生
——2017年网贷行业回顾与展望*

孟 添

中国的网贷行业（线上平台）发展，最早可以追溯到2007年（拍拍贷那年成立）。2013年，随着余额宝的推出，一石击起千层浪，成为中国互联网金融的元年。P2P网贷作为互联网金融的主要业态之一，也被趁势引爆，一路高开，全国正常运营的平台数量一度达3 476家（第三方数据），发展迅猛，让全球侧目。这是许多人眼中"最好的时代"。与此同时，在"无监管、无标准、无门槛"的三无状态中，平台游走于灰色地带，行业内鱼龙混杂，良莠不齐，野蛮生长，劣币驱逐良币的态势显现。e租宝、中晋等挂羊头卖狗肉的伪P2P平台一一爆雷，负面消息不断。这也是很多人经历过的"最坏的时代"。

于是，在这一片混沌与芳华中，中央的整治在2017年拉开大幕，监管趋严，群雄逐鹿变成大浪淘沙，行业开始进入新的发展阶段。过去一年，行业里什么事情令我印象最深刻？我想了想，写下三件事：

第一件是上海、北京、深圳几大主要城市的网络借贷信息中介机构业务管理实施办法（征求意见稿）公布。标志着监管的要求越来越明晰，开始落地。从2016年8月《网络借贷信息中介机构业务活动管理暂行办法》公布开始，行业步入合规加速期。进入2017年后，从2月的《网络借贷资金存管业务指引》的发布，到年末的《关于做好P2P网络借贷风险专项整治整改验收工作的通知》，粗算一下，相关监管部门发了近十个文件（公开的）。其中还包括，2017年6月

---

* 本文已于2018年1月3日在彭博《商业周刊（中文版）》上发表。

1日正式实施的《网络安全法》。过去的一年是行业的合规年。

第二件是行业内的老牌平台红岭创投宣布清盘,预计过渡期三年。平台的理性退场是这个行业健康发展亟需的。当平台自身的能力与优势无法支撑行业的合规要求"小额分散",理性选择离开,做好不良资产的清算与到期产品的处理,有序退出,让投资者安全上岸,不为社会稳定造成影响,在当下甚为重要,也是平台应尽的社会责任。

第三件是行业内的标杆性企业拍拍贷在纽约证券交易所上市,跻入全球Fintech公司市值前十。拍拍贷是中国网贷行业发展的一个缩影,其最终上市获得市场的认可,是一个标志。说明在金融长尾市场坚持互联网思维与科技的应用,坚持小额分散,做好风控,努力合规经营,最终还是能得到回报的,这个商业逻辑是走得通的。这对依旧坚守在行内的平台无疑是一种鼓励。

以上的"合规加速""理性退出"与"成功上市"都指向行业开始进入生命周期的另一个发展阶段,更趋理性,良币开始驱逐劣币,可持续成为行业共识。

对行业未来的发展,"拥抱监管""不忘初心"与"人才为重"是我认为的三个重要的策略。

拥 抱 监 管

监管是行业可持续发展的保障。

首先,金融行业不可能没有监管,如果说曾经有"监管真空"或者"灰色地带",那一定是暂时的。监管滞后于创新的速度是很难避免的事实。

其次,能够拥抱监管是重要的,ICO被监管"一刀切"的雷霆手段是一个最好的参照。网贷行业是传统融资体系的一个有益补充,虽然没有解决融资贵,至少缓解了融资难。也正因为此,网贷行业虽然负面不少,但并没有被一刀切。能够拥抱监管意味着未来还有发展的空间。

最后,当下,对于网贷平台而言,合规远远重于创新。一方面,平台数量正因为监管趋严剧减,市场的集中度将大大提高。同时整个市场的规模并没有缩小,甚至还在扩大。以上海地区为例(第三方数据),2016年正常运营的平台数量348家,贷款余额1 647.04亿元;2017年正常运营的平台数量273家,贷款余额3 142.71亿元。也就是说,分蛋糕的人在减少,蛋糕仍然在变大。那么成为留下来分蛋糕的人就尤为重要,砍掉游走于监管边界的创新业务,即使这业务比重很大,也应是在所不惜的。

另外，中国金融未来的牌照管理制度应该不会有很大改变。2017年，央行相关领导多次发声：凡是搞金融都要持牌经营，都要纳入监管。同时，牌照也蕴含着自己的价值。比如，支付牌照发放收紧后，一个支付牌照的转让价格已经高达7亿～8亿元。又如，2017年12月发布《关于立即暂停批设网络小额贷款公司的通知》后，据说市场上该牌照的价值已经接近1亿元。

所以，对于网贷平台而言，放弃幻想，停止观望，全力以赴，积极合规是当下的上上之策。

不忘初心

初心是用技术手段实现普惠金融。

首先，网贷平台的产生源自技术的进步与变革。通过科技来降低金融服务的成本，提高风险识别与定价的能力，为金融长尾市场提供更有效的服务，应该成为整个行业的共识。

其次，技术输出应该成为平台转型的优先选项。场景化的大数据已经成为网贷平台发展的核心优势。如果一些平台既没有场景与闭环，又没有数据的长期积累，应该积极考虑转型，特别是通过技术输出的方式与其他传统大型集团（有场景）进行合作，提供解决方案，甚至成为技术外包提供商，这样的合作可能是优势互补，化解自身弱项的优选方案。调整业务真正转型成为所谓的金融科技公司。

最后，行业瓶颈未解，技术仍是破题关键。中国网贷行业的硬伤是征信成本太高，这个问题始终没有得到有效解决，比如网贷行业始终没有接入人民银行的征信体系，又如全国还有4亿～5亿人没有征信记录，等等。上海资信2015年推出的NFCS系统、今年央行信联的筹备……都是试图破题的尝试与探索。在条块分割的体系中，技术依旧是破题的希望所在。

人才为重

人才是行业发展的未来。

首先，雇主品牌建设要引起足够重视。根据《上海市互联网金融人才发展报告（2017）》，薪酬已经不是行业中离职的首要因素，企业的未来空间与对人才发展的关切成为影响流动性的最重要的依据。只有能够将最优秀的人才吸引到行业来,行业才有未来。

其次,人才储备需提上议事日程。虽然,作为新兴行业,目前社会招聘依然是主要渠道,但是建立管培生制度,与高校合作建立人才储备基地,培养一支拥有强烈的愿景共识与极高忠诚度的人才队伍已经成为一项重要任务,将关系到企业未来发展的后劲与加速度。

最后,入行从业必须设立门槛。根据统计,自2013年以来,国务院审议通过取消的国务院部门职业资格许可和认定事项共434项,国务院部门设置的职业资格许可和认定事项已取消70%以上。大环境虽然如此,但既然"凡是搞金融都要持牌经营,都要纳入监管",那么行业从业人员也一定要有门槛。如果不由政府进行许可与认定,也可由行业自律组织自发进行,或对关键岗位,如合规、风控等先行试点。金融行业里,人若管不住,什么都是空谈。银行、证券、保险等行业的从业都是有门槛的,而且还有从业人员征信系统。

总之,未来的一年,我们充满信心,在经历了混沌与芳华之后,期待行业涅槃后的重生。借用冯导电影《芳华》中的一句话:只有经历过岁月的洗礼,才能沉淀美好的芳华,愿芳华永存,一路芬芳。

前　言

终于，这本书要付梓出版了。这可能是互联网金融行业第一本省级区域的业务合规方面的参考书或工具书。从最初的"三无行业"（无门槛、无规则、无监管）到现今的"1+3"监管体系逐步形成，国内网络借贷行业的发展已过十年。

P2P网络借贷风险专项整治工作领导小组办公室于2017年12月8日发布《关于做好P2P网络借贷风险专项整治整改验收工作的通知》，要求相关部门做好网贷机构的整改验收工作，并且提出了逐步完成网贷机构备案登记工作的要求。该通知的发布终于拉开了各地网贷机构整改验收与备案登记工作的序幕。对上海地区的网贷平台而言，备案登记可谓迫在眉睫。网贷行业走过这么多年，从最初的野蛮生长到如今监管规定不断细化下的合规化发展，网贷机构终于迎来了一次真正的大考——备案登记。上海市金融服务办公室于2017年12月26日印发了《上海市网络借贷信息中介机构合规审核与整改验收工作指引表》，对上海地区网贷机构的合规整改提出了168项细化要求。监管规则正不断细化，对网贷机构的合规要求也在不断提高。

业务合规对于新兴金融行业的未来发展是十分重要的。又因为行业的新，业务合规正处于初始阶段，虽然整体监管框架已经基本成形，合规要求也正不断细化，实务界还是存在不少问题没有定论或存在争议，值得深入探讨与交流。在日常的工作交流中，我们也遇到不少从业机构，虽然有拥抱监管、积极合规的心，但面对诸多监管新规，因为各种原因无所适从，不知道从何入手，对症下药。为此，我们联合学界、法律界以及业界的相关专家学者，特别推出这本《上海地区网络借贷信息中介业务合规专家解读与释义》，希望能够充分结合网贷行业实践，从专家的角度对业务合规进行解读与释义，助力上海地区相关从业机构积极拥抱监管，深入理解网贷规范，实现合规、稳健的可持续发展。

本书具有"系统全面同时重点突出，理论性与实用性兼具"的特色，分为以下三个部分：

第一部分为"规范解读篇"。在该部分中，我们分别对适用于上海地区网络借贷领域的多部规范进行了详细解读，内容涵盖《网络借贷信息中介机构业务活动管理暂行办法》(银监会令〔2016〕1号)、《网络借贷资金存管业务指引》(银监办发〔2017〕21号)、《网络借贷信息中介机构业务活动信息披露指引》(银监办发〔2017〕113号)、《上海市网络借贷信息中介机构业务管理实施办法（征求意见稿）》(2017年6月1日，上海市金融办公开征求意见)、《上海市网络借贷电子合同存证业务指引》(2017年6月10日，上海市互联网金融行业协会在首届"中国金融科技上海论坛"上发布)、《关于做好P2P网络借贷风险专项整治整改验收工作的通知》(网贷整治办函〔2017〕57号)、《关于加大通过互联网开展资产管理业务整治力度及开展验收工作的通知》(整治办函〔2018〕29号)。其中既包括中央部委规章、地方规范（含征求意见稿），还包括自律组织的"软法"。同时，我们针对增值电信业务许可、互联网金融广告等专题展开分析论述，希望从多层次、多角度对网贷行为准则、资金存管、信息披露、备案登记、电子合同存证、广告监管、中央及地方监管等方面进行深入探讨。

第二部分为"合规释义篇"。在该部分中，我们详细解读了网络借贷信息中介业务开展与日常运营所涉及的"禁止性规定""法定义务及风险管理要求""平台保护义务""信息披露""违反校园网贷、现金贷相关监管要求""其他违规情形"及"其他风险提示事项"七个方面共计168项合规要点。同时将上海、北京、深圳三地的合规要求进行对比，从专家角度重点对上海地区网络借贷信息中介业务合规提出建设性的参考建议。

第三部分为"附录"。在该部分中，我们对国内网络借贷法律法规及规范性文件进行汇总，列出目录清单，涵盖了P2P风险专项整治、中央/部委及地方监管规范（含征求意见稿）、非法集资以及协会相关指引四个方面；同时我们也为从业机构列举了可能涉及的平台制度，为从业机构在备案登记及日常运营中的制度体系建设提供参考；此外还对互联网资管业务政策进行了梳理。

在最初启动本书撰写工作时，我们就希望能够摆脱单纯对监管条文的"文字性"解读，而能够真正立足网贷行业视角，结合网贷行业实践来进行释义与分析。我们所提出的诸多参考意见与建议，也是由此出发，强调实战性与可操作性。但由于时间较为仓促，虽然作者与专家团队已结合多年深耕互联网金融领域的经验和积累尽力进行解读与释义,但其中可能仍有疏漏和不足之处,对监管政策和精神的理解与领会有待进一步深入,希望广大专家学者和实务界的同仁们批评指正。

本书的完成与出版归功于我们团队成员们的共同参与和努力,他们进行了大量的编写、收集、整理、文献检索与校对的工作,在这里我们要向彭凯、蒋丰一、谢辛、黄媛媛、陈嘉伟、宋海新、张倩文、葛舒、周继云、刘琛、张春燕、任慈、熊神、杨洋、黄由仪、许嘉、黄婧等的贡献与努力表示衷心感谢。我们还要对上海市互联网金融行业协会、中伦律师事务所、上海大学上海科技金融研究所的专家与智力支持表示诚挚的感谢;感谢国家级专业技术人员继续教育基地(上海大学)和上海经济管理中心的支持,本书得以入选专业技术人员知识更新系列丛书,并得到国家人社部和上海市人社局的关心。最后要对上海大学出版社常务副总编傅玉芳编审、刘强编辑表示感谢,他们让本书更有专业特色和可读性,并使本书在较短的时间内得以成功出版。

总之,我们希望本书能够成为一本工具书,发挥参考作用,能够为行业从业人员,特别是高管团队与合规、风控专业技术人员认识、理解与落实业务合规提供有益的建设性的意见,从而助力行业进一步规范发展。让我们大家一起努力,永怀"敬畏金融"之心,共铸行业荣光。

作 者

2018年5月

目　录

规范解读篇 / 1

一、互联网金融基本法《关于促进互联网金融健康发展的指导意见》解读 / 3

二、网贷规范《网络借贷信息中介机构业务活动管理暂行办法（征求意见稿）》解读 / 22

三、网贷规范《网络借贷信息中介机构业务活动管理暂行办法》解读 / 48

四、网贷资金存管规范《网络借贷资金存管业务指引》解读 / 86

五、网贷信息披露规范《网络借贷信息中介机构业务活动信息披露指引》解读 / 101

六、上海网贷规范《上海市网络借贷信息中介机构业务管理实施办法（征求意见稿）》解读 / 120

七、现金贷规范整顿——《关于规范整顿"现金贷"业务的通知》以降，现金贷何去何从 / 146

八、上海市电子存证指引《上海市网络借贷电子合同存证业务指引》解读 / 181

九、增值电信业务许可——国内网贷平台电信业务经营许可类型之辨 / 192

十、互联网金融广告——个体网络借贷广告规范与应对 / 206

十一、网贷风险专项整治整改验收工作——《关于做好P2P网络借贷风险专项整治整改验收工作的通知》解读 / 215

十二、互联网资管业务整顿——《关于加大通过互联网开展资产管理业务整治力度及开展验收工作的通知》解读 / 227

合规释义篇 / 237

一、禁止性规定 / 239

（一）自融 / 239

（二）资金池 / 241

（三）平台担保 / 243

（四）线下营销 / 246

（五）违规放贷 / 248

（六）期限拆分 / 250

（七）发行/代销金融产品 / 252

（八）特定类型债转 / 255

（九）捆绑销售 / 257

（十）虚假宣传与不实披露 / 258

（十一）高风险借款用途 / 261

（十二）股权众筹 / 262

（十三）其他禁止性规定 / 263

二、法定义务及风险管理要求 / 264

（十四）融资项目准入 / 264

（十五）反欺诈 / 265

（十六）反洗钱和反恐怖融资 / 267

（十七）实名注册 / 268

（十八）借款余额 / 269

（十九）信息安全保障 / 270

（二十）募集期 / 273

（二十一）征信系统接入 / 273

（二十二）电子签名与数字认证 / 274

（二十三）网贷业务数据保存 / 276

三、平台保护义务 / 277

（二十四）出借人决策 / 277

（二十五）出借人风险提示、尽职评估与分类管理 / 278

（二十六）借款人风险提示与尽职评估 / 280

（二十七）用户信息采集与使用 / 281

（二十八）网贷资金银行存管 / 283

四、信息披露 / 287

（二十九）信息披露管理 / 287

（三十）信息披露的内容、时间要求 / 287

五、违反校园网贷、现金贷相关监管要求 / 291

（三十一）校园网贷业务 / 291

（三十二）息费收取 / 292

（三十三）客户保护相关要求 / 294

（三十四）审慎经营 / 296

（三十五）非法催收 / 297

（三十六）其他情形 / 298

六、其他违规情形 / 300

（三十七）异地经营 / 300

（三十八）股权代持 / 300

（三十九）增值电信业务许可 / 301

（四十）客户投诉处理 / 302

（四十一）监管工作配合 / 303

七、其他风险提示事项 / 304

（四十二）不良金额与不良率 / 304

（四十三）关联交易 / 304

（四十四）盈利及财务状况 / 305

（四十五）高管从业经历 / 305

（四十六）平台/高管诚信记录 / 306

（四十七）其他 / 307

附　录 / 309

一、国内网贷法律法规及规范性文件汇总 / 311

（一）个体网络借贷专项整治相关规范 / 311

（二）个体网络借贷监管规范 / 312

（三）非法集资 / 313

（四）协会指引 / 315

二、网络借贷信息中介机构制度构建一览表 / 316

三、互联网资管业务政策梳理 / 318

规范解读篇

本部分对《关于促进互联网金融健康发展的指导意见》《网络借贷信息中介机构业务活动管理暂行办法(征求意见稿)》及其正式稿,以及《网络借贷资金存管业务指引》《网络借贷信息中介机构业务活动信息披露指引》《上海市网络借贷信息中介机构业务管理实施办法(征求意见稿)》《关于规范整顿"现金贷"业务的通知》《上海市网络借贷电子合同存证业务指引》《关于做好P2P网络借贷风险专项整治整改验收工作的通知》《关于加大通过互联网开展资产管理业务整治力度及开展验收工作的通知》等进行详细的解读,并就增值电信业务许可、互联网金融广告相关规定进行梳理和解读。

互联网金融基本法《关于促进互联网金融健康发展的指导意见》解读

[发布主体]中国人民银行、工业和信息化部、公安部、财政部、工商总局、法制办、银监会、证监会、保监会、国家互联网信息办公室

【解读】

《关于促进互联网金融健康发展的指导意见》经党中央、国务院同意,由十部门联合发布,可见互联网金融对接监管部门之多,亦为今后的多头监管、协同监管埋下伏笔。就互联网金融细分行业/相关制度及对应监管主体,可总结如下:

序号	细分行业/相关制度	监 管 主 体
1	互联网支付	人民银行
2	网络借贷	银监会
3	股权众筹融资	证监会
4	互联网基金销售	证监会
5	互联网保险	保监会
6	互联网信托	银监会
7	互联网消费金融	银监会
8	网站备案手续	工业和信息化部、国家互联网信息办公室
9	资金存管制度	人民银行会同金融监管部门
10	信批、风险提示、合格投资者制度	有关部门
11	消费者权益保护	人民银行、银监会、证监会、保监会会同有关行政执法部门
12	网络与信息安全	人民银行、银监会、证监会、保监会、工业和信息化部、公安部、国家互联网信息办公室

（续表）

序号	细分行业/相关制度	监 管 主 体
13	反洗钱	人民银行牵头
14	防范金融犯罪	公安部牵头
15	行业自律	人民银行会同有关部门组建中国互联网金融协会
16	监管政策追踪	人民银行、银监会、证监会、保监会
17	数据统计监测	人民银行会同有关部门

就上表内容，分析如下：

（1）总体而言，明确了行业/制度与监管主体的一一对应。

（2）该等一一对应仅体现于"部委"级别，尚无法明确真正的直接监管主体，有待在后续细则中得到体现。

（3）关于监管主体的模糊表述累计达六处，其中"有关部门"表述出现三次。

[参考精神]党的十八大和十八届二中、三中、四中全会精神

【解读】

十八大报告明确提出：深化金融体制改革，健全促进宏观经济稳定、支持实体经济发展的现代金融体系，加快发展多层次资本市场，稳步推进利率和汇率市场化改革，逐步实现人民币资本项目可兑换。加快发展民营金融机构。完善金融监管，推进金融创新，提高银行、证券、保险等行业竞争力，维护金融稳定。

十八届三中全会则提出："完善金融市场体系。扩大金融业对内对外开放，在加强监管前提下，允许具备条件的民间资本依法发起设立中小型银行等金融机构。推进政策性金融机构改革。健全多层次资本市场体系，推进股票发行注册制改革，多渠道推动股权融资，发展并规范债券市场，提高直接融资比重。完善保险经济补偿机制，建立巨灾保险制度。发展普惠金融。鼓励金融创新，丰富金融市场层次和产品。"

就报告/公报的具体条文内容而言，十八大报告、十八届三中全会《中共中央关于全面深化改革若干重大问题的决定》与金融相关部分内容可作为《关于促进互联网金融健康发展的指导意见》的参考精神。尤其在十八届三中全会《中共中央关于全面深化改革若干重大问题的决定》中明确提出："发展普惠金

融。鼓励金融创新,丰富金融市场层次和产品。"十八届三中全会召开时的2013年,恰是以P2P网贷为典型代表的互联网金融处于爆发增长的时期,业内称2013年为"互联网金融元年"。

[概念界定]互联网金融是传统金融机构与互联网企业(以下统称从业机构)利用互联网技术和信息通信技术实现资金融通、支付、投资和信息中介服务的新型金融业务模式。……互联网金融本质仍属于金融……

【解读】

《关于促进互联网金融健康发展的指导意见》在界定互联网金融概念时,有两处值得关注:

(1)从业机构,包括传统金融机构和互联网企业。该条确定了从业主体的种类。

(2)业务模式,包括资金融通、支付、投资和信息中介服务。该条确定了具体的业务类型。

此前业内对"互联网金融"的实质讨论诸多,无法达成共识。《关于促进互联网金融健康发展的指导意见》界定互联网金融本质仍属于金融,金融的本质则在于资金融通,而互联网是实现资金融通的渠道创新,实属信息化时代发展之必然。

(一)积极鼓励互联网金融平台、产品和服务创新,激发市场活力。鼓励银行、证券、保险、基金、信托和消费金融等金融机构依托互联网技术,实现传统金融业务与服务转型升级,积极开发基于互联网技术的新产品和新服务。支持有条件的金融机构建设创新型互联网平台,开展网络银行、网络证券、网络保险、网络基金销售和网络消费金融等业务。支持互联网企业依法合规设立互联网支付机构、网络借贷平台、股权众筹融资平台、网络金融产品销售平台,建立服务实体经济的多层次金融服务体系,更好地满足中小微企业和个人投融资需求,进一步拓展普惠金融的广度和深度。鼓励电子商务企业在符合金融法律法规规定的条件下自建和完善线上金融服务体系,有效拓展电商供应链业务。鼓励从业机构积极开展产品、服务、技术和管理创新,提升从业机构核心竞争力。

【解读】

对于金融机构而言,"互联网金融"系指"传统金融业务+互联网技术"下的服务/产品升级，我们可称之为"牌照机构由内而外的金融业务互联网化"，《关于促进互联网金融健康发展的指导意见》对此使用了"鼓励"一词。对于互联网企业而言，"互联网金融"系指"互联网技术+普惠金融"下的各类中介平台搭建，我们可称之为"互联网企业由外而内的非牌照金融服务"，《关于促进互联网金融健康发展的指导意见》对此使用了"支持"一词。对于电子商务企业（其本身也属于互联网企业）而言，《关于促进互联网金融健康发展的指导意见》强调了"电商供应链业务"，我们可称之为"电商企业特有的供应链业务"，《关于促进互联网金融健康发展的指导意见》对此使用了"鼓励"一词。"鼓励"与"支持"应有所区分，"支持"重于"鼓励"。坦率而言，互联网金融在中国的起步，发轫于互联网企业，"健康发展"与"从业门槛"均出于对该等非牌照机构的监管需求。

（二）鼓励从业机构相互合作，实现优势互补。支持各类金融机构与互联网企业开展合作，建立良好的互联网金融生态环境和产业链。鼓励银行业金融机构开展业务创新，为第三方支付机构和网络贷款平台等提供资金存管、支付清算等配套服务。支持小微金融服务机构与互联网企业开展业务合作，实现商业模式创新。支持证券、基金、信托、消费金融、期货机构与互联网企业开展合作，拓宽金融产品销售渠道，创新财富管理模式。鼓励保险公司与互联网企业合作，提升互联网金融企业风险抵御能力。

【解读】

国内金融界恰似一座"围城"，里面的人有牌照和背景，外面的人懂技术与创新，互联网金融的出现与繁荣，监管层一方面鼓励牌照机构去迎接技术与创新带来的升级，另一方面非持牌机构在法律框架内获得"小微金融领域"的"隐性牌照"。通过内外互通与合作，共同繁荣国内金融市场，以实现普惠金融的"大一统愿景"。

本条对银行业金融机构提出了"资金存管、支付清算"服务要求，服务对象为"第三方支付机构"和"网络贷款平台"。然而，服务内容的进一步细化、服务标准的建立、服务所引发的银行成本转嫁、服务对象的普适性，都将是潜在的问题。该点在后续第（十四）条再展开说明。

本条对证券、基金、信托等机构提出了"拓宽金融产品销售渠道，创新财富管理模式"的希冀，销售渠道拓宽较易理解，但"创新财富管理模式"的表述值得玩味。举例而言,"收益权"类产品一度普遍存在,通过"收益权转让"模式往往实现了"标的资产拆分",以结果而论,该等拆分降低了投资者门槛,存有规避"合格投资者"的嫌疑。如何在"创新"与"非法"之间寻求平衡,很大程度上取决于监管部门对"创新财富管理模式"的理解与宽容度。

本条鼓励保险公司参与合作,通过保险机制化解互联网金融企业经营风险。举例而言,实践中保险公司与网贷公司的"实质性合作"少之又少。所谓实质性合作,系指真正的风险转嫁、网贷公司特有险种的开发与适用,而非传统的"人身意外险""董监高责任险"等"噱头"。现实是,保险公司在犹豫,网贷公司很积极,原因在于:第一,网贷公司质量参差不齐,保险公司择客现象严重;第二,网贷风险相对较高,保险成本随之增加影响合作;第三,网贷专属保险依赖于大数法则的运营,依赖于大量数据的累计与测算,网贷行业发展不过数年,费率及风险难以测评。

(三)拓宽从业机构融资渠道,改善融资环境。支持社会资本发起设立互联网金融产业投资基金,推动从业机构与创业投资机构、产业投资基金深度合作。鼓励符合条件的优质从业机构在主板、创业板等境内资本市场上市融资。鼓励银行业金融机构按照支持小微企业发展的各项金融政策,对处于初创期的从业机构予以支持。针对互联网企业特点,创新金融产品和服务。

【解读】

以网贷平台为例,已有为数不少的平台公司获得了金额不等、次数不一的风险投资,上市公司收购网贷平台事件亦多有发生。实践中,几家风投机构联合投资情形时有发生。"互联网金融产业投资基金"的设立,可以依托于时下各个地区的"互联网金融园区",由地方政府部门牵头成立。但实践效果一般,主要原因在于:第一,实践中存在的"引导基金"资金规模较小,难以匹配"互联网金融企业"的"烧钱"本质;第二,产业投资基金的运作模式往往与传统PE/VC投资模式类同,如无较大力度的政策支持,社会资本参与热情不高,难免沦为"鸡肋"。

此前,提出登陆A股口号的互联网金融企业不在少数,但囿于"缺门槛、缺规则、缺监管",上市障碍明显。本条提出鼓励"上市",实属利好,至少从政策层面进行了肯定。但互联网金融企业的国内上市之路仍是"遥遥无期",至少有赖于两个条件的成熟:第一,监管细则的丰富化与监管常态化、成熟化;第二,基于监管细则的产品、业务模式的合规化,该等企业上市,主营业务合规性和金融风险把控问题将是考察的重中之重。

(四)坚持简政放权,提供优质服务。各金融监管部门要积极支持金融机构开展互联网金融业务。按照法律法规规定,对符合条件的互联网企业开展相关金融业务实施高效管理。工商行政管理部门要支持互联网企业依法办理工商注册登记。电信主管部门、国家互联网信息管理部门要积极支持互联网金融业务,电信主管部门对互联网金融业务涉及的电信业务进行监管,国家互联网信息管理部门负责对金融信息服务、互联网信息内容等业务进行监管。积极开展互联网金融领域立法研究,适时出台相关管理规章,营造有利于互联网金融发展的良好制度环境。加大对从业机构专利、商标等知识产权的保护力度。鼓励省级人民政府加大对互联网金融的政策支持。支持设立专业化互联网金融研究机构,鼓励建设互联网金融信息交流平台,积极开展互联网金融研究。

【解读】

本条系对行政部门对口服务的规定,要求简政放权、优质服务,所涉及主管部门包括地方金融监管部门、工商行政管理部门、电信主管部门、国家互联网信息管理部门、省级人民政府等。

(五)落实和完善有关财税政策。按照税收公平原则,对于业务规模较小、处于初创期的从业机构,符合我国现行对中小企业特别是小微企业税收政策条件的,可按规定享受税收优惠政策。结合金融业营业税改征增值税改革,统筹完善互联网金融税收政策。落实从业机构新技术、新产品研发费用税前加计扣除政策。

【解读】

本条提出了税收优惠政策,但政策具体内容有待后续确认,互联网金融企业的技术研发/升级成本、产品研发/升级成本的确认,以及与此相关的"税前加计扣除"的落实,值得期待。本条亦提出了参考金融业的"营改增"做法。

此前,有部分互联网金融企业反映税务机关不接受其纳税申请,理由为"尚无法明确互联网金融企业类别及其业务属性,对于计税科目与税率使用无法确定"。该等问题亟须克服。

（六）推动信用基础设施建设，培育互联网金融配套服务体系。支持大数据存储、网络与信息安全维护等技术领域基础设施建设。鼓励从业机构依法建立信用信息共享平台。推动符合条件的相关从业机构接入金融信用信息基础数据库。允许有条件的从业机构依法申请征信业务许可。支持具备资质的信用中介组织开展互联网企业信用评级，增强市场信息透明度。鼓励会计、审计、法律、咨询等中介服务机构为互联网企业提供相关专业服务。

【解读】

信用信息共享平台的建立难度较大，就目前而言不具备可操作性，原因在于：第一，互联网金融企业的生命在于"客户信息"与"客户流量"，该等信息实现行业内共享难度较大；第二，共享平台由谁来主导建立，实践中存在的"金融超市"仅为产品信息汇集与共享平台，出于保密性原则，除非监管部门强制要求各个企业进行真实的信息汇集、报送并在统一平台进行共享，否则效果难以达成。

对接央行数据库的民间呼声极为高涨，该条提出了"接入金融信用信息基础数据库"的可能性，包含三点：第一，"符合条件"的条件标准是什么，有待细化；第二，"数据库"是否指向央行征信数据库，有待明确；第三，"推动"一词表明离最终实现对接仍较遥远，近几年内可能针对少数的几家行业巨头进行试点。

评级机构有待规范。从实践中"大公国际"的多次评级风波引发的多方口水仗来看，恰恰反映了该行业内评级的混乱与标准的缺失。"信用评级"如何实现"公开、公平、公正"，实属难题，评级机构自身公信力难以服众。

互联网金融企业中介机构服务市场仍然相对冷清，原因在于：第一，许多企业自身重视产品体验、市场推广，但是忽略产品合规性问题；第二，互联网金融业务专业服务团队相对稀缺，懂产品、了解行业的中介服务机构从业者并不多；第三，产品模式的差异对相关审计、法律合规服务带来不小的挑战，例如许多P2P企业的坏账问题突出、合规性风险较大，一旦某个环节出现问题，"跑路"便成为无奈之举。

（七）互联网支付。互联网支付是指通过计算机、手机等设备，依托互联网发起支付指令、转移货币资金的服务。互联网支付应始终坚持服务电子商务发展和为社会提供小额、快捷、便民小微支付服务的宗旨。银行业金融机构和第三方支付机构从事互联网支付，应遵守现行法律法规和监管规定。第三方支付机构与其他机构开展合作的，应清晰界定各方的权利义务关系，建立有效的风险隔离机制和客户权益保障机制。要向客户充分披露服务信息，清晰地提示业务风险，不得夸大支付服务中介的性质和职能。互联网支付业务由人民银行负责监管。

【解读】

首先应明确，"互联网支付"不等于"第三方支付"。根据《非银行支付机构网络支付业务管理办法》（中国人民银行公告〔2015〕第43号）的规定，"互联网支付"应当属于"网络支付"。

本条明确了互联网支付应当"服务电子商务发展和为社会提供小额、快捷、便民小微支付服务的宗旨"，即网购和小微支付的功能定位。

随着《非银行支付机构网络支付业务管理办法》的发布，支付牌照监管将趋严，管理趋势在于：限制第三方支付机构"虚拟支付账户"的功能和数额，要求第三方支付机构回归小微支付的功能定位。

本条明确，第三方支付机构需要监管。实践中，第三方支付机构存在"占用"投资者资金的现象，且许多第三方支付机构有"垫资服务"、"理财账户"的开立亦不在少数，今后该等现象可能成为央行重点监管对象。第三方支付行业"乱象已现"，通过一些模式安排甚至已经呈现"支付机构银行化"趋势。本条究其本质是限制第三方支付所管资金的实际用途，因为"投资款项支付"已经偏离了央行创设支付牌照的初衷。

（八）网络借贷。网络借贷包括个体网络借贷（即P2P网络借贷）和网络小额贷款。个体网络借贷是指个体和个体之间通过互联网平台实现的直接借贷。在个体网络借贷平台上发生的直接借贷行为属于民间借贷范畴，受合同法、民法通则等法律法规以及最高人民法院相关司法解释规范。个体网络借贷要坚持平台功能，为投资方和融资方提供信息交互、撮合、资信评估等中介服务。个体网络借贷机构要明确信息中介性质，主要为借贷双方的直接借贷提供信息服务，不得提供增信服务，不得非法集资。网络小额贷款是指互联网企业通过其控制的小额贷款公司，利用互联网向客户提供的小额贷款。网络小额贷款应遵守现有小额贷款公司监管规定，发挥网络贷款优势，努力降低客户融资成本。网络借贷业务由银监会负责监管。

【解读】

关于个体网络借贷。本条对网贷平台的功能定位为:"为投资方和融资方提供信息交互、撮合、资信评估等中介服务。"重点关注如下三点:

(1)信息交互与资信评估服务。实践中,平台手握"投融"两端信息,但"透明性较差",往往投资人和融资人无法真实、全面地了解对方信息。同时,大量的平台在"服务协议"中会有一项"资信评估服务",但该项服务内容往往并未实际开展。本条明确指出的网贷平台的功能定位包括了"信息交互"和"资信评估","透明性"以及"资信评估"等将会是今后的监管要点,具体到平台的运营实践,则需要进一步提高透明度,同时建立相对完善的资信评估机制。

(2)不得提供增信服务。平台中介属性的提法由来已久,本条对其做了进一步释明,即"主要为借贷双方的直接借贷提供信息服务,不得提供增信服务,不得非法集资"。"增信"一词的概念界定,可大可小,其解释将直接影响到实践中形形色色的"增信措施"。从严格角度而言,实践中的"风险准备金模式""回购条款的设定""平台关联方担保""平台垫付逾期款项"以及隐性的"平台刚兑"等,都将不同程度地违反"不得提供增信服务"的要求。

(3)结合《非存款类放贷组织条例(征求意见稿)》(2015年8月12日,国务院法制办公开征求意见)规定及其相关说明内容,条例旨在规范小额贷款公司及没有明确监督管理部门的其他非存款类放贷组织。"没有明确监督管理部门的其他非存款类放贷组织"在现实中难以找到明确的参考实例,实践中存在的"地下钱庄""职业放贷人",今后可能被纳入该范畴。未来网贷行业内的一些"非中介"P2P公司可能在监管压力下向"没有明确监督管理部门的其他非存款类放贷组织"这一方向靠拢,从而使得网贷行业中的"职业放贷人"阳光化,并纳入相关监管体系,有利于网贷行业的健康发展。但截至本书成稿之日,《非存款类放贷组织条例》仍未正式发布。

综上,《关于促进互联网金融健康发展的指导意见》第(八)条界定了网贷平台的概念,明确了网贷平台的功能定位。但其较为笼统的表述与措辞,尚无法用于指导网贷行业实践。就"直接借贷""增信服务"等具体名词的概念边界,仍有赖于后续细则的进一步解释,而该等解释将直接影响到实践中诸多网贷产品设计、网贷平台模式的合规性与否,进而影响网贷行业的发展方向。

关于网络小额贷款。本条要求网络小额贷款应依托于"互联网企业",从概念界定来看,网络小额贷款仍然属于小额贷款公司,接受小额贷款公司的监管规定。根据最新发布的《非存款类放贷组织条例（征求意见稿）》的相关规定：第一，牌照管理下可以实行省级范围内经营，突破了过去的区一级限制；第二，为跨省经营留有空间与可能性；第三，明确了"非存款类放贷组织通过互联网平台经营放贷业务的，应遵守本条例有关规定"。就网络小额贷款的监管细则，仍然值得期待。

关于混业及交叉合作经营问题。互联网金融机构的混业及交叉问题值得关注（2014年12月18日证券业协会公开征求意见的《私募股权众筹融资管理办法（试行）（征求意见稿）》明确私募股权众筹平台不得兼业P2P网贷），试想P2P平台运营良好，以自有资金成立小额贷款公司或网络小额贷款公司，应当如何进行有效管理？小额贷款公司是否能够作为出借人投资P2P平台的债权标？综观《关于促进互联网金融健康发展的指导意见》全文，似乎对该等混业与交叉合作经营问题并未涉及，实属遗憾。

（九）股权众筹融资。股权众筹融资主要是指通过互联网形式进行公开小额股权融资的活动。股权众筹融资必须通过股权众筹融资中介机构平台（互联网网站或其他类似的电子媒介）进行。股权众筹融资中介机构可以在符合法律法规规定前提下，对业务模式进行创新探索，发挥股权众筹融资作为多层次资本市场有机组成部分的作用，更好服务创新创业企业。股权众筹融资方应为小微企业，应通过股权众筹融资中介机构向投资人如实披露企业的商业模式、经营管理、财务、资金使用等关键信息，不得误导或欺诈投资者。投资者应当充分了解股权众筹融资活动风险，具备相应风险承受能力，进行小额投资。股权众筹融资业务由证监会负责监管。

【解读】

本条旨在为股权众筹融资划定监管方向，具体包括如下几点：
（1）强调了股权众筹"公开、小额"的性质。
（2）强调了股权众筹中介机构平台的必要性。
（3）强调了股权众筹的融资方应当为小微企业。
（4）要求中介机构在项目过程中履行如实披露义务。
（5）2014年证券业协会发布了《私募股权众筹融资管理办法（试行）（征求意见稿）》，其基本参考了私募基金的相关立法，略显生搬硬套，"合格投资者""股权众筹平台准入标准"等制度在业内饱受诟病，该管理办法至今未出台正式稿。

（6）2015年8月7日证监会下发的《关于对通过互联网开展股权融资活动的机构进行专项检查的通知》，明确了股权众筹的概念，与本条的概念界定一致。同时，证监会曾组织各地证监局对股权众筹平台进行专项检查，检查内容包括融资者是否公开宣传、是否向不特定对象发行证券、股东人数是否超过200人、是否以股权众筹名义募集私募股权投资基金等。

（7）2015年8月10日，《关于调整场外证券业务备案管理办法个别条款的通知》发布，将原先的"私募股权众筹"改为"互联网非公开股权融资"，将股权众筹作了"公私划分"。

（8）笔者预测，公募股权众筹牌照今后将严格管理，实行前置审批制度；互联网非公开股权融资则参照私募基金相关管理办法，可视为"传统股权融资的互联网化"。监管层针对股权众筹作出"公私划分"，笔者认为一定程度上阻碍了"股权众筹市场"的繁荣发展：一方面，公募股权众筹牌照获取难度大，属于特批试点；另一方面，私募股权众筹即证监会所称的"互联网非公开股权融资"，其本质仅是"通过互联网渠道进行传统股权融资"，降低了股权众筹的创新性与发展活力。

（十）互联网基金销售。基金销售机构与其他机构通过互联网合作销售基金等理财产品的，要切实履行风险披露义务，不得通过违规承诺收益方式吸引客户；基金管理人应当采取有效措施防范资产配置中的期限错配和流动性风险；基金销售机构及其合作机构通过其他活动为投资人提供收益的，应当对收益构成、先决条件、适用情形等进行全面、真实、准确表述和列示，不得与基金产品收益混同。第三方支付机构在开展基金互联网销售支付服务过程中，应当遵守人民银行、证监会关于客户备付金及基金销售结算资金的相关监管要求。第三方支付机构的客户备付金只能用于办理客户委托的支付业务，不得用于垫付基金和其他理财产品的资金赎回。互联网基金销售业务由证监会负责监管。

【解读】

本条旨在为互联网基金销售划定监管方向，具体包括如下几点：

（1）"互联网+基金"，实质是基金销售手段与渠道的扩大化，通过技术升级可以有效降低销售成本。

（2）由于销售渠道扩展至"互联网"，因互联网的特性，更需要在规范互联网环境下的基金销售制度。

（3）再次强调了第三方支付机构的功能定位，不得用于垫付基金和其他理财产品的资金赎回。

（十一）互联网保险。保险公司开展互联网保险业务，应遵循安全性、保密性和稳定性原则，加强风险管理，完善内控系统，确保交易安全、信息安全和资金安全。专业互联网保险公司应当坚持服务互联网经济活动的基本定位，提供有针对性的保险服务。保险公司应建立对所属电子商务公司等非保险类子公司的管理制度，建立必要的防火墙。保险公司通过互联网销售保险产品，不得进行不实陈述、片面或夸大宣传过往业绩、违规承诺收益或者承担损失等误导性描述。互联网保险业务由保监会负责监管。

【解读】

本条旨在为互联网保险划定监管方向，具体包括如下几点：

（1）针对互联网保险提出安全性、保密性、稳定性三大原则。

（2）明确互联网保险包含两类模式：保险公司的互联网化、互联网企业代销保险产品。

（3）《互联网保险业务监管暂行办法》于2015年7月27日发布，是《关于促进互联网金融健康发展的指导意见》发布以后最早出台的正式监管办法。

（十二）互联网信托和互联网消费金融。信托公司、消费金融公司通过互联网开展业务的，要严格遵循监管规定，加强风险管理，确保交易合法合规，并保守客户信息。信托公司通过互联网进行产品销售及开展其他信托业务的，要遵守合格投资者等监管规定，审慎甄别客户身份和评估客户风险承受能力，不能将产品销售给与风险承受能力不相匹配的客户。信托公司与消费金融公司要制定完善产品文件签署制度，保证交易过程合法合规，安全规范。互联网信托业务、互联网消费金融业务由银监会负责监管。

【解读】

本条强调信托业务中的合格投资者规定：第一，互联网信托业务开展过程中如何审慎地开展合格投资者评估，这会是一个难点；第二，要求制定完善的产品文件签署制度，通过互联网进行签署形式，包括普遍存在的互联网金融行业内的"电子合同""电子签章"以及"合同保管"问题,将会是今后需要慎重考量并加以统一规范的问题,这也有赖于相关司法解释和司法案例的进一步出台、出现。

(十三)互联网行业管理。任何组织和个人开设网站从事互联网金融业务的,除应按规定履行相关金融监管程序外,还应依法向电信主管部门履行网站备案手续,否则不得开展互联网金融业务。工业和信息化部负责对互联网金融业务涉及的电信业务进行监管,国家互联网信息办公室负责对金融信息服务、互联网信息内容等业务进行监管,两部门按职责制定相关监管细则。

【解读】

互联网金融业务开展过程中所涉及的"增值电信业务许可",主要指向《电信业务分类目录(2015年版)》增值电信业务分类项下的"B21 在线数据处理与交易处理业务"中的"交易处理业务"和"B25 信息服务业务"。

	《电信业务分类目录(2015年版)》增值电信业务分类		
B.增值电信业务	B1 第一类增值电信业务	B11 互联网数据中心业务	
		B12 内容分发网络业务	
		B13 国内互联网虚拟专用网业务	
		B14 互联网接入服务业务	
	B2 第二类增值电信业务	B21 在线数据处理与交易处理业务	
		B22 国内多方通信服务业务	
		B23 存储转发类业务	
		B24 呼叫中心业务	B24-1 国内呼叫中心业务
			B24-2 离岸呼叫中心业务
		B25 信息服务业务	
		B26 编码和规程转换业务	
		B26-1 域名解析服务业务	

关于增值电信业务许可的介绍、分析及国内企业申领情况考察,可详见本书"规范解读篇"第九部分"增值电信业务许可——国内网贷平台电信业务经营许可类型之辨"。

（十四）客户资金第三方存管制度。除另有规定外，从业机构应当选择符合条件的银行业金融机构作为资金存管机构，对客户资金进行管理和监督，实现客户资金与从业机构自身资金分账管理。客户资金存管账户应接受独立审计并向客户公开审计结果。人民银行会同金融监管部门按照职责分工实施监管，并制定相关监管细则。

【解读】

以P2P网贷为例，网贷平台典型账户模式随着行业发展一再演变，主要包括如下几种：

（1）线下POS机模式，即从投资者银行账户直接转入平台账户，一般适用于线下平台。

（2）网贷平台以自身名义在第三方支付机构处开立账户，投资者在充值环节资金直接进入该账户。业内区分"托管"与"存管"，区别在于第三方支付机构的审慎核查义务，究其本质没有太大区分，因为第三方支付很难做到有效的"管"。举例而言，P2P企业往往宣称自己采取了"第三方支付托管账户"，实践中对于"托管"还是"存管"多有纷争，笔者认为，区分点不在于"托"还是"存"，而应当在于"管"：第一，管什么？要求"管"的目的，基于资金安全的考量，严格意义上的"管"应当包含资金来源、资金流向、资金用途等的审核。第二，怎么管？是否要求第三方支付对每笔资金来源、流向进行核实？这在实践中是难以做到的，该等审核义务可谓"不可能完成的任务"。

（3）每个投资人都在第三方支付机构处开立一个支付账户，投资者在充值环节资金进入各自的支付账户（实际上进入了第三方支付机构的备付金账户）。在此模式下，融资项目中的融资款项资金不经手平台账户。该模式相对符合早期监管层的合规性要求。

（4）银行提供网贷资金存管，具体又区分为如下四类：

第一，银行直联账户体系。银行直联账户体系是指平台在银行开设银行资金专用账户，用于汇总出借人资金划拨或拆分借款人资金至出借人；平台用户在存管银行开设个人电子户，同时开立、关联各平台专属子账户，平台专属子账户与平台端账户一一对应，登记平台用户交易数据、记录余额数据，平台用户资金保留在个人电子户中。

第二，母子账户体系。母子账户体系是指平台在银行开设银行资金专用账户，即资金存管汇总账户，平台用户资金保留在汇总账户，与平台自有资金隔离，防止挪用；平台用户在汇总账户下开设平台用户虚拟子账户,登记平台用户交易数据、记录余额数据,与平台端账户一一对应,日终对账,确保账实相符。

第三,第三方支付账户嵌入体系。第三方支付账户嵌入体系是指平台用户通过银行和第三方支付均可开通银行存管账户,出于便利性考量一般通过第三方支付开通个人存管账户,此账户映射到存管银行。银行赋予第三方支付部分接口的权限,由其进行资金的结算及接受银行指令调配的资金划拨。

第四,联合存管账户体系。该类账户体系一般要求第三方支付机构或网贷平台在存管银行开设存管账户,并根据平台发出的相关指令完成充值、投资、提现等功能,由银行监管资金流向,但不会为投资人开设个人账户。

上述第三种账户模式可以有效避开资金池问题,因而较为合规,但是随着《非银行支付机构网络支付业务管理办法》的发布,该办法限制了第三方支付机构的支付账户业务,因此第三种账户模式今后可能受到监管限制。同时,《关于促进互联网金融健康发展的指导意见》明确提出"从业机构应当选择符合条件的银行业金融机构作为资金存管机构",亦为今后银行进入资金存管服务市场指明了趋势。因此,在《关于促进互联网金融健康发展的指导意见》之后,各类新规、征求意见稿相继出台,频繁提及银行存管问题。

(十五)信息披露、风险提示和合格投资者制度。从业机构应当对客户进行充分的信息披露,及时向投资者公布其经营活动和财务状况的相关信息,以便投资者充分了解从业机构运作状况,促使从业机构稳健经营和控制风险。从业机构应当向各参与方详细说明交易模式、参与方的权利和义务,并进行充分的风险提示。要研究建立互联网金融的合格投资者制度,提升投资者保护水平。有关部门按照职责分工负责监管。

【解读】

本条旨在规范平台信息披露、风险提示及合格投资者制度:

(1)信息披露制度。以网贷产品为例,实践中网贷产品信息披露较为欠缺:第一,投融两端信息不对称,投资者往往只可以看到借款人的平台注册用户名;第二,投资标的信息不透明,典型如"资产包""债权池"类型的理财产品,投资者难以知晓真正的投资去向;第三,标的资产真实性存疑,利率层层盘剥现象时有发生(经手各方吃"息差");第四,在担保物模式产品中,担保物及其抵质押情况披露不全,关键信息往往被抹去;第五,平台年报数据华丽,坏账界定标准不一导致平台坏账率极低,有美化平台经营状况之嫌。

（2）风险提示制度。充分的风险揭示并不会赶走投资者,相反能够获得更多投资者的信任。就产品交易模式各个环节所可能存在的风险进行充分揭示,并辅之以行之有效的风控对策,这应当是每个平台今后所应当努力的方向,就风险提示与风控制度构建可参考金融机构的相关机制。

（3）合格投资者制度。一方面,互联网金融细分行业各自应构建其自身的合格投资者制度,目前在信托、私募基金等领域已获得运用,股权众筹的合格投资者制度有待建立（如公募股权众筹可能既有下限也有上限,互联网非公开股权众筹可能参考私募基金标准建立准入门槛）,但网贷的合格投资者制度如何构建？（市面上1元起投的产品比比皆是）另一方面,应当谨防通过所谓的"产品模式创新"突破既有的合格投资者制度,尤其应当明确"合格投资者"在何种情形下会被监管层"穿透认定",监管层应当在鼓励产品创新与谨防金融风险之间做好平衡。

（十六）消费者权益保护。研究制定互联网金融消费者教育规划,及时发布维权提示。加强互联网金融产品合同内容、免责条款规定等与消费者利益相关的信息披露工作,依法监督处理经营者利用合同格式条款侵害消费者合法权益的违法、违规行为。构建在线争议解决、现场接待受理、监管部门受理投诉、第三方调解以及仲裁、诉讼等多元化纠纷解决机制。细化完善互联网金融个人信息保护的原则、标准和操作流程。严禁网络销售金融产品过程中的不实宣传、强制捆绑销售。人民银行、银监会、证监会、保监会会同有关行政执法部门,根据职责分工依法开展互联网金融领域消费者和投资者权益保护工作。

【解读】

所谓的维权提示作何理解？通过何种渠道发布？以网贷为例,如债务人逾期违约,是否应当由平台进行维权提示？

多元化纠纷借据机制的构建,该条提及五种解决机制:

（1）在线争议解决,系指由谁主导？

（2）现场接待处理,现场指何处？

（3）监管部门受理投诉,是否已制定了规范有效的投诉受理及反馈机制？

（4）第三方调解,系指谁来调解？

（5）仲裁与诉讼,该点面临很多问题,我们大致做如下罗列:① 电子合同有效性及互联网证据保全,实践中所谓的证据托管平台的有效性;② 考虑到投资人众多、地域跨度大且金额分散,如何提高司法效率?③ 在上一点的基础上,实践中网贷平台能否获得全体投资人授权,代为聘请律师?④ 产品新模式对司法实践的新挑战,"收益权转让"如何界定其性质?应收账款转让融资适用买卖合同法规还是适用民间借贷法规?值得探讨。

综上,《关于促进互联网金融健康发展的指导意见》就前述机制的提出,反而引发了更多的疑问。笔者认为,在互联网金融领域提出"消费者"概念本身就略显不宜,更多的应当是"投资者"概念,而投资者权益保护的对立面则是金融风险自担,不能过度向其中一方倾斜。

(十七)网络与信息安全。从业机构应当切实提升技术安全水平,妥善保管客户资料和交易信息,不得非法买卖、泄露客户个人信息。人民银行、银监会、证监会、保监会、工业和信息化部、公安部、国家互联网信息办公室分别负责对相关从业机构的网络与信息安全保障进行监管,并制定相关监管细则和技术安全标准。

【解读】

技术提升一方面服务于产品设计,实现投融两端的一一匹配,从而强化平台对资金流向的管理(因此实践中有部分网贷公司花费重金打造平台软件系统);技术提升另一方面服务于平台网络安全,有效避免、抵御黑客攻击,有效保护投资者账户资金及个人信息。当下,互联网金融平台遭受黑客攻击事件时有发生,网站安全维护与系统安全问题日益重要,亦为众多互联网金融软件供应商发展之契机。

(十八)反洗钱和防范金融犯罪。从业机构应当采取有效措施识别客户身份,主动监测并报告可疑交易,妥善保存客户资料和交易记录。从业机构有义务按照有关规定,建立健全有关协助查询、冻结的规章制度,协助公安机关和司法机关依法、及时查询、冻结涉案财产,配合公安机关和司法机关做好取证和执行工作。坚决打击涉及非法集资等互联网金融犯罪,防范金融风险,维护金融秩序。金融机构在和互联网企业开展合作、代理时应根据有关法律和规定签订包括反洗钱和防范金融犯罪要求的合作、代理协议,并确保不因合作、代理关系而降低反洗钱和金融犯罪执行标准。人民银行牵头负责对从业机构履行反洗钱义务进行监管,并制定相关监管细则。打击互联网金融犯罪工作由公安部牵头负责。

【解读】

本条参照了金融机构的相关要求,提出了反洗钱和防范金融犯罪要求。

就协助司法机关查询、冻结等制度,试想网贷投资人涉案成为被告,法院前往平台公司要求查封其网贷平台投资账户,能否在实践中获得推广并遵照执行,实难预测。

老生常谈的非法集资与互联网金融犯罪问题,非法集资、非吸等的入罪标准,在互联网金融领域是否应当获得新的解读?

(十九)加强互联网金融行业自律。充分发挥行业自律机制在规范从业机构市场行为和保护行业合法权益等方面的积极作用。人民银行会同有关部门,组建中国互联网金融协会。协会要按业务类型,制订经营管理规则和行业标准,推动机构之间的业务交流和信息共享。协会要明确自律惩戒机制,提高行业规则和标准的约束力。强化守法、诚信、自律意识,树立从业机构服务经济社会发展的正面形象,营造诚信规范发展的良好氛围。

【解读】

行业自律的口号喊了好几年,催生出了一大批五花八门的"行业协会",大有"拉虎皮,扯大旗"的架势。互联网金融行业需要自律协会/机构,而该等自律协会/机构需要的则是"他律",今后的协会模式应当是以中国互联网金融协会为首,在省、直辖市、自治区设立区域性协会。典型如2015年8月6日成立的上海市互联网金融行业协会。地方协会的功能定位,应当是监管与从业机构的有效"桥梁",能够切实对行业发展与自律起到推动作用。

(二十)监管协调与数据统计监测。各监管部门要相互协作、形成合力,充分发挥金融监管协调部际联席会议制度的作用。人民银行、银监会、证监会、保监会应当密切关注互联网金融业务发展及相关风险,对监管政策进行跟踪评估,适时提出调整建议,不断总结监管经验。财政部负责互联网金融从业机构财务监管政策。人民银行会同有关部门,负责建立和完善互联网金融数据统计监测体系,相关部门按照监管职责分工负责相关互联网金融数据统计和监测工作,并实现统计数据和信息共享。

【解读】

本条提出了金融监管协调部际联席会议制度。该制度具体内容及运作模式,有待后续细化。

本条提出了一行三会的风险监管政策追踪评估义务。互联网金融行业监管难度极大,因为它并非采取牌照管理,且细分行业众多,可谓无孔不入。类比于民间借贷,监管难度很大,往往是风险爆发后追责多于事先的风险防范。

本条提出了数据统计监测体系。要做到这一点,首先需要开放央行征信,其次需要强力推进业内数据共享,否则所谓的数据统计检索体系都将是空谈。

网贷规范《网络借贷信息中介机构业务活动管理暂行办法（征求意见稿）》解读

第一条 ［立法目的及依据］为规范网络借贷信息中介机构业务活动，保护出借人及相关当事人合法权益，促进网络借贷行业健康发展，更好满足中小微企业和个人投融资需求，根据《关于促进互联网金融健康发展的指导意见》提出的总体要求和监管原则，依据《中华人民共和国民法通则》《中华人民共和国合同法》《中华人民共和国公司法》等法律法规，制定本办法。

【解读】

十部门曾于2015年7月18日下发《关于促进互联网金融健康发展的指导意见》，网络借贷在该指导意见第（八）条中被区分为个体网络借贷（即P2P网络借贷）和网络小额贷款，本次《网络借贷信息中介机构业务活动管理暂行办法（征求意见稿）》旨在规范前者。"网络借贷信息中介"一词颇具深意，可拆分为"网络""借贷"和"信息中介"，其中，"网络"表明其业务活动开展之渠道，"借贷"表明其业务标的之法律关系界定，"信息中介"表明其业务活动之法律定性。我们重点关注如下两点：

（1）本条中的借贷、出借人等用词表明网贷业务中的项目标的应当为"借贷项目"。从严格角度而言，实践中广泛存在的"金融资产交易""类资产证券化"模式产品均无法纳入其中，典型包括"应收账款转让产品"以及各类收益权转让产品。各地现存的地方交易中心（如金融资产交易中心）难以纳入"网络借贷信息中介机构"范畴。

（2）本条明言"更好满足中小微企业和个人投融资需求"，从网贷行业服务对象来看，监管层一直倡导"普惠、小微金融"。"中小微企业"的表述，是否一定程度上表明对融资主体的规模准入要求，亦难以明确，须知实践中上市公司、国有企业等借助网络借贷融资亦不在少数。

第二条　［适用范围和释义］在中国境内从事网络借贷信息中介业务活动，适用本办法，法律法规另有规定的除外。

本办法所称网络借贷是指个体和个体之间通过互联网平台实现的直接借贷。个体包含自然人、法人及其他组织。网络借贷信息中介机构是指依法设立，专门从事网络借贷信息中介业务活动的金融信息中介企业。该类机构以互联网为主要渠道，为借款人与出借人（即贷款人）实现直接借贷提供信息搜集、信息公布、资信评估、信息交互、借贷撮合等服务。

本办法所称地方金融监管部门是指各省（区、市）人民政府承担地方金融监管职责的部门。

【解读】

本条对"个体"概念进行了解释，包括自然人、法人及其他组织，与民间借贷司法解释的主体界定保持一致。

本条明确地方金融监管部门的具体所指，但并未释明不同层级地方金融监管部门的权责划分。

第三条　［基本原则］网络借贷信息中介机构按照依法、诚信、自愿、公平的原则为借款人和出借人提供信息服务，维护出借人与借款人合法权益，不得提供增信服务，不得设立资金池，不得非法集资，不得损害国家利益和社会公共利益。

借款人与出借人遵循"借贷自愿、诚实守信、责任自负、风险自担"的原则承担借贷风险。网络借贷信息中介机构承担客观、真实、全面、及时进行信息披露的责任，不承担借贷违约风险。

【解读】

本条为各网贷业务活动参与方划定了基本准则。在本条第一款中，新"四条红线"产生：① 不得提供增信服务；② 不得设立资金池；③ 不得非法集资；④ 不得损害国家利益和社会公共利益。同时该条对网贷参与群体（借款人和出借人）提出了"借贷自愿、诚实守信、责任自负、风险自担"十六字原则，对网贷机构提出了信息披露责任要求，明确其"不承担"借贷违约风险。

第四条　［管理机制］按照"鼓励创新、防范风险、趋利避害、健康发展"的总体要求和"依法监管、适度监管、分类监管、协同监管、创新监管"的监管原则，落实各方管理责任。国务院银行业监督管理机构负责对网络借贷信息中介机构业务活动制定统一的规范发展政策措施和监督管理制度，指导地方金融监管部门做好网络借贷规范引导和风险处置工作。工业和信息化部负责对网络借贷信息中介机构业务活动涉及的电信业务进行监管。公安部牵头负责对网络借贷信息中介机构业务活动进行互联网安全监管，打击网络借贷涉及的金融犯罪工作。国家互联网信息管理办公室负责对金融信息服务、互联网信息内容等业务进行监管。

地方金融监管部门负责本辖区网络借贷信息中介机构的规范引导、备案管理和风险防范、处置工作，指导本辖区网络借贷行业自律组织。

【解读】

本条明确监管主体为"银监会（地方金融监管部门）+工业和信息化部+公安部+国家互联网信息管理办公室"，分别对接"政策指导、规范引导和风险处置""电信业务监管""打击金融犯罪"以及"金融信息服务与互联网信息内容监管"四部分工作内容。

本条所言"地方金融监管部门"有待进一步明确：第一，其具体指向何种类型的监管机构？系指银监局抑或金融服务办公室？第二，地方金融监管部门的层级划分与权责划分。

从目前上海的监管实践来看，地方金融监管部门系指上海市金融服务办公室以及区一级金融办，"市级"与"区级"金融办的权责划分亦将通过地方监管办法加以明确。

第五条　[备案登记]拟开展网络借贷信息中介服务的网络借贷信息中介机构，不包含其分支机构，应当在领取营业执照后，携带有关材料向工商登记注册地地方金融监管部门备案登记。

地方金融监管部门应当为网络借贷信息中介机构办理备案登记。备案登记不构成对机构经营能力、合规程度、资信状况的认可和评价。

地方金融监管部门有权根据本办法和相关监管规则对备案后的机构进行评估分类，并及时将备案信息及分类结果在官方网站上公示。

网络借贷信息中介机构还应当依法向通信主管部门履行网站备案手续，涉及经营性电信业务的，应当按照通信主管部门的相关规定申请相应的电信业务经营许可;未按规定申请电信业务经营许可的,不得开展网络借贷信息中介业务。

网络借贷信息中介机构备案登记、评估分类等具体细则另行制定。

【解读】

网贷机构管理采取"事后备案"制度,不设定"事前审批",基于笔者的个人理解并参考实践中非金融机构管理,就本条第一款所言"有关材料",可能包含:①营业执照正副本;②章程;③股东情况;④业务情况;⑤银行资金存管协议;⑥公司关于合法合规运营的承诺函等。

本条第三款所言"评估分类"颇有意思,"评估"是否可解读为官方评级?而分类是否是针对网贷机构所涉细分行业进行划分?该等问题也有望在地方实施细则中加以明确。

本条第四款明确两点:第一,涉及经营性电信业务的,应当申请电信业务经营许可;第二,未按规定申请电信业务经营许可的,不得开展网络借贷信息中介业务。

在《网络借贷信息中介机构业务活动管理暂行办法(征求意见稿)》有关问题的解答第6问中明确指出:"规定网贷机构应当申请相应的电信业务经营许可并接受相关部门监管。"但本条第四款的规定读来令人费解,前半段的表述中,为申请电信业务经营许可创设了一个"涉及经营性电信业务"的前提条件,而后半段是否也包含该前提条件,存有歧义。我们建议在正式出台的监管办法中对该条的表述加以修正,避免歧义理解。

第六条 [机构名称]开展网络借贷信息中介业务的机构,其机构名称中应当包含"网络借贷信息中介"字样,法律、行政法规另有规定的除外。

【解读】

《网络借贷信息中介机构业务活动管理暂行办法(征求意见稿)》"摒弃"了实践中大量存在的"金融信息服务"名称,规定网贷机构企业名称中应当包含"网络借贷信息中介"字样。实践中P2P平台的运营主体名称五花八门,有金融信息服务公司、投资管理公司、资产管理公司、网络技术公司等。监管机构要求名称标准化、标签化,方便市场投资者、监管部门识别从业机构主体,便于针对性管理。今后很有可能在企业经营范围中亦增设"网络借贷信息中介",并成为从业机构标配。

第七条 [备案变更]网络借贷信息中介机构备案事项发生变更的,应当在5个工作日内向工商登记注册地地方金融监管部门报告并进行备案信息变更。

第八条 [备案注销]经备案的网络借贷信息中介机构拟终止网络借贷信息中介服务的,应当在终止业务前5个工作日内书面告知地方金融监管部门,并办理备案注销。

经备案的网络借贷信息中介机构依法解散、被依法撤销或者依法宣告破产的,除依法进行清算外,由工商登记注册地地方金融监管部门注销其备案。

【解读】

备案变更属于监管部门的"办事指南"范畴,借鉴小额贷款公司、典当监管实践,变更事项可能包括:① 名称变更;② 住所变更;③ 股权变更;④ 注册资本变更;⑤ 法定代表人变更;⑥ 董监高变更。基于《网络借贷信息中介机构业务活动管理暂行办法(征求意见稿)》对于网贷机构业务类型、资金存管方面的重点关注,可能包含的变更事项还包括业务类型变更、存管银行变更等。为避免该等事项因地而异,建议银监会统筹制定统一标准。

第九条 [机构义务]网络借贷信息中介机构应当履行下列义务:

(一)依据法律法规及合同约定为出借人与借款人提供直接借贷信息的采集整理、甄别筛选、网上发布,以及资信评估、借贷撮合、融资咨询、在线争议解决等相关服务;

(二)对出借人与借款人的资格条件、信息的真实性、融资项目的真实性、合法性进行必要审核;

(三)采取措施防范欺诈行为,发现欺诈行为或其他损害出借人利益的情形,及时公告并终止相关网络借贷活动;

(四)持续开展网络借贷知识普及和风险教育活动,加强信息披露工作,引导出借人以小额分散的方式参与网络借贷,确保出借人充分知悉借贷风险;

(五)按照法律法规和网络借贷有关监管规定要求报送相关信息,其中网络借贷有关债权债务信息要及时向网络借贷行业中央数据库报送并登记;

(六)妥善保管出借人与借款人的资料和交易信息,不得删除、篡改,不得非法买卖、泄露出借人与借款人的基本信息和交易信息;

(七)依法采取预防、监控措施,建立健全客户身份识别制度、客户身份资料和交易记录保存制度、可疑交易报告制度,履行反洗钱和反恐怖融资义务,接受反洗钱监督管理；

（八）配合相关部门做好防范查处金融违法犯罪相关工作；

（九）配合相关部门做好互联网信息内容管理、网络与信息安全相关工作；

（十）国务院银行业监督管理机构、工商登记注册地省级人民政府规定的其他义务。

网络借贷行业中央数据库管理办法另行制定。

【解读】

本条第一款第（一）项明确网贷平台的服务内容范围，在传统的信息整理发布、资信评估、撮合咨询之外，还提出了"在线争议解决"服务。对于该点，可以理解为：平台应当构建在线争议解决系统，典型如淘宝的网购纠纷解决机制；或平台为投资者债务追偿、起诉等提供便利性服务。我们认为，在网贷行业参照进行电子商务领域的ODR意义不大：第一，在借贷法律关系下，绝大多数情形的争议皆源于债务人逾期还款，在债务人仍然具备还款意愿的情况下，平台可以主导借贷双方达成"和解"，但更多情形下债务人还款意愿低下，在线争议解决的可操作性不大；第二，在线争议解决对平台系统要求更高，在行业初期发展阶段不宜对此进行硬性要求，更应当鼓励、推动的是为投资者追偿、起诉而进行的配套服务，典型如证据保全。

本条第一款第（五）项提及"网络借贷有关债权债务信息要及时向网络借贷行业中央数据库报送并登记"，网络借贷行业中央数据库值得期待。目前实践中已有"商务部互联网金融信息共享平台"，接入该共享平台的要求较为严苛，根据最新消息，目前接入机构扩容至40多家。网络借贷行业中央数据库的推出与推广，将形成网贷领域的征信数据库，助力行业健康发展。

本条第一款第（六）项提及"不得删除、篡改"借贷双方资料和交易信息，其实质在于要求平台保持中立性，起到交易资料托管作用。同时本项提及"不得非法买卖、泄露出借人与借款人的基本信息和交易信息"，然而实践中，平台催收手段的一个惯常做法是通过通讯录短信群发、平台"曝光台"等方式公布债务人逾期还款信息，此外，平台在借款人资信评估阶段，也会向第三方机构"购买"借款人相关的征信信息。对于此，从严格解读本条第一款第（六）项角度出发，平台在实操中需要注意：第一，个人信息授权使用条款务必拟订到位，且应当注意信息使用尺度，例如，关键信息、隐私信息等应当做模糊处理；第二，征信信息应当向适格的征信机构购买，否则可能涉及"非法买卖"。

自《关于促进互联网金融健康发展的指导意见》以来，网贷机构的配套制度要求一再被提出，包括本条所言的反欺诈、客户身份识别制度、客户身份资料和交易记录保存制度、可疑交易报告制度以及反洗钱和反恐怖融资等，不排除今后监管机关可能要求平台就该等制度形成文本并在备案登记时提供。

第十条 ［禁止行为］网络借贷信息中介机构不得从事或者接受委托从事下列活动：

（一）利用本机构互联网平台为自身或具有关联关系的借款人融资；

（二）直接或间接接受、归集出借人的资金；

（三）向出借人提供担保或者承诺保本保息；

（四）向非实名制注册用户宣传或推介融资项目；

（五）发放贷款，法律法规另有规定的除外；

（六）将融资项目的期限进行拆分；

（七）发售银行理财、券商资管、基金、保险或信托产品；

（八）除法律法规和网络借贷有关监管规定允许外，与其他机构投资、代理销售、推介、经纪等业务进行任何形式的混合、捆绑、代理；

（九）故意虚构、夸大融资项目的真实性、收益前景，隐瞒融资项目的瑕疵及风险，以歧义性语言或其他欺骗性手段等进行虚假片面宣传或促销等，捏造、散布虚假信息或不完整信息损害他人商业信誉，误导出借人或借款人；

（十）向借款用途为投资股票市场的融资提供信息中介服务；

（十一）从事股权众筹、实物众筹等业务；

（十二）法律法规、网络借贷有关监管规定禁止的其他活动。

【解读】

本条系《网络借贷信息中介机构业务活动管理暂行办法（征求意见稿）》的核心条款，采取了"列举式+兜底式"条款的"负面清单"模式，规定了12项网贷机构的禁止行为，前11项分析如下：

（1）自融。明确自融的融资主体包括"平台自身或具有关联关系的其他方"，不足之处在于，该项并未对"具有关联关系"进行细化规定。严格解释"具有关联关系"，其应当包含"股权关联"和"人员关联（包括董监高、法定代表人、实际控制人等）"，实践中股权关联被大量通过股权代持而在形式上加以规避，实际控制人也难以准确认定。自融为行业带来的负面效应即风险加剧案例不在少数,监管机构对"自融"的界定,应当重实质、严格化。至于网贷机构出于"员工福利"考量而向自身员工撮合"低息"借款,笔者认为应当为"自融"禁止之例外。

（2）资金归集。该项旨在规范资金池问题,并可能影响实践中的"理财计划""委托定向投资产品"和"活期产品"。资金池问题主要根源于"借款项目未产生情形下,出借人资金向平台预先归集",此处的"归集"应当以"能够实际控制"为认定标准。实践中,平台与投资人的协议中往往会有"授权条款",通过该等条款安排平台可以自行划转投资人资金,此类"授权条款"很有可能被纳入"间接接受、归集"范畴。对于该项,平台需要把握两点：第一,借款项目应当先于投资行为存在（实操中的活期产品通过对接货币基金方式解决站岗资金问题,一旦借款项目发生即从货币基金账户中赎回资金进行项目匹配,但该等方式存有违反本条第（七）项、第（八）项之嫌；第二,投资人资金不得在平台所能控制的账户中进行汇集（实操中的银行存管可以解决该问题,通过"母子虚拟账户+投资人资金冻结"方式避免资金被平台挪用的风险）。

（3）担保与本息承诺。本条并未对网贷行业的"担保"概念进行界定。从本条第（一）项对自融的概念界定,第（三）项的规定在表述措辞上与第（一）项存有不同,第（三）项并未表述为"利用网络借贷信息中介机构自身或具有关联关系的其他方向出借人提供担保",第（三）项的主语为"网络借贷信息中介机构"。因此,仅从字面角度解读,第（三）项并未明确禁止网贷平台的关联方担保,仍然为实践中大量存在的关联方担保留了空间。就"平台增信措施"而言,我们认为,在中国国情下,不宜一刀切地加以禁止,较为"缓和"的关联担保公司担保、风险准备金仍然应当获得监管机关的认可（即使不认可,也应当加以默许）。但是,实践中大量公司通过SPV的设立,由该等SPV通过回购、垫付安排,实现了"担保功能",该等不具备担保资质的SPV公司"准担保行为",极有可能在今后的监管中被明确禁止。业内诸多人士多因本款未明释"担保"的具体概念而感到"遗憾",笔者却认为这是一种刻意的模糊处理,为网贷实践中的"增信措施"留有一定空间,并可由监管机构根据具体情况进行不同程度的"扩张"或"限缩"。此外,笔者认为,无论在何种情形下,"本息承诺"以及变相的"本息保障"表述均应当被禁止,其与"担保"不应当在同一条款中相提并论,建议就本息承诺单列条款并明令禁止。

（4）用户实名制。该项要求网贷平台对于网页游客仅可公开非项目信息。只有经过注册并实名认证的用户,才可以在登录后浏览融资项目信息。对于该项,需要进一步明确何为"融资项目信息"。举例而言,一个融资项目的基本要素包括融资金额、借款利率、借款期限、借款人基本情况、担保措施、借款用途等，该项所言之禁止，是否指所有的融资项目要素均不得在平台加以公开？建议区分"项目基本信息"与"项目详细信息"，就融资金额、利率、借款期限等"项目基本信息"，可以允许其公开。

（5）发放贷款。该项再次明确网贷机构并非放贷组织。但是，值得注意的是，该项的但书规定"法律法规另有规定的除外"。目前的民间借贷司法解释已明确企业之间借贷有效，且实践中也大量存在委托贷款情形。监管部门要禁止的是持续性的构成主营业务的放贷行为，而非偶发的企业间借贷、银行委贷行为。

（6）期限拆分。本条禁止期限拆分，但并未禁止金额拆分。从监管机构角度考量，期限拆分容易引发流动性风险（部门类型的期限拆分实质上就是一出"借新还旧"的戏码）。同时，期限拆分往往由网贷机构协助进行，其通过此类"期限配置结构化"安排，使得投资端用户体验提升（投资人往往喜欢短期借款标），在该等期限拆分过程中，平台过度参与了交易过程，中介属性模糊。但是，对于期限拆分，我们需要区分其可能存在的不同情形：

第一，借款人实际需要的借款期限较长，在融资环节平台将借款产品设计为"期限大拆小"，并在平台滚动发行，此类情形易引发流动性风险与错配，应当加以监管。

第二，投资人在较长的借款期限内，通过网贷机构提供的债权转让功能向其他投资人转让其持有的债权，该等以债权转让方式"提前退出"不应被视为变相"期限拆分"。

第三，本条并未禁止实践中大量存在的"债权让与"模式，职业放贷人通过其持有的长期债权，通过期限、金额拆分方式通过平台向投资人转让，并附以"到期回购条款"以实现投资人的短期投资效果。该等情形是否应予禁止，该项并未涉及。

（7）发售其他金融产品。该项规定模糊，发售一词可拆分解释为"发行"与"销售"，网贷机构在不具备相应牌照、资质的前提下，其发行或销售产品必然会被禁止，但前述情形需要加以区分，以金融产品代销为例，分析如下：

第一，如果监管机构制定该项规定的目的在于禁止"混业"，则该项应当理解为"任何情形下的禁止销售"（即使网贷机构拥有相应的代销牌照）。

第二，如果监管机构制定该项规定的目的在于禁止"无证经营"，则该项应当理解为"在尚未获得相应代销牌照的情形下，禁止网贷机构销售相应的金融产品"。

我们目前倾向于认为，监管机构的监管思路应当为前者，"混业"问题早在《私募股权众筹融资管理办法（试行）（征求意见稿）》中即被提出，需要禁止"混业"的最大理由在于：国内金融监管为多部门监管，混业会引发监管责任模糊，也容易引发多头监管与监管困难，同时，从行业发展角度而言，"混业"不利于网贷行业的深耕细作。实践中的"金融超市""一站式理财"等平台发展设想，必然会涉及资管产品、基金产品、保险产品的代销，在当下监管意见可能禁止"同一机构混业经营"的情况下，平台的应对措施在于：通过设立其他公司获取相应的代销牌照，并通过独立的网站进行相应的代销业务，实现公司之间的业务分离与独立运营。

（8）各类混业情形。该项在第（七）项之外进一步排除了其他可能存在的混业情形。监管机构旨在通过对单一主体的混业禁止，要求网贷机构回归"个体网络借贷"老本行，明确主营业务专一性。

（9）信息披露。该项列举了诸多情形，包括虚构夸大、隐瞒欺诈、虚假宣传以及商誉侵权等，其旨在要求如实向借贷双方披露项目信息。遗憾的是，该项并未就具体标准加以明确，难以用于指导网贷机构自身信息披露制度的构建。

（10）股票配资。该项系对股票配资的明言禁止，带有强烈的政策性色彩。但实践中借款人的"借款用途"如何准确把握，难度颇大，监管机构又如何对"或有"的配资业务加以监管，也实非易事。实践中，借款用途往往会简单表述为"企业经营、个人消费"等，难以核实其真实用途与资金流向。因此，以一条禁令实在难以一劳永逸。此外，撇开股票配资，就风险性而言，包括新三板、场外市场投资在内的其余风险投资或"门槛性投资"，也应纳入禁止之列。

（11）众筹。该项系对互联网金融细分领域"混业"的禁止条款，早在《私募股权众筹融资管理办法（试行）（征求意见稿）》中即已明确禁止混业。此处需要"勘误"，根据《关于促进互联网金融健康发展的指导意见》第（九）条，股权众筹融资是指通过互联网形式进行公开小额股权融资的活动，严格从概念界定角度出发，"股权众筹"与"私募股权众筹"（其在《关于调整场外证券业务备案管理办法个别条款的通知》中被称为互联网非公开股权融资）应当区别对待，因此，从条文完整性看，该项应当将"私募股权众筹"单独列入。此外，该项也禁止网贷与实物众筹混业。

总体而言，针对本条核心条款，其在《关于促进互联网金融健康发展的指导意见》的基础上进一步针对网络借贷提出了细化要求，典型如一再被提及并强调的"混业禁止"（混业禁止并未在《关于促进互联网金融健康发展的指导意见》中体现)。部分条款仍然存在一定的"歧义"。此外,针对"类资产证券化""金融资产交易""债权让与"等融资行为并无涉及,并未界定该等融资行为是否纳入"借贷",亦并未界定其是否纳入"混业监管",实乃遗憾。本着"法无禁止即可为",前述产品似乎仍然存有实践空间。最后,一些新兴领域仍未纳入监管,典型如"虚拟货币"和"积分",网贷机构基于运营推广而大量采用的各种名称的"积分",在某种程度上具备虚拟货币功能,笔者认为应当纳入监管,遗憾的是,《关于促进互联网金融健康发展的指导意见》和《网络借贷信息中介机构业务活动管理暂行办法(征求意见稿)》均未涉及。

第十一条 [实名注册]参与网络借贷的出借人与借款人应当为网络借贷信息中介机构核实的实名注册用户。

【解读】

本条与《网络借贷信息中介机构业务活动管理暂行办法(征求意见稿)》第十条第(四)项内容存有部分重复,不再另作评述。

第十二条 [借款人义务]借款人应当履行下列义务:
(一)提供真实、准确、完整的用户信息及融资信息;
(二)保证融资项目真实、合法,并按照约定用途使用借贷资金,不得用于出借等其他目的;
(三)按约定向出借人如实报告影响或可能影响出借人权益的重大信息;
(四)借贷合同及有关协议约定的其他义务。

【解读】

本条明确列出借款人义务,可作为网贷机构"借款合同"模板的条款参考。

第十三条 [借款人禁止行为]借款人不得从事下列行为:
(一)欺诈借款;
(二)同时通过多个网络借贷信息中介机构,或者通过变换项目名称、对项目内容进行非实质性变更等方式,就同一融资项目进行重复融资;
(三)在网络借贷信息中介机构以外的公开场所发布同一融资项目的信息;

（四）已发现网络借贷信息中介机构提供的服务中含有本办法第十条所列内容,仍进行交易;

（五）法律法规和网络借贷有关监管规定禁止从事的其他活动。

【解读】

本条明确列出借款人禁止行为,可作为网贷机构"借款合同"模板的条款参考。同时,网贷机构在对借款人进行审核评估时,应当对借款人是否存在禁止行为负有一定的"审慎核查"义务。

第十四条 [出借人条件]参与网络借贷的出借人,应当拥有非保本类金融产品投资的经历并熟悉互联网。

【解读】

首先,本条并未对"非保本类金融产品"进行界定或列举;其次,本条系网贷领域"合格投资者"制度的雏形,但条款规定过于笼统;最后,出借人条件的甄别义务是否由平台进行?是否只要在"借款合同"中增设一条出借人承诺条款(承诺内容为"本人拥有非保本类金融产品投资的经历并熟悉互联网")即可?抑或要求在出借人实名注册环节即提供相应的证明文书?建议就本条进一步斟酌并细化,使其能够用于指导实践。

第十五条 [出借人义务]参与网络借贷的出借人应当履行下列义务:
（一）向网络借贷信息中介机构提供真实、准确、完整的身份等信息;
（二）出借资金为来源合法的自有资金;
（三）了解融资项目信贷风险,确认具有相应的风险认知和承受能力;
（四）自行承担借贷产生的本息损失;
（五）借贷合同及有关协议约定的其他义务。

【解读】

本条评述参见第十二条的解读。补充评述如下:

何为"来源合法的自有资金"?通过借贷而来的资金、通过信用卡套现、提现而来的资金是否属于来源合法的自有资金?建议明确"自有"的概念界定,不建议将借贷资金纳入投资资金范畴。

第十六条　[线下业务]除信用信息采集、核实、贷后跟踪、抵质押管理等风险管理及网络借贷有关监管规定明确的部分必要经营环节外,网络借贷信息中介机构不得在互联网、固定电话、移动电话及其他电子渠道以外的物理场所开展业务。

【解读】

本条被视为对线下理财网点的"封杀",其具体指向实践中大量存在的线下P2P,要求投资者需要自行通过互联网渠道进行资金出借。同时,本条也对网贷平台线下获客的业务手段加以禁止,可允许的业务开展渠道仅包括互联网、电话等。显然,本条旨在规范资金端的获客渠道,对于资产端的项目获取并未做出禁止性规定。通过本条,线下P2P将受到极大影响,其必须依托于互联网技术、IT软件等进行"互联网+"转型,而绝非依靠一个不具备投融资功能的"门面"网站继续进行线下业务。

第十七条　[风险控制]网络借贷金额应当以小额为主。网络借贷信息中介机构应当根据本机构风险管理能力,控制同一借款人在本机构的单笔借款上限和借款余额上限,防范信贷集中风险。

【解读】

本条出发点在于控制单笔借款额度,但并未明确一个可供参考的数字区间。条文表述过于笼统且不具备实操性。如何"根据本机构风险管理能力"?又如何依据该"风险管理能力"去控制单笔借款上限?究其本质,还是以传统非金融机构监管思路在制定网贷规则,又因为网贷机构不存在"注册资本门槛""杠杆限制"而无法以数字区间对所谓的风险管理能力进行定量。网贷机构之风险控制,应当在于对借款项目的尽调把关,核心在于基于借款项目的一众要素对借款人作出的还款能力评估。建议针对本条进行修正与细化。

第十八条　[网络与信息安全]网络借贷信息中介机构应按照国家网络安全相关规定和国家信息安全等级保护制度的要求,开展信息系统定级备案和等级测试,具有完善的防火墙、入侵检测、数据加密以及灾难恢复等网络安全设施和管理制度,建立信息科技管理、科技风险管理和科技审计有关制度,配置充足的资源,采取完善的管理控制措施和技术手段保障信息系统安全稳健运行,保护出借人与借款人的信息安全。

网络借贷信息中介机构应当记录并留存借贷双方上网日志信息,信息交互内容等数据,留存期限为5年;每两年至少开展一次全面的安全评估,接受国家或行业主管部门的信息安全检查和审计。

网络借贷信息中介机构成立两年内,应当建立或使用与其业务规模相匹配的应用级灾备系统设施。

【解读】

本条就网贷机构的网络技术提出了一系列的要求,但难以指导实践,有待进一步细化的规则、要求的出台。

第十九条 [募集期管理]网络借贷信息中介机构应当为单一融资项目设置募集期,最长不得超过10个工作日。

【解读】

建议在本条基础上明确借款人起息日的规定,实际操作中在募集期即计收利息的情况仍有存在。募集期间内的资金管理以及项目流标后的资金处置等均未涉及,建议在正式文稿中增加相应内容。

第二十条 [费用分配]借款人支付的本金和利息应当归出借人所有。网络借贷信息中介机构应当与出借人、借款人另行约定费用标准和支付方式。

【解读】

本条可能指向实践中的"利息截留问题",且并未就费用标准给出参考。从融资人角度而言,借款利息与平台费用均为融资成本,条文明确要求利息归出借人所有,即不允许平台截留或收取利息。

第二十一条 [征信管理]网络借贷信息中介机构应当加强与金融信用信息基础数据库运行机构、征信机构等的业务合作,依法报送、查询和使用有关金融信用信息。

第二十二条 [电子签名]各方参与网络借贷信息中介机构业务活动,需要对出借人与借款人的基本信息和交易信息等使用电子签名、电子认证时,应当遵守法律法规的规定,保障数据的真实性、完整性及电子签名、电子认证的法律效力。

网络借贷信息中介机构使用第三方数字认证系统,应当对第三方数字认证机构进行定期评估,保证有关认证安全可靠并具有独立性。

【解读】

网贷行业电子合同在司法实践中的受认可度,仍然有待于更多司法判例的出现。在目前的法律体系下,电子合同的有效性受法律保护。《网络借贷信息中介机构业务活动管理暂行办法(征求意见稿)》并未强制要求网贷机构采用电子签名、电子认证,时间戳亦未提及。

第二十三条 [档案管理]网络借贷信息中介机构应当采取适当的方法和技术,记录并妥善保存网络借贷业务活动数据和资料,做好数据备份。保存期限应当符合法律法规及网络借贷有关监管规定的要求。借贷合同到期后应当至少保存5年。

第二十四条 [业务暂停与终止]网络借贷信息中介机构暂停、终止业务时应当至少提前5个工作日通过官方网站等有效渠道向出借人与借款人公告。网络借贷信息中介机构业务暂停或者终止,不影响已经签订的借贷合同当事人有关权利义务。

网络借贷信息中介机构因解散、被依法撤销或宣告破产而终止的,应当在解散、被撤销或破产前,妥善处理已撮合存续的借贷业务,清算事宜按照有关法律法规的规定办理。

[破产隔离]网络借贷信息中介机构清算时,出借人与借款人的资金分别属于出借人与借款人,不列入清算财产。

【解读】

网贷机构"退出机制"安排,应当有进一步的细则出台加以规范,其具体方式可以包括主动清盘、自行清算、破产清算等。可以预见的是,网贷机构"退出机制"将成为今后监管的关注重点,会在退出安排、人员规制、项目及资金处置方案等方面进行细化规制,确保"平稳"退出。

第二十五条 [借贷决策]网络借贷信息中介机构不得以任何形式代出借人行使决策。每一融资项目的出借决策均应当由出借人作出并确认。

【解读】

本条短短几十字,却将对实践中大量存在的"投资人授权条款",委托理财、活期产品产生重大影响。"投资人授权条款"能否获得豁免?从条文行文表述来看,"任何形式"应当涵盖了授权条款。实践中的部门产品将面临重大整改或调整,整改点在于使得借贷决策最终由出借人作出并确认。笔者认为,本条并非"活期产品"的末日,通过一些确认流程安排,能够使得活期产品符合本条规定,但可以肯定的是,"一站式懒人理财"与"闭着眼睛赚钱"的愿景必然被打破,活期产品的用户体验势必将下降。

第二十六条 [风险揭示及评估]网络借贷信息中介机构应当向出借人以醒目方式提示网络借贷风险和禁止性行为,并经出借人确认。

网络借贷信息中介机构应当对出借人的年龄、健康状况、财务状况、投资经验、风险偏好、风险承受能力等进行尽职评估,不得向未进行风险评估的出借人提供交易服务。

网络借贷信息中介机构应当根据风险评估结果对出借人实行分级管理,设置可动态调整的出借限额和出借标的限制。

【解读】

本条第一款引入了类似"合格投资者测评"的制度,明确"不得向未进行风险评估的出借人提供交易服务",笔者假想的一个操作办法是,在投资者实名注册环节需要在平台填写风险评估问卷,并作为平台实施分级管理的依据。

本条中有关于"合格投资者"分级管理制度的要求,并针对不同级别的投资者设定出借限额和出借标的限制。该等做法的目的在于防止投资者风险集中,但在实践中网贷机构如何实施该制度,尚难作评价。

第二十七条 [客户信息保护]网络借贷信息中介机构应当加强出借人与借款人信息管理,确保出借人与借款人信息采集、处理及使用的合法性和安全性。

网络借贷信息中介机构及其资金存管机构、其他各类外包服务机构等应当为业务开展过程中收集的出借人与借款人信息保密,未经出借人与借款人同意,不得将出借人与借款人提供的信息用于所提供服务之外的目的。

在中国境内收集的出借人与借款人信息的储存、处理和分析应在当中国境内进行。除法律法规另有规定外,网络借贷信息中介机构不得向境外提供境内出借人和借款人信息。

【解读】

本条系信息保护条款,前文已提及用户信息处理实例,此处不再赘述。

第二十八条 [客户资金保护]网络借贷信息中介机构应当实行自身资金与出借人和借款人资金的隔离管理,选择符合条件的银行业金融机构作为出借人与借款人的资金存管机构。

【解读】

本条系关于网贷资金存管的规定,基本与《关于促进互联网金融健康发展的指导意见》保持一致:① 银行存管;② 资金隔离。本条的笼统性规定基本容忍了目前市面上存在的各类银行存/托管业务样态。在此,就业内争论不断的托管、存管再叨唠几句:

人民银行于2013年6月7日发布《支付机构客户备付金存管办法》,所谓"存管"概念即出于该办法,即该办法第二条所言"客户备付金的存放、归集、使用、划转等存管活动"。该办法并未对"存管"一词单独做出明确释义,但从中可以解读"存管"包括了"存放、归集、使用、划转"等。"存管"一词还出现于《证券法》第一百三十九条:"证券公司客户的交易结算资金应当存放在商业银行,以每个客户的名义单独立户管理。"并在《客户交易结算资金管理办法》中对证券公司资金交易结算进行了细化规定。

"托管"一词则见于《商业银行客户资金托管业务指引》第三条:"本指引所称客户资金托管业务,是指商业银行作为托管人接受客户的委托,按照法律法规规定和合同约定,履行安全保管客户资金、办理资金清算、监督资金使用情况、披露资金保管及使用信息等职责,为客户保障资金专款专用、提高效率、防范风险、提升信用的资产托管业务。"

综上,就目前法律法规而言,第三方支付机构存在"客户备付金存管",证券领域存在特殊的"银行存管业务",商业银行则存在"客户资金托管业务",此外并无其他。网贷行业资金账户体系自行业发展以来不断发生演变,较常见模式包括如下三种通行模式:① 第三方支付机构存管模式;② 第三方支付机构托管模式;③ 银行存管模式。

《关于促进互联网金融健康发展的指导意见》出台以来,明确要求网贷资金走"银行存管"。业内的一部分人存在一个天真的误区,"存"不如"托"。其实并非如此,就我们审查过的各种协议来看,无论是叫存管、托管,其本质上并无区别,均由第三方支付机构或银行依据平台指令进行资金划付,对于该等指令的真实性,第三方支付机构或银行仅作表面审查而不承担因指令错误而产生的后果,亦不会对指令背后的项目真实性加以查验。其实,第三方支付机构与银行也难以做出实质性审查。

监管部门明确对网贷资金账户体系提出要求,其旨在实现如下两点:第一,网贷平台自有资金账户与投资人账户的隔离,防止资金混同引发资金池风险;第二,每一笔资金流向依托于一个划付指令,从而与项目一一匹配。实践中的三种通行模式其实都能达到此两点要求。因此,我们观点一直很明确,"存管""托管"只是名称的差异,并不会因为叫托管即把更多的审慎义务附加于银行或第三方支付机构之上,资金存管与托管都无法避免"假标"和"道德风险",但一定程度上都能避免平台侵占投资者资金,能够一定程度上避免资金池。

最后,谈一下为何《关于促进互联网金融健康发展的指导意见》以及《网络借贷信息中介机构业务活动管理暂行办法》明确要"银行"存管,主要原因在于央行要出手整顿"第三方支付机构"行业乱象,其立法本意在于防止支付机构出现"银行化""银联化",实质上积极巩固了银行体系在金融行业中坚不可摧的信用交易地位,鼓励支付机构可大力开展通道业务。

第二十九条 [纠纷解决]出借人与网络借贷信息中介机构之间、出借人与借款人之间、借款人与网络借贷信息中介机构之间等纠纷,可以通过以下途径解决:

(一)自行和解;
(二)请求行业自律组织调解;
(三)向仲裁部门申请仲裁;
(四)向人民法院提起诉讼。

【解读】

本条所言的行业自律组织具体所指尚无法明确,可能指向地方行业协会。就具体纠纷的争议解决途径,就合同约定而言,一般遵循协商、诉讼或仲裁的轨迹,所谓的"请求行业自律组织调解"仅可纳入协商阶段,其本身无法作为法定前置程序。

第三十条 ［融资信息披露及风险揭示］网络借贷信息中介机构应当在其官方网站上向出借人充分披露以下信息：

（一）借款人基本信息，包括但不限于年收入、主要财产、主要债务、信用报告；

（二）融资项目基本信息，包括但不限于项目名称、类型、主要内容、地理位置、审批文件、还款来源、借款用途、借款金额、借款期限、还款方式及利率、信用评级或者信用评分、担保情况；

（三）风险评估及可能产生的风险结果；

（四）已撮合未到期融资项目有关信息，包括但不限于融资资金运用情况、借款人经营状况及财务状况、借款人还款能力变化情况等。

【解读】

本条提出要求网贷机构进行"充分披露"，实践中鲜有网贷机构可以按照本条的规定进行如此详实的披露，原因可能包括如下：

（1）网贷机构视资产端信息为生命线，轻易不愿将详尽信息完全披露，往往会做技术处理后进行部分披露。

（2）借款人（尤其是企业）往往不愿意直接在网络上"暴露"其完整信息，因此实操中大量采用"壳公司"、SPV等作为借款主体。

我们认为，本着行业健康发展的目标，网贷行业信息披露应当透明化，但信息披露制度的构建与规范化在目前网贷行业可能尚需要一个循序渐进的过程，具体的网贷信披规则有待银监会的单独"立法"。

第三十一条 ［机构经营管理信息披露］网络借贷信息中介机构应当实时在其官方网站显著位置披露本机构所撮合借贷项目交易金额、交易笔数、借贷余额、最大单户借款余额占比、最大10户借款余额占比、借款逾期金额、代偿金额、借贷逾期率、借贷坏账率、出借人数量、借款人数量、客户投诉情况等经营管理信息。

网络借贷信息中介机构应当在其官方网站上建立业务活动经营管理信息披露专栏，定期以公告形式向公众披露年度报告、法律法规、网络借贷有关监管规定及工商登记注册地省级网络借贷行业自律组织要求披露的其他信息，内容包括但不限于机构治理结构、董事、监事、高级管理人员及管理团队情况、经会计师事务所审计的财务会计报告、风险管理状况、实收资本及运用情况、业务经营情况与资金存管机构及增信机构合作情况等。

网络借贷信息中介机构应当聘请会计师事务所定期对本机构出借人与借款人资金存管、信息披露情况、信息科技基础设施安全、经营合规性等重点环节实施审计,并且应当聘请有资质的信息安全测评认证机构定期对信息安全实施测评认证,向出借人与借款人、工商登记注册地省级网络借贷行业自律组织等披露审计和测评认证结果。

网络借贷信息中介机构应当将定期信息披露公告文稿和相关备查文件报送工商登记注册地地方金融监管部门,并置备于机构住所供社会公众查阅。

【解读】

本条为关于网贷机构的信息披露要求,其包括三个方面:第一,网贷机构运营数据的实时公开;第二,网贷机构经营管理的定期公告与备查;第三,会计师事务所/信息安全测评机构的定期审计/认证与公开。

运营数据的公开应当做到真实与及时,而这有赖于外部机构的介入。就会计师、认证机构进行审计、认证的周期,有待于进一步的细化要求,外部机构的介入与公允评价,将极大程度地推进平台的规范化运营,实现行业内的"优胜劣汰"。

第三十二 [披露义务的责任主体]网络借贷信息中介机构的董事、监事、高级管理人员应当忠实、勤勉地履行职责,保证披露的信息真实、准确、完整、及时、公平,不得有虚假记载、误导性陈述或者重大遗漏。

借款人应当配合网络借贷信息中介机构及出借人对融资项目有关信息的调查核实,保证提供的信息真实、准确、完整。

【解读】

监管办法并未对董监高的任职资质、从业经历等提出要求,本条内容也大多援引自《公司法》中的相关规定。

第三十三条 [中央金融监管部门职责]国务院银行业监督管理机构除应当履行本办法第四条规定的有关职责外,还应当承担下列职责:

(一)对地方贯彻落实国家相关政策法规、开展监管工作进行指导、协调和监督;

(二)建立跨省(区、市)经营监管协调机制,加强对网络借贷信息中介机

构业务活动风险监测分析和开展风险提示,对可能出现的风险进行预警提示和督导;

(三)推进行业基础设施建设,建立网络借贷行业中央数据库;

(四)指导网络借贷行业自律组织;

(五)对本办法及相关实施细则进行解释。

第三十四条 [地方金融监管部门职责]地方金融监管部门依照法律法规和《关于促进互联网金融健康发展的指导意见》等文件要求,加强沟通、协作,并履行下列监管职责:

(一)建立网络借贷信息中介机构及其股东、合伙人、实际控制人、从业人员的执业记录,建立并管理行业有关数据信息的统计,开展风险监测分析,并按要求定期报送国务院银行业监督管理机构;有关统计数据与中国人民银行及网络借贷行业中央数据库运行机构共享;

(二)对网络借贷信息中介机构业务活动中的信息披露进行监督,制定实施信息披露、风险管理、合同文本等标准化规则,促进机构信息披露和增强经营管理透明度;

(三)受理有关投诉和举报,自主或聘请专业机构对辖内网络借贷信息中介机构进行现场检查和非现场监管;

(四)对网络借贷信息中介机构及其从业人员违反本办法和相关监管规定的,视情节轻重对其采取相关措施;

(五)建立舆情监测制度,对网络借贷信息中介机构业务活动中可能涉及非法集资等违法违规行为进行监测,并及时报告省级人民政府,涉嫌犯罪的,依法移交公安司法机关查处;

(六)定期向省级人民政府、国务院银行业监督管理机构报送本辖区备案和网络借贷行业年度监管与发展情况报告。

【解读】

这两条系对中央及地方金融监管部分职责的细化要求。就标准化文本/制度的制定以及现场检查,建议适时引入外部律师事务所/会计师事务所协同处理。

第三十五条 [自律组织职责]省级网络借贷行业自律组织应当将组织章程报地方金融监管部门备案,并履行下列职责:

（一）制定自律规则、经营细则和行业标准并组织实施，教育会员遵守法律法规和网络借贷有关监管规定；

（二）依法维护会员的合法权益，协调会员关系，组织相关培训，向会员提供行业信息、法律咨询等服务，调解纠纷；

（三）受理有关投诉和举报，开展自律检查；

（四）法律法规和网络借贷有关监管规定赋予的其他职责。

【解读】

在网贷行业发展进程中，各类协会五花八门，其中不乏挂羊头卖狗肉之辈。省级自律组织应当尽早推出，并对各色非法组织加以清理。行业组织会员、理事、理事长头衔绝非用于"增信"，可以借鉴小额贷款的地方协会自律模式，着力发展网贷行业协会。

第三十六条 ［客户资金存管］借款人、出借人、网络借贷信息中介机构、资金存管机构、担保人等应当签订资金存管协议，明确各自权利义务和违约责任。

资金存管机构对出借人与借款人开立和使用资金账户进行管理和监督，并根据合同约定，依照出借人与借款人向网络借贷信息中介机构发出的指令，对出借人与借款人的资金进行存管、划付、核算和监督。

资金存管机构承担实名开户和履行合同约定及借贷交易指令表面一致性的形式审核责任，但不承担融资项目及借贷交易信息真实性的实质审核责任。

资金存管方应当按照网络借贷有关监管规定报送数据信息并依法接受相关监督管理。

【解读】

前文已就"银行存管"以及"存管、托管之争"详加论述，此处不再赘言。"资金存管机构承担实名开户和履行合同约定及借贷交易指令表面一致性的形式审核责任，但不承担融资项目及借贷交易信息真实性的实质审核责任"的要求，基本符合当下银行存管实践。

第三十七条 ［重大风险信息报送］网络借贷信息中介机构应当在下列重大事件发生后，立即采取应急措施并向地方金融监管部门报告：

（一）因经营不善等原因出现重大经营风险；

（二）网络借贷信息中介机构或其董事、监事、高级管理人员发生重大违法违规行为；

（三）因商业欺诈行为被起诉，包括违规担保、夸大宣传、虚构隐瞒事实、发布虚假信息、签订虚假合同、错误处置资金等行为。

地方金融监管部门应当建立网络借贷行业重大事件的发现、报告和处置制度，制定处置预案，及时、有效地协调处置有关重大事件。

地方金融监管部门应当及时将本辖区网络借贷信息中介机构重大风险及处置情况信息报送省级人民政府、国务院银行业监督管理机构和中国人民银行。

【解读】

就近年来国内网贷风险事件，可以窥见目前国内在网络借贷突发事件应急之滞后，遵循的是一条"网络舆论沸腾→投资者提现困难→经侦出马→投资者抱团维权→业内一片唏嘘"的路径。在监管办法落地的同时，各方参与者应当反思其在诸如e租宝事件中的责任担当并以此为戒。《关于促进互联网金融健康发展的指导意见》明确互联网金融的金融属性，其具备金融的一切风险要素，监管的常态化、突击化，预警机制、应对预案的出台与有效执行，都应当列为今后监管机构的工作重点。

第三十八条 ［一般信息报送］网络借贷信息中介机构发生下列情形的，应当在5个工作日内向工商登记注册地地方金融监管部门报告：

（一）备案事项发生变更；

（二）不再提供网络借贷信息服务；

（三）因违规经营行为被查处或被起诉；

（四）内部人员违反境内外相关法律法规行为；

（五）国务院银行业监督管理机构、地方金融监管部门要求的其他情形。

【解读】

此条无实质性内容，不作赘述。

第三十九条 ［年度审计］网络借贷信息中介机构应当聘请有资质的会计师事务所进行年度审计，并在上一会计年度结束之日起4个月内向地方金融监管部门报送年度审计报告。

【解读】

"有资质的"这一表述颇有想象空间,以上海地区典当行监管为例,每年的典当行年审会计师事务所均有相应的名录,只有在名录内的方为"有资质"。同时,鉴于网贷行业的特殊性,应当就网贷机构审计报告的特殊要求进行释明。

第四十条 ［监管部门责任］地方金融监管部门有下列情形之一的,依法给予行政处分;构成犯罪的,依法追究刑事责任:

(一)未依照本办法规定报告重大风险和处置情况的;

(二)未依照本办法规定向国务院银行业监督管理机构提供行业统计、行业报告等相关信息的;

(三)其他违反法律法规及本办法规定的行为。

【解读】

此条无实质性内容,不作评述。

第四十一条 ［机构责任］网络借贷信息中介机构违反法律法规和网络借贷有关监管规定,有关法律法规有处罚规定的,依照其规定给予处罚;有关法律法规未作处罚规定的,工商登记注册地地方金融监管部门可以采取监管谈话、出具警示函、责令改正、将其违法违规和不履行公开承诺等情况记入诚信档案并公布等监管措施,以及给予警告、通报批评、人民币3万元以下罚款和依法可以采取的其他处罚措施;构成犯罪的,依法追究刑事责任。

网络借贷信息中介机构违反法律规定从事非法集资活动的,按照相关法律法规和工作机制处理;构成犯罪的,依法追究刑事责任。

监管部门应当通过信用信息公示系统,公示其在履行职责过程中产生的相关企业行政许可信息和行政处罚信息,并将诚信档案与网络借贷行业中央数据库或其他全国性的数据库链接,实现数据共享。

【解读】

机构责任包含两层内容:

(1)违法行为,处罚手段包括"工商登记注册地地方金融监管部门可以采取监管谈话、出具警示函、责令改正、将其违法违规和不履行公开承诺等情况记入诚信档案并公布等监管措施,以及给予警告、通报批评、人民币3万元以下罚款和依法可以采取的其他处罚措施"。

（2）犯罪行为，处罚手段为"依法追究刑事责任"。

通读监管办法，"罚则"条款仅在本条中略有体现。笔者建议，就本监管办法项下的禁止性行为，应当根据其具体内容设定不同的罚则，同时注意与相关法律的衔接匹配。举例而言，如网贷机构未申请ICP许可证，根据电信管理法规则可能面临停业等出发措施，同时应当推动赋予地方金融监管部门的"行政处罚"权限。显然，《网络借贷信息中介机构业务活动管理暂行办法（征求意见稿）》的违法救济措施相对"温和"。

第四十二条　[出借人与借款人责任]网络借贷信息中介机构的出借人及借款人违反法律法规和网络借贷有关监管规定，依照有关规定给予处罚；构成犯罪的，依法追究刑事责任。

【解读】

本条无实质性内容，不作评述。

第四十三条　[相关从业机构]银行业金融机构及国务院银行业监督管理机构批准设立的其他金融机构和省级人民政府批准设立的融资性担保公司、小额贷款公司等投资设立具有独立法人资格的网络借贷信息中介机构，设立办法另行制定。

【解读】

本条颇具"中国特色"，明确了行业间混业的处置办法，即"设立办法另行制定"。但本条存有如下问题：

（1）本条仅包含了"银行系P2P平台"情形，而忽略了"P2P系银行"的可能性，而实践中，不少网贷平台的关联方均拥有融资性担保公司、小额贷款公司等。

（2）本条所言"投资设立"之"投资"，是指直接发生股权关系之投资，抑或包括关联公司投资，需要进一步明确，实践中存在的银行系P2P很少有银行作为股东直接入股的。

（3）本条仅包含了银监会监管体系的金融机构，对于保监会、证监会等体系的金融机构是否也纳入"行业间混业"加以管理，本监管办法难以明确。

第四十四条 [全国行业自律组织]全国性网络借贷行业自律组织接受国务院银行业监督管理机构指导。

第四十五条 [过渡期安排]本办法实施前设立的网络借贷信息中介机构不符合本办法规定的,除违法犯罪行为外,由地方金融监管部门要求其整改,整改期不超过18个月。

【解读】

18个月的过渡期,平台依据监管办法进行整改,诸如银行存管以及平台禁止行为以及线下门店的线上化等问题,可以早做筹划。

第四十六条 [实施细则]省级人民政府可以根据本办法制定实施细则,并报国务院银行业监督管理机构备案。

【解读】

监管意见将实施细则的制定权下放至省级人民政府,该点与诸多非金融机构管理颇为相似。以典当行为例,国家层面法规要求典当行最低注册资本为人民币300万元,而上海市的注册资本标准已提高至5 000万元。从网贷发展实践来看,各地行业发展速度、规模存在较大差异,地区金融监管措施、力度、经验亦有不小差距,而近年来行业风险爆发亦有区域集中之势,因此,以省级人民政府为单位制定当地实施细则,可因地制宜进行监管。

第四十七条 [生效日期]本办法自　年　月　日起执行。

三、网贷规范《网络借贷信息中介机构业务活动管理暂行办法》解读

2016年8月17日,中国银行业监督管理委员会、工业和信息化部、公安部、国家互联网信息办公室联合发布《网络借贷信息中介机构业务活动管理暂行办法》(实际面向社会公布时间为8月24日)。笔者经阅读并比对2015年12月28日发布的《网络借贷信息中介机构业务活动管理暂行办法(征求意见稿)》,就该新规逐条解读如下:

第一章 总 则

第一条 为规范网络借贷信息中介机构业务活动,保护出借人、借款人、网络借贷信息中介机构及相关当事人合法权益,促进网络借贷行业健康发展,更好满足中小微企业和个人投融资需求,根据《关于促进互联网金融健康发展的指导意见》提出的总体要求和监管原则,依据《中华人民共和国民法通则》《中华人民共和国公司法》《中华人民共和国合同法》等法律法规,制定本办法。

【解读】

十部门曾于2015年7月18日下发《关于促进互联网金融健康发展的指导意见》,网络借贷在《关于促进互联网金融健康发展的指导意见》第(八)条中被划分为个体网络借贷(即P2P网络借贷)和网络小额贷款两类,此次《网络借贷信息中介机构业务活动管理暂行办法》旨在规范前者。相较于《网络借贷信息中介机构业务活动管理暂行办法(征求意见稿)》,本条的变化在于:

《网络借贷信息中介机构业务活动管理暂行办法(征求意见稿)》条文	《网络借贷信息中介机构业务活动管理暂行办法》条文
为规范网络借贷信息中介机构业务活动,保护出借人及相关当事人合法权益,促进网络借贷行业健康发展	为规范网络借贷信息中介机构业务活动,保护出借人、借款人、网络借贷信息中介机构及相关当事人合法权益,促进网络借贷行业健康发展

本条作为"立法目的及依据"条款,明确将"借款人""网络借贷信息中介机构"列为"保护对象"。《网络借贷信息中介机构业务活动管理暂行办法》答记者问明确P2P个体借贷属于民间借贷范畴,因而,以民间借贷视角审视网络借贷各方参与主体,各参与方在法律规定的权利义务范畴内参与网络借贷业务活动,不宜突出强调保护"出借人"一方。此次"借款人""网络借贷信息中介机构"明确"列席"保护对象,彰显了公允性。

第二条 在中国境内从事网络借贷信息中介业务活动,适用本办法,法律法规另有规定的除外。

本办法所称网络借贷是指个体和个体之间通过互联网平台实现的直接借贷。个体包含自然人、法人及其他组织。网络借贷信息中介机构是指依法设立,专门从事网络借贷信息中介业务活动的金融信息中介公司。该类机构以互联网为主要渠道,为借款人与出借人(即贷款人)实现直接借贷提供信息搜集、信息公布、资信评估、信息交互、借贷撮合等服务。

本办法所称地方金融监管部门是指各省级人民政府承担地方金融监管职责的部门。

【解读】

本条系关于"适用范围和释义"的规定,相较于《网络借贷信息中介机构业务活动管理暂行办法(征求意见稿)》,两处变化在于:

《网络借贷信息中介机构业务活动管理暂行办法(征求意见稿)》条文	《网络借贷信息中介机构业务活动管理暂行办法》条文
网络借贷信息中介机构是指依法设立,专门从事网络借贷信息中介业务活动的金融信息中介企业	网络借贷信息中介机构是指依法设立,专门从事网络借贷信息中介业务活动的金融信息中介公司
本办法所称地方金融监管部门是指各省(区、市)人民政府承担地方金融监管职责的部门	本办法所称地方金融监管部门是指各省级人民政府承担地方金融监管职责的部门

（1）"企业"到"公司"的用词变化，排除了实践中一些"非公司"法人主体参与网络借贷信息中介业务活动，典型包括合伙企业。

（2）本条明确地方金融监管部门为"省级"部门，监管权限收归省级部门，不再下放至"区级""市级"。

（3）本条对"个体"概念进行了解释，包括自然人、法人及其他组织，与民间借贷司法解释的主体界定保持一致。

（4）本条将"网络借贷"定义为"个体和个体之间通过互联网平台实现的直接借贷"。"直接借贷"的表述颇为微妙，结合实践中大量存在的五种情形加以分析：

第一，严格的直接借贷模式。出借人与借款人签署借款合同/协议，借贷双方严格遵循民间借贷相关法律规范，此种情形属于严格意义上的"直接借贷"。

第二，特殊类型的直接借贷模式。出借人与借款人签署借款合同/协议，但出借人并非民间借贷领域法律关系中的"自然人、法人及其他组织"，其在实践中可能是银行、信托公司、小额贷款公司、消费金融公司等（下文将这些出借人统称为"持牌放贷机构"）。根据《网络借贷信息中介机构业务活动管理暂行办法》答记者问的相关表述："P2P个体网贷，属于民间借贷范畴，受合同法、民法通则等法律法规以及最高人民法院有关司法解释规范。"如我们严格将网络借贷纳入民间借贷范畴，则实践中持牌放贷机构参与资金出借的情形，难以适用民间借贷相关法律法规。如《最高人民法院关于审理民间借贷案件适用法律若干问题的规定》（法释〔2015〕18号）第一条第二款明确规定："经金融监管部门批准设立的从事贷款业务的金融机构及其分支机构，因发放贷款等相关金融业务引发的纠纷，不适用本规定。"该款将银行等金融机构排除在民间借贷参与主体之外，针对较为特殊的小额贷款公司，也仅在"利率规制"方面适用民间借贷司法解释。基于此，如按照此次《网络借贷信息中介机构业务活动管理暂行办法》立法精神来看，持牌放贷机构的资金出借行为难以纳入"直接借贷"，而属于网贷行业实践中较为常见的"助贷业务"。

第三，类金融机构融资模式。以融资租赁公司、商业保理公司、典当行等为代表的类金融机构与融资人签署相应的"融资合同"（具体包括但不限于"商业保理合同""融资租赁合同""典当合同"等），该模式难以纳入"直接借贷"。

第四，职业放贷人模式。出借人（职业放贷人）与借款人签署借款合同/协议后，再与线上投资人签署债权转让合同/协议。职业放贷人模式难以纳入"直接借贷"，并将构成对"平台中介属性""20万元/100万元借款余额限制"等的违反，此外还可能引发"融资期限拆分""平台变相自保""资金池"等问题。基于此，我们认为该模式属于网贷业务"红线"。

第五，类金融机构债权转让模式。出借人与融资人签署融资合同后（具体包括但不限于"商业保理合同""融资租赁合同""典当合同""小额贷款公司贷款合同"等），出借人再与线上投资人签署债权转让合同/协议。该模式难以纳入"直接借贷"，且可能引发"20万元/100万元借款余额超额""平台变相自融"等问题，也将面临合规问题。

我们在此对"网络借贷"概念界定进行大篇幅论述，目的在于锁定《网络借贷信息中介机构业务活动管理暂行办法》的规制对象。根据条文来看，网络借贷是一种"直接借贷"，我们在前面不完整列举的实践中的五种"互联网融资模式"中，仅有第一种模式严格符合"直接借贷"，这是否意味着其余模式并不适用《网络借贷信息中介机构业务活动管理暂行办法》？"适用范围和释义"条款本身意义重大，因"直接借贷"一词的模糊处理而可能引发在实践适用中的诸多困扰。举例而言，在法律和《网络借贷信息中介机构业务活动管理暂行办法》并未禁止商业保理公司通过网络借贷平台转让应收账款债权的前提下，网络借贷平台能否以该等"保理债权转让"不属于"直接借贷"而主张不受《网络借贷信息中介机构业务活动管理暂行办法》规制？这也恰恰反映了在2016上半年业内呈现出的一波"反P2P潮"以及当下正在流行的"Fintech潮"，诸多企业不再以"P2P"自居，而冠以"金融科技公司""综合理财平台"之名。可以预见的是，监管机构可能的思路是针对前述第二至第五种模式参照适用《网络借贷信息中介机构业务活动管理暂行办法》，但细究法律文义，实难说"以法律为准绳"。

第三条　网络借贷信息中介机构按照依法、诚信、自愿、公平的原则为借款人和出借人提供信息服务，维护出借人与借款人合法权益，不得提供增信服务，不得直接或间接归集资金，不得非法集资，不得损害国家利益和社会公共利益。

借款人与出借人遵循借贷自愿、诚实守信、责任自负、风险自担的原则承担借贷风险。网络借贷信息中介机构承担客观、真实、全面、及时进行信息披露的责任，不承担借贷违约风险。

【解读】

本条系关于"基本原则"的规定，相较于《网络借贷信息中介机构业务活动管理暂行办法（征求意见稿）》，变化在于：

《网络借贷信息中介机构业务活动管理暂行办法（征求意见稿）》条文	《网络借贷信息中介机构业务活动管理暂行办法》条文
不得提供增信服务，不得设立资金池，不得非法集资，不得损害国家利益和社会公共利益	不得提供增信服务，不得直接或间接归集资金，不得非法集资，不得损害国家利益和社会公共利益

此次《网络借贷信息中介机构业务活动管理暂行办法》中不再使用"资金池"表述，资金池概念被表达为"不得直接或间接归集资金"。"不得直接或间接归集资金"主要指向实践中的"平台中间账户"，通常表现为"平台关联方账户"和"以平台名义开立的银行账户和/或第三方支付账户"，监管要点在于"平台中间账户先行归集资金"，该问题的规避有赖于"网贷资金银行存管"的实施，在为网络借贷各方均开立独立存管账户的情况下，即能够很大程度上规避资金池问题。

第四条　按照《关于促进互联网金融健康发展的指导意见》中"鼓励创新、防范风险、趋利避害、健康发展"的总体要求和"依法监管、适度监管、分类监管、协同监管、创新监管"的监管原则，落实各方管理责任。国务院银行业监督管理机构及其派出机构负责制定网络借贷信息中介机构业务活动监督管理制度，并实施行为监管。各省级人民政府负责本辖区网络借贷信息中介机构的机构监管。工业和信息化部负责对网络借贷信息中介机构业务活动涉及的电信业务进行监管。公安部牵头负责对网络借贷信息中介机构的互联网服务进行安全监管，依法查处违反网络安全监管的违法违规活动，打击网络借贷涉及的金融犯罪及相关犯罪。国家互联网信息办公室负责对金融信息服务、互联网信息内容等业务进行监管。

【解读】

本条对各监管部门职责进行了划分，具体如下：

部门	职责
银监会及各地银监局	制定监管制度，实施行为监管
省级人民政府	辖区内网贷平台监管

(续表)

部　门	职　责
工业和信息化部	网络借贷业务活动涉及的电信业务监管
公安部	网贷平台互联网服务安全监管,打击相关金融犯罪
国家互联信息办公室	对金融信息服务、互联网信息内容等业务进行监管

相较于《网络借贷信息中介机构业务活动管理暂行办法(征求意见稿)》,本条剔除了关于"地方金融监管部门权责"以及"网络借贷行业自律组织"的相关内容:

《网络借贷信息中介机构业务活动管理暂行办法(征求意见稿)》条文	《网络借贷信息中介机构业务活动管理暂行办法》条文
国务院银行业监督管理机构负责对网络借贷信息中介机构业务活动制定统一的规范发展政策措施和监督管理制度,指导地方金融监管部门做好网络借贷规范引导和风险处置工作	国务院银行业监督管理机构及其派出机构负责制定网络借贷信息中介机构业务活动监督管理制度,并实施行为监管
地方金融监管部门负责本辖区网络借贷信息中介机构的规范引导、备案管理和风险防范、处置工作,指导本辖区网络借贷行业自律组织	各省级人民政府负责本辖区网络借贷信息中介机构的机构监管

条文变化反映出两点:

(1)银监会作为"立法机构",同时具备"实施行为监管"的职权,权限有所扩大,但不再指导地方金融监管部门工作。

(2)明确省级政府在省一级辖区的监管主体地位,实质上地方监管主体层级有所提高,亦表明中央对网络借贷行业监管的重视。

第二章　备案管理

第五条　拟开展网络借贷信息中介服务的网络借贷信息中介机构及其分支机构,应当在领取营业执照后,于10个工作日以内携带有关材料向工商登记注册地地方金融监管部门备案登记。

地方金融监管部门负责为网络借贷信息中介机构办理备案登记。地方金融监管部门应当在网络借贷信息中介机构提交的备案登记材料齐备时予以受理,并在各省(区、市)规定的时限内完成备案登记手续。备案登记不构成对网络借贷信息中介机构经营能力、合规程度、资信状况的认可和评价。

地方金融监管部门有权根据本办法和相关监管规则对备案登记后的网络借贷信息中介机构进行评估分类,并及时将备案登记信息及分类结果在官方网站上公示。

网络借贷信息中介机构完成地方金融监管部门备案登记后,应当按照通信主管部门的相关规定申请相应的电信业务经营许可;未按规定申请电信业务经营许可的,不得开展网络借贷信息中介业务。

网络借贷信息中介机构备案登记、评估分类等具体细则另行制定。

【解读】

相较于《网络借贷信息中介机构业务活动管理暂行办法(征求意见稿)》,本条的变化在于:

《网络借贷信息中介机构业务活动管理暂行办法(征求意见稿)》条文	《网络借贷信息中介机构业务活动管理暂行办法》条文
拟开展网络借贷信息中介服务的网络借贷信息中介机构,不包含其分支机构,应当在领取营业执照后,携带有关材料向工商登记注册地地方金融监管部门备案登记	拟开展网络借贷信息中介服务的网络借贷信息中介机构及其分支机构,应当在领取营业执照后,于10个工作日以内携带有关材料向工商登记注册地地方金融监管部门备案登记
地方金融监管部门应当为网络借贷信息中介机构办理备案登记	地方金融监管部门负责为网络借贷信息中介机构办理备案登记。地方金融监管部门应当在网络借贷信息中介机构提交的备案登记材料齐备时予以受理,并在各省(区、市)规定的时限内完成备案登记手续
网络借贷信息中介机构还应当依法向通信主管部门履行网站备案手续,涉及经营性电信业务的,应当按照通信主管部门的相关规定申请相应的电信业务经营许可;未按规定申请电信业务经营许可的,不得开展网络借贷信息中介业务	网络借贷信息中介机构完成地方金融监管部门备案登记后,应当按照通信主管部门的相关规定申请相应的电信业务经营许可;未按规定申请电信业务经营许可的,不得开展网络借贷信息中介业务

网贷机构管理采取"事后备案"制度,不设定"事前审批",基于笔者的个人理解并参考实践中非银行金融机构管理,就本条第一款所言"有关材料",可能包含:① 营业执照正副本;② 章程;③ 股东情况;④ 业务情况;⑤ 公司关于

合法合规运营的承诺函等（不包括银行存管情况说明，原因在于银行在为网贷平台接入银行存管前，很可能将网贷平台完成备案登记作为银行存管的前提条件）。而网贷机构备案登记的后果如何体现，是监管机构公示名单，下发备案批复，抑或采取其他措施？该等问题有待于备案登记细则的释明。

关于备案主体，《网络借贷信息中介机构业务活动管理暂行办法》规定的备案主体包括网贷平台及其分支机构。就该点而言，目前《网络借贷信息中介机构业务活动管理暂行办法》允许网贷平台在线下开拓"资产端"，因而很多网贷平台会有全国范围内开设分支机构的需求，由此可能引发的问题在于：第一，由于网贷机构监管权限在于省级人民政府，且今后各地省级人民政府可能出台各省辖区适用的监管细则，虽然银监会将就备案登记制度出台相应的细则，但仍可能出现各省备案登记标准不一的情形（类比于各地工商行政管理局办事实践，该等区域间的不一致情形发生概率较大）。第二，分支机构备案可能在监管实践中演变为"地方监管机构要求网贷平台在辖区内开设分支机构，不开分支机构不得在辖区内开展网贷业务（主要指向资产端开发）"。

关于备案登记监管部门：根据条文所言，系指工商登记注册地地方金融监管部门，但并未明确监管部门的层级。通常而言，以上海地区为例，应当指向"区一级金融办"，但最终通过权限应收归"省一级"政府部门。

本条第三款所言"评估分类"颇有意思，"评估"是否可理解为官方评级？而分类是否是针对网贷机构所涉细分行业进行划分？该等问题也有望在地方实施细则中加以明确。

本条第四款明确了两点：第一，应当申请电信业务经营许可；第二，未按规定申请电信业务经营许可的，不得开展网络借贷信息中介业务。

此前，针对《网络借贷信息中介机构业务活动管理暂行办法（征求意见稿）》第五条第四款的内容，我们的解读是：本条第四款的规定读来令人费解，前半段的表述中，为申请电信业务经营许可创设了一个"涉及经营性电信业务"的前提条件，而后半段是否也包含该前提条件，存有歧义。我们建议在正式出台的监管办法中对该条的表述加以修正，避免歧义理解。

此次《网络借贷信息中介机构业务活动管理暂行办法》消除了《网络借贷信息中介机构业务活动管理暂行办法（征求意见稿）》中"网站备案还是电信业务经营许可"的歧义，明确要求网贷平台应当申请电信业务经营许可。而对于网贷平台应当申请何种类型的增值电信业务经营许可，业内多有讨论，行业呼声一度"反转"，讨论的焦点主要包括"信息服务业务（仅限互联网信息服务）"及

"在线数据与交易处理业务"两类增值电信业务。但目前,就网贷平台应当申请何种类型的增值电信业务经营许可,尚无官方定论。

根据最新消息称(无法确保真实性),网贷机构所需申请的增值电信业务许可类别,系指《电信业务分类目录(2015年版)》增值电信业务分类项下的"B21 在线数据处理与交易处理业务"中的"交易处理业务"。

《电信业务分类目录(2015年版)》增值电信业务分类			
B.增值电信业务	B1 第一类增值电信业务	B11 互联网数据中心业务	
		B12 内容分发网络业务	
		B13 国内互联网虚拟专用网业务	
		B14 互联网接入服务业务	
	B2 第二类增值电信业务	B21 在线数据处理与交易处理业务	
		B22 国内多方通信服务业务	
		B23 存储转发类业务	
		B24 呼叫中心业务	B24-1 国内呼叫中心业务
			B24-2 离岸呼叫中心业务
		B25 信息服务业务	
		B26 编码和规程转换业务	
		B26-1 域名解析服务业务	

根据《电信业务分类目录(2015年版)》,在线数据处理与交易处理业务属于第二类增值电信业务,是指利用各种与公用通信网或互联网相连的数据与交易/事务处理应用平台,通过公用通信网或互联网为用户提供在线数据处理和交易/事务处理的业务。在线数据处理与交易处理业务包括交易处理业务、电子数据交换业务和网络/电子设备数据处理业务。

对于在线数据处理与交易处理业务的审批机构权限划分,工信部在《电信业务分类目录(2015年版)》常见问题中明确答复如下:"(1)在线数据处理与交易处理业务(仅限经营类电子商务):应依法向公司注册地省通信管理局申请许可。(2)在线数据处理与交易处理业务(不含经营类电子商务):a.通过互联网提供服务的,应依法向公司注册地省通信管理局申请。b.不通过互联网提供服务的,若跨省服务,应依法向工信部申请许可,若仅在注册地省内服务的,应依法向公司注册地的省通信管理局申请许可。"据此,如后续工信部明确网贷平台需要申请在线数据处理与交易处理业务经营许可,可推测网贷平台相关申请应当属于此处的通过互联网提供在线数据处理与交易处理业务(不含经营类电子商务)服务情形,应当向省一级通信管理局申请(具有外资成分的,需要由工信部审批)。

第六条　开展网络借贷信息中介业务的机构,应当在经营范围中实质明确网络借贷信息中介,法律、行政法规另有规定的除外。

【解读】

相较于《网络借贷信息中介机构业务活动管理暂行办法(征求意见稿)》,本条的变化在于:

《网络借贷信息中介机构业务活动管理暂行办法(征求意见稿)》条文	《网络借贷信息中介机构业务活动管理暂行办法》条文
其机构名称中应当包含"网络借贷信息中介"字样	应当在经营范围中实质明确网络借贷信息中介

显然,原先的"公司名称标签化"要求变成了"公司经营范围明确化"。为实现本条要求:

(1)需要进一步明确何为"实质明确网络借贷信息中介"？最简单的做法就是统一要求使用"网络借贷信息中介"作为经营范围内容,但考虑到各地工商实践差异,如此一刀切的标准在各地工商登记实践中恐有障碍。从条文本身来看,"实质明确"实际上是对一刀切标准的变通,只需内容措辞表达与"网络借贷信息中介"趋同即可。

(2)需要监管部门就经营范围增加"网络借贷信息中介"相关内容事宜与工商部门充分接洽,确保实践中经营范围增加、变更的可操作性。

(3)需要进一步明确增加经营范围的时间节点要求,实践中可以有两种做法:第一种,在领取营业执照时即将"网络借贷信息中介"纳入经营范围;第二种,在完成备案登记后凭监管部门"批复/公示"文件前往工商部门变更"经营范围"。从便利性角度而言,第一种方法较为可取。今后将如何操作,有待于配套制度及各地地方细则的出台与明示。

第七条　网络借贷信息中介机构备案登记事项发生变更的,应当在5个工作日以内向工商登记注册地地方金融监管部门报告并进行备案信息变更。

第八条 经备案的网络借贷信息中介机构拟终止网络借贷信息中介服务的,应当在终止业务前提前至少10个工作日,书面告知工商登记注册地地方金融监管部门,并办理备案注销。

经备案登记的网络借贷信息中介机构依法解散或者依法宣告破产的,除依法进行清算外,由工商登记注册地地方金融监管部门注销其备案。

【解读】

相较于《网络借贷信息中介机构业务活动管理暂行办法(征求意见稿)》,第七条未发生变化,第八条的变化在于:

《网络借贷信息中介机构业务活动管理暂行办法(征求意见稿)》条文	《网络借贷信息中介机构业务活动管理暂行办法》条文
应当在终止业务前5个工作日内书面告知地方金融监管部门,并办理备案注销	应当在终止业务前提前至少10个工作日,书面告知工商登记注册地地方金融监管部门,并办理备案注销

备案事项变更属于监管部门的"办事指南"范畴,借鉴小额贷款公司、典当行监管实践,并考虑网贷行业实践,变更事项可能包括:①名称变更;②住所变更;③股权变更;④注册资本变更;⑤法定代表人变更;⑥董监高变更;⑦存管银行变更;⑧业务类型变更等。备案注销条款无实质内容,不作评述。备案事项变更及备案注销的操作细节及要求,有待于配套制度细则的出台与明确。

第三章 业务规则与风险管理

第九条 网络借贷信息中介机构应当履行下列义务:

(一)依据法律法规及合同约定为出借人与借款人提供直接借贷信息的采集整理、甄别筛选、网上发布,以及资信评估、借贷撮合、融资咨询、在线争议解决等相关服务;

(二)对出借人与借款人的资格条件、信息的真实性、融资项目的真实性、合法性进行必要审核;

(三)采取措施防范欺诈行为,发现欺诈行为或其他损害出借人利益的情形,及时公告并终止相关网络借贷活动;

(四)持续开展网络借贷知识普及和风险教育活动,加强信息披露工作,引

导出借人以小额分散的方式参与网络借贷,确保出借人充分知悉借贷风险;

(五)按照法律法规和网络借贷有关监管规定要求报送相关信息,其中网络借贷有关债权债务信息要及时向有关数据统计部门报送并登记;

(六)妥善保管出借人与借款人的资料和交易信息,不得删除、篡改,不得非法买卖、泄露出借人与借款人的基本信息和交易信息;

(七)依法履行客户身份识别、可疑交易报告、客户身份资料和交易记录保存等反洗钱和反恐怖融资义务;

(八)配合相关部门做好防范查处金融违法犯罪相关工作;

(九)按照相关要求做好互联网信息内容管理、网络与信息安全相关工作;

(十)国务院银行业监督管理机构、工商登记注册地省级人民政府规定的其他义务。

【解读】

相较于《网络借贷信息中介机构业务活动管理暂行办法(征求意见稿)》,本条的变化在于:

《网络借贷信息中介机构业务活动管理暂行办法(征求意见稿)》条文	《网络借贷信息中介机构业务活动管理暂行办法》条文
(五)按照法律法规和网络借贷有关监管规定要求报送相关信息,其中网络借贷有关债权债务信息要及时向网络借贷行业中央数据库报送并登记	(五)按照法律法规和网络借贷有关监管规定要求报送相关信息,其中网络借贷有关债权债务信息要及时向有关数据统计部门报送并登记
(七)依法采取预防、监控措施,建立健全客户身份识别制度、客户身份资料和交易记录保存制度、可疑交易报告制度,履行反洗钱和反恐怖融资义务,接受反洗钱监督管理	(七)依法履行客户身份识别、可疑交易报告、客户身份资料和交易记录保存等反洗钱和反恐怖融资义务
网络借贷行业中央数据库管理办法另行制定	无此规定

本条第(五)项提及"网络借贷有关债权债务信息要及时向有关数据统计部门报送并登记",而在《网络借贷信息中介机构业务活动管理暂行办法(征求意见稿)》中的表达为"网络借贷行业中央数据库"。目前实践中已有"商务部互联网金融信息共享平台",接入该共享平台的要求较为严苛。网络借贷行业中央数据库的推出与推广,将形成网贷领域的征信数据库,助力行业健康发展,而《网络借贷信息中介机构业务活动管理暂行办法》中删除了"网络借贷行业中

央数据库"表述,可以预见,网贷平台短期内接入并共享数据库的愿景难以实现。

本条第(六)项提及"不得删除、篡改"借贷双方资料和交易信息,其实质在于要求平台保持中立性,起到交易资料托管作用,同时该款提及"不得非法买卖、泄露出借人与借款人的基本信息和交易信息",实践中,平台催收手段的一个惯常做法是通过通讯录短信群发、平台"曝光台"等方式公布债务人逾期还款信息,此外,平台在借款人资信评估阶段,也会向第三方机构"购买"借款人相关的征信信息。对于此,从严格解读本条第(六)项角度出发,平台在实操中需要注意:第一,个人信息授权使用条款务必拟定到位,且应当注意信息使用尺度,例如,关键信息、隐私信息等应当做模糊处理;第二,征信信息应当向适格的征信机构购买,否则可能涉及"非法买卖"。

自《关于促进互联网金融健康发展的指导意见》以来,网贷机构的配套制度要求一再被提出。在《网络借贷信息中介机构业务活动管理暂行办法(征求意见稿)》中,该等制度包括反欺诈、客户身份识别制度、客户身份资料和交易记录保存制度、可疑交易报告制度以及反洗钱和反恐怖融资等。在《网络借贷信息中介机构业务活动管理暂行办法》中,并未对网贷平台明确提出"建立制度文本"的要求,但不排除今后监管机关可能要求平台就该等制度形成文本并在备案登记时加以提供。

第十条 网络借贷信息中介机构不得从事或者接受委托从事下列活动:

(一)为自身或变相为自身融资;

(二)直接或间接接受、归集出借人的资金;

(三)直接或变相向出借人提供担保或者承诺保本保息;

(四)自行或委托、授权第三方在互联网、固定电话、移动电话等电子渠道以外的物理场所进行宣传或推介融资项目;

(五)发放贷款,但法律法规另有规定的除外;

(六)将融资项目的期限进行拆分;

(七)自行发售理财等金融产品募集资金,代销银行理财、券商资管、基金、保险或信托产品等金融产品;

(八)开展类资产证券化业务或实现以打包资产、证券化资产、信托资产、基金份额等形式的债权转让行为;

(九)除法律法规和网络借贷有关监管规定允许外,与其他机构投资、代理销售、经纪等业务进行任何形式的混合、捆绑、代理;

（十）虚构、夸大融资项目的真实性、收益前景，隐瞒融资项目的瑕疵及风险，以歧义性语言或其他欺骗性手段等进行虚假片面宣传或促销等，捏造、散布虚假信息或不完整信息损害他人商业信誉，误导出借人或借款人；

（十一）向借款用途为投资股票、场外配资、期货合约、结构化产品及其他衍生品等高风险的融资提供信息中介服务；

（十二）从事股权众筹等业务；

（十三）法律法规、网络借贷有关监管规定禁止的其他活动。

【解读】

相较于《网络借贷信息中介机构业务活动管理暂行办法（征求意见稿）》，本条的变化在于：

《网络借贷信息中介机构业务活动管理暂行办法（征求意见稿）》条文	《网络借贷信息中介机构业务活动管理暂行办法》条文
（一）利用本机构互联网平台为自身或具有关联关系的借款人融资	（一）为自身或变相为自身融资
（三）向出借人提供担保或者承诺保本保息	（三）直接或变相向出借人提供担保或者承诺保本保息
（四）向非实名制注册用户宣传或推介融资项目	（四）自行或委托、授权第三方在互联网、固定电话、移动电话等电子渠道以外的物理场所进行宣传或推介融资项目
（七）发售银行理财、券商资管、基金、保险或信托产品	（七）自行发售理财等金融产品募集资金，代销银行理财、券商资管、基金、保险或信托产品等金融产品
无此规定	（八）开展类资产证券化业务或实现以打包资产、证券化资产、信托资产、基金份额等形式的债权转让行为
（十）向借款用途为投资股票市场的融资提供信息中介服务	（十一）向借款用途为投资股票、场外配资、期货合约、结构化产品及其他衍生品等高风险的融资提供信息中介服务
（十一）从事股权众筹、实物众筹等业务	（十二）从事股权众筹等业务

本条系《网络借贷信息中介机构业务活动管理暂行办法》的核心条款，采取了"列举式+兜底式"条款的"负面清单"模式，规定了13项网贷机构的禁止行为，分别分析如下：

（1）自融。"为自身或变相为自身融资"的条文表达，仅从文义理解，仅将自融的主体限定在网贷平台自身，但"变相为自身融资"的表达，则可能在监管实践中进一步被认定为包括平台关联方（包括但不限于母公司、子公司、同一实际控制人控制的关联公司）等融资主体。从而使得"变相"的外延界定较之于《网络借贷信息中介机构业务活动管理暂行办法（征求意见稿）》中的"具有关联关系"更为宽泛。

（2）资金归集。该项旨在规范"资金池问题"，并可能影响实践中的"理财计划"和"活期产品"，但可以通过"银行存管"避免。资金池问题主要根源于"借款项目未产生情形下，出借人资金向平台预先归集"或根源于"出借人资金在平台中间账户的预先归集与一定时间的资金留置"，此处的"归集"应当以"能够实际控制"为认定标准。实践中，平台与投资人的协议中往往会有"授权条款"，通过该等条款安排平台可以自行划转投资人资金，此类"授权条款"很有可能被纳入"间接接受、归集"范畴。对于该项，网贷平台需要把握的是，投资人资金不得在平台所能控制的账户中进行汇集。在今后，银行存管可以解决该问题，通过诸如"投资人独立账户+投资人资金冻结"方式能够有效避免资金被平台挪用的风险。

（3）担保与本息承诺。根据文义理解，"直接担保或承诺保本保息"系指平台自身提供担保，即我们通常理解的"平台自保"（平台承诺保本保息视同平台担保，该点在《最高人民法院关于审理民间借贷案件适用法律若干问题的规定》第二十二条第二款中有明确规定："网络贷款平台的提供者通过网页、广告或者其他媒介明示或者有其他证据证明其为借贷提供担保，出借人请求网络贷款平台的提供者承担担保责任的，人民法院应予支持。"）而"变相担保或承诺保本保息"则可能包括多种情形，在实践中可能表现为合同中的"回购条款""资金流动性支持条款""资金垫付条款"等，该等条款实质上实现了"担保功能"，我们认为该等条款均可能被认定为"变相担保或承诺保本保息"。就"平台增信措施"而言，我们认为，在中国国情下，不宜一刀切地加以禁止，较为"缓和"的关联担保公司担保、风险准备金仍然应当获得监管机关的认可（即使不认可，也应当加以默许）。而对"变相"一词的理解，可以考虑采取"担保资金实际提供方"标准进行认定，即网贷平台为其关联公司提供资金用于提供担保或提供回购、垫付措施等，该等情形应当被认定为属于"平台变相担保"。然而，实践中对该等"资金"的真正来源即提供方认定，监管部门难以监管，必要时可考虑引入外部审计机构协助调查。

（4）线下推介融资项目。该项明确了对线下理财网点的"封杀"，其具体指向实践中大量存在的线下P2P。该项对网贷平台线下获客的业务手段加以禁止,可允许的业务开展渠道仅包括互联网、电话等。该项内容较之于《网络借贷信息中介机构业务活动管理暂行办法(征求意见稿)》的规定更为严格,"自行或委托、授权第三方"的表述涵盖了网贷平台自身、平台员工以及平台一切的合作方,实现了较为全面的"线下推介融资项目之禁止"。

(5)发放贷款。该项再次明确网贷机构并非放贷组织。但是,值得注意的是,该项的但书规定"法律法规另有规定的除外"。目前的民间借贷司法解释已明确企业之间借贷有效,且实践中也大量存在委托贷款情形。监管机构要禁止的是持续性的构成主营业务的放贷行为,而非偶发的企业间借贷、银行委贷行为,从该角度来看,网贷平台偶发性的"企业间借贷"以及"通过银行发放委托贷款"并无违反该项之虞。

(6)期限拆分。该项禁止期限拆分。从监管机构角度考量,期限拆分容易引发流动性风险(不夸张地说,期限拆分在实践中往往演变为"借新还旧"戏码),同时,期限拆分多由网贷机构协助融资方进行,其通过"期限配置结构化"或"到期资金回购、垫付"安排,使得投资端用户体验提升(投资人往往喜欢短期借款标),在该等期限拆分过程中,平台因过度参与交易过程而中介属性模糊。但是,对于期限拆分,我们需要区分其可能存在的不同情形:第一,借款人实际需要的借款期限较长,在融资环节平台将借款产品设计为"期限大拆小",并在平台滚动发行,此类情形易引发流动性风险与错配,应当加以监管;第二,投资人在较长的借款期限内,通过网贷机构提供的债权转让功能向其他投资人转让其持有的债权,该等以债权转让方式"提前退出"不应被视为变相"期限拆分";第三,虽然《网络借贷信息中介机构业务活动管理暂行办法》并未明确禁止实践中大量存在的"债权让与"模式,职业放贷人通过其持有的长期债权,通过期限、金额拆分方式通过平台向投资人转让,并附以"到期回购条款"以实现投资人的短期投资效果。我们认为该种模式既进行了期限拆分,又构成"变相担保",今后很可能属于被禁止之列。

(7)发售、代销其他金融产品。该项包括两部分内容,分别论述:

第一,"不得自行发售理财等金融产品募集资金"。此处所言之"理财""金融产品"往往指向实践中的"活期产品""理财计划"等,此次禁止"自行发售理财等金融产品募集资金",意在禁止"募集资金",我们认为该问题与第十条第(二)款相挂钩。

第二,"不得代销银行理财、券商资管、基金、保险或信托产品等金融产品"。

仅从条文字面解读，可以明确理解为不论网贷平台是否具备代销资质（实践中表现为牌照，如基金销售资质、保险经纪业务资质等），均不得销售该等金融产品。在《网络借贷信息中介机构业务活动管理暂行办法（征求意见稿）》的逐条解读中，我们当时认为：第一，如果监管机构制定该项规定的目的在于禁止"混业"，则该项应当理解为"任何情形下的禁止销售"（即使网贷机构拥有相应的代销牌照）；第二，如果监管机构制定该项规定的目的在于禁止"无证经营"，则该项应当理解为"在尚未获得相应代销牌照的情形下，禁止网贷机构销售相应的金融产品"。我们目前倾向于认为，监管机构的监管思路应当为前者，"混业"问题早在《私募股权众筹融资管理办法（试行）（征求意见稿）》中即被提出，需要禁止"混业"的最大理由在于：国内金融监管为多部门监管，混业会引发监管责任模糊，也容易引发多头监管与监管困难，同时，从行业发展角度而言，"混业"不利于网贷行业的深耕细作。可见，混业禁止问题在此次《网络借贷信息中介机构业务活动管理暂行办法》中有了相对明确的规定。然而，实践中的"金融超市""一站式理财"等平台发展设想，必然会涉及资管产品、基金产品、保险产品乃至信托产品等（银行理财产品本身就不允许在银行之外的机构进行销售）的代销，在当下监管意见禁止"同一机构混业经营"的情况下，平台的应对措施在于：通过设立其他公司获取相应的代销牌照，并通过独立的网站进行相应的代销业务，实现公司之间的业务分离与独立运营。而对于部分已经获得相关金融产品代销牌照的网贷平台，后续则将面临业务板块调整及业务剥离问题。

（8）特定类型的债权让与。资产证券化业务实质是一种证券发行业务，需要遵循严格的发行流程及规范要求，通常指我们听到的"信贷资产证券化"。实践中存在网贷平台模仿发行"类资产证券化"产品的情形，典型做法是：首先将不同种类、不同期限债权形成债权池或资产池，通过投资及预期收益率分档完成结构化安排，并向投资者转让基于资产池而设定的"收益权"。该等做法可总结为"借收益权转让的资产证券化之名，行债权转让期限拆分融资之实"，因此在此次的《网络借贷信息中介机构业务活动管理暂行办法》中被明确禁止。此外，基于特殊标的资产（包括信托、证券化资产、基金等）而发生的债权转让同样被禁止，对该类债权转让的禁止，系基于两个原因：第一，因为实践中对此类具有"合格投资者"要求的标的资产，存在通过权益化拆分转让而突破"合格投资者"要求的情形；第二，因为信托份额、基金份额等金融产品的转让，需要遵循相应的法规并办理法定的手续，简单通过网贷平台进行转让，有违反金融监管办法之嫌。最后，对于"打包资产债权转让"的禁止，从文义理解看，只要符合"两个以上数量"要求,即可认定为"打包资产",但该款本身并未禁止单个债权的转让,即《网络借贷信息中介机构业务活动管理暂行办法》允许"1对1""1对N"的债权转让,禁止"N对N"的债权转让。

（9）各类混业情形。该项在第十条第（七）项之外进一步排除了其他可能存在的"混业情形"。监管机构旨在通过对单一主体的混业禁止,要求网贷机构回归"个体网络借贷"老本行,明确主营业务专一性。

（10）不实披露、虚假宣传等。该项列举了诸多情形,包括虚构夸大、隐瞒欺诈、虚假宣传以及商誉侵权等,其旨在要求如实向借贷双方披露项目信息。遗憾的是,该项并未就具体标准加以明确,难以用于指导网贷机构自身信息披露制度的构建,有赖于信息披露配套制度的制定与发布。

（11）高风险融资项目。该项系对高风险融资项目的明言禁止,具体包括股票及场外市场配资、期货合约等高风险融资行为。但实践中借款人的"借款用途"如何准确把握,难度颇大,监管机构又如何对"或有"的配资业务加以监管,也实非易事。实践中,借款用途往往会简单表述为"企业经营""个人消费"等,难以核实其真实用途与资金流向。因此,以一条禁令实在难以一劳永逸,需要辅之以融资项目信息披露等配套制度实现该等监管。

（12）股权众筹。该项系对互联网金融细分领域"混业"的禁止条款,早在《私募股权众筹融资管理办法（试行）（征求意见稿）》中即已明确禁止混业。此处需要"勘误",根据《关于促进互联网金融健康发展的指导意见》第（九）条,股权众筹融资是指通过互联网形式进行公开小额股权融资的活动,严格从概念界定角度出发,"股权众筹"与"私募股权众筹（其在《关于调整场外证券业务备案管理办法个别条款的通知》中被称为互联网非公开股权融资）"应当区别对待,因此,从条文完整性看,该项应当将"私募股权众筹"单独列入。然而,根据该项,仅禁止股权众筹,网贷平台可以开展实物众筹业务,而私募股权众筹能否开展,不置可否。

（13）兜底条款。不作评述。

第十一条 参与网络借贷的出借人与借款人应当为网络借贷信息中介机构核实的实名注册用户。

【解读】

就出借人与借款人实名注册而言,目前网贷实践中的通行做法是,首先注册网贷平台用户，注册后即成为会员/用户，但如需进行投融资行为，则需要进一步进行身份验证、银行卡认证及绑定等操作环节。就身份验证环节，用户提供的信息通常包括姓名、身份证号码。随着今后银行存管的普及，在开立独立的银行存管账号时，存管银行可能会对用户实名认证有进一步的要求。同时，因今后信息披露的要求，借款人的身份信息披露将会更加充分，其实名认证过程也将随之复杂化。

第十二条　借款人应当履行下列义务：
（一）提供真实、准确、完整的用户信息及融资信息；
（二）提供在所有网络借贷信息中介机构未偿还借款信息；
（三）保证融资项目真实、合法，并按照约定用途使用借贷资金，不得用于出借等其他目的；
（四）按照约定向出借人如实报告影响或可能影响出借人权益的重大信息；
（五）确保自身具有与借款金额相匹配的还款能力并按照合同约定还款；
（六）借贷合同及有关协议约定的其他义务。

【解读】

相较于《网络借贷信息中介机构业务活动管理暂行办法（征求意见稿）》，本条增加了第（二）项、第（五）项内容。第（二）项要求借款人提供在所有网络借贷信息中介机构未偿还借款信息，系因借款人额度限制而增加该款。第（五）项为简单条款，不作评述。我们建议网贷平台结合本条规定的借款人义务，细化后将其纳入网贷平台模板文本中。

第十三条　借款人不得从事下列行为：
（一）通过故意变换身份、虚构融资项目、夸大融资项目收益前景等形式的欺诈借款；
（二）同时通过多个网络借贷信息中介机构，或者通过变换项目名称、对项目内容进行非实质性变更等方式，就同一融资项目进行重复融资；
（三）在网络借贷信息中介机构以外的公开场所发布同一融资项目的信息；
（四）已发现网络借贷信息中介机构提供的服务中含有本办法第十条所列内容，仍进行交易；
（五）法律法规和网络借贷有关监管规定禁止从事的其他活动。

【解读】

相较于《网络借贷信息中介机构业务活动管理暂行办法(征求意见稿)》，本条进一步细化了"借款人欺诈借款的具体情形"，其余内容未作修改。我们建议网贷平台结合本条规定的借款人禁止行为，细化后将其纳入网贷平台模板文本中。

第十四条 参与网络借贷的出借人，应当具备投资风险意识、风险识别能力、拥有非保本类金融产品投资的经历并熟悉互联网。

【解读】

本条在《网络借贷信息中介机构业务活动管理暂行办法(征求意见稿)》的基础上增加了"出借人应当具备投资风险意识、风险识别能力"的要求，并无实质性变化：第一，本条并未对"非保本类金融产品"进行界定或列举；第二，本条系"网络借贷合格投资者"要求，但条款规定过于笼统。我们建议，网贷平台在今后的运营中，需要增加出借人问卷测评环节，相关问题可根据此次《网络借贷信息中介机构业务活动管理暂行办法》的相关要求进行设定，以最大程度契合《网络借贷信息中介机构业务活动管理暂行办法》对网贷合格投资者的隐性要求。

第十五条 参与网络借贷的出借人应当履行下列义务：
(一)向网络借贷信息中介机构提供真实、准确、完整的身份等信息；
(二)出借资金为来源合法的自有资金；
(三)了解融资项目信贷风险，确认具有相应的风险认知和承受能力；
(四)自行承担借贷产生的本息损失；
(五)借贷合同及有关协议约定的其他义务。

【解读】

相较于《网络借贷信息中介机构业务活动管理暂行办法(征求意见稿)》，本条内容未作修改。我们建议网贷平台结合本条规定的出借人义务，细化后将其纳入网贷平台模板文本中。此外，需要注意本条第(二)项"出借资金为来源合法的自有资金"，自有资金不应包括借贷资金、信用卡预提资金等，我们建议网贷平台在模板文本中对该等概念做出进一步细化约定。

第十六条 网络借贷信息中介机构在互联网、固定电话、移动电话等电子渠道以外的物理场所只能进行信用信息采集、核实、贷后跟踪、抵质押管理等风险管理及网络借贷有关监管规定明确的部分必要经营环节。

【解读】

本条被视为对线下理财网点的"封杀",其具体指向实践中大量存在的线下P2P,要求投资者需要自行通过互联网渠道进行资金出借。该条旨在规范资金端的获客渠道,对于资产端的项目获取并未做出禁止性规定。通过该条,线下P2P将受到极大影响,其必须依托于互联网技术、IT软件等进行"互联网+"转型,而绝非依靠一个不具备投融资功能的"门面"网站继续进行线下业务。

第十七条 网络借贷金额应当以小额为主。网络借贷信息中介机构应当根据本机构风险管理能力,控制同一借款人在同一网络借贷信息中介机构平台及不同网络借贷信息中介机构平台的借款余额上限,防范信贷集中风险。

同一自然人在同一网络借贷信息中介机构平台的借款余额上限不超过人民币20万元;同一法人或其他组织在同一网络借贷信息中介机构平台的借款余额上限不超过人民币100万元;同一自然人在不同网络借贷信息中介机构平台借款总余额不超过人民币100万元;同一法人或其他组织在不同网络借贷信息中介机构平台借款总余额不超过人民币500万元。

【解读】

相较于《网络借贷信息中介机构业务活动管理暂行办法(征求意见稿)》,本条发生重大变化:

《网络借贷信息中介机构业务活动管理暂行办法(征求意见稿)》条文	《网络借贷信息中介机构业务活动管理暂行办法》条文
网络借贷金额应当以小额为主。网络借贷信息中介机构应当根据本机构风险管理能力,控制同一借款人在本机构的单笔借款上限和借款余额上限,防范信贷集中风险	网络借贷金额应当以小额为主。网络借贷信息中介机构应当根据本机构风险管理能力,控制同一借款人在同一网络借贷信息中介机构平台及不同网络借贷信息中介机构平台的借款余额上限,防范信贷集中风险。同一自然人在同一网络借贷信息中介机构平台的借款余额上限不超过人民币20万元;同一法人或其他组织在同一网络借贷信息中介机构平台的借款余额上限不超过人民币100万元;同一自然人在不同网络借贷

《网络借贷信息中介机构业务活动管理暂行办法（征求意见稿）》条文	《网络借贷信息中介机构业务活动管理暂行办法》条文
	信息中介机构平台借款总余额不超过人民币100万元；同一法人或其他组织在不同网络借贷信息中介机构平台借款总余额不超过人民币500万元

在《网络借贷信息中介机构业务活动管理暂行办法（征求意见稿）》中，网贷平台对于同一借款人借款额度具有"决定权"，而在此次的《网络借贷信息中介机构业务活动管理暂行办法》中，监管机构为借款人余额上限划定了"一刀切"的金额标准，具体如下：

	同一网贷平台借款余额	不同网贷平台借款余额
自然人	人民币20万元	人民币100万元
法人或其他组织	人民币100万元	人民币500万元

本条对网贷实践影响极大，在"20万元/100万元"限额标准下，一线城市的"房抵贷""应收账款融资"等多类资产都将受到影响，而"小额消费金融""车贷""小票融资"等资产将面临"抢食"。可以预见超额资产将流入"地方交易所"及"保理融资"等市场从而纳入"跨界资管"业务范畴，但就该等业务本身的合规性考量，短期内难有定论。

第十八条　网络借贷信息中介机构应当按照国家网络安全相关规定和国家信息安全等级保护制度的要求，开展信息系统定级备案和等级测试，具有完善的防火墙、入侵检测、数据加密以及灾难恢复等网络安全设施和管理制度，建立信息科技管理、科技风险管理和科技审计有关制度，配置充足的资源，采取完善的管理控制措施和技术手段保障信息系统安全稳健运行，保护出借人与借款人的信息安全。

网络借贷信息中介机构应当记录并留存借贷双方上网日志信息，信息交互内容等数据，留存期限为自借贷合同到期起5年；每两年至少开展一次全面的安全评估，接受国家或行业主管部门的信息安全检查和审计。

网络借贷信息中介机构成立两年以内，应当建立或使用与其业务规模相匹配的应用级灾备系统设施。

【解读】

相较于《网络借贷信息中介机构业务活动管理暂行办法(征求意见稿)》,《网络借贷信息中介机构业务活动管理暂行办法》将留存期限的起始日调整为"自借贷合同到期起",其余内容无变化。本条就网贷机构的网络技术提出了诸多要求,但难以指导实践。从另一个角度来说,网络信息安全问题的日益突出,亦为众多的软件、安防企业提供了更为广阔的市场空间。

第十九条 网络借贷信息中介机构应当为单一融资项目设置募集期,最长不超过20个工作日。

【解读】

相较于《网络借贷信息中介机构业务活动管理暂行办法(征求意见稿)》,募集期从原先的10个工作日调整为20个工作日。

第二十条 借款人支付的本金和利息应当归出借人所有。网络借贷信息中介机构应当与出借人、借款人另行约定费用标准和支付方式。

第二十一条 网络借贷信息中介机构应当加强与金融信用信息基础数据库运行机构、征信机构等的业务合作,依法提供、查询和使用有关金融信用信息。

【解读】

相较于《网络借贷信息中介机构业务活动管理暂行办法(征求意见稿)》,上述两条无变化,且无实质性内容,不作评述。

第二十二条 各方参与网络借贷信息中介机构业务活动,需要对出借人与借款人的基本信息和交易信息等使用电子签名、电子认证时,应当遵守法律法规的规定,保障数据的真实性、完整性及电子签名、电子认证的法律效力。

网络借贷信息中介机构使用第三方数字认证系统,应当对第三方数字认证机构进行定期评估,保证有关认证安全可靠并具有独立性。

【解读】

相较于《网络借贷信息中介机构业务活动管理暂行办法(征求意见稿)》,本条无变化。如我们在《网络借贷信息中介机构业务活动管理暂行办法(征求意见稿）》逐条解读中所言：网贷行业电子合同在司法实践中的受认可度，仍然有待于更多司法判例的出现。在目前的法律体系下，电子合同的有效性受法律保护。《网络借贷信息中介机构业务活动管理暂行办法（征求意见稿）》并未强制要求网贷机构采用电子签名、电子认证，时间戳亦未提及。

第二十三条　网络借贷信息中介机构应当采取适当的方法和技术，记录并妥善保存网络借贷业务活动数据和资料，做好数据备份。保存期限应当符合法律法规及网络借贷有关监管规定的要求。借贷合同到期后应当至少保存5年。

【解读】

相较于《网络借贷信息中介机构业务活动管理暂行办法（征求意见稿）》，本条无变化，且本条无实质性内容，不作评述。

第二十四条　网络借贷信息中介机构暂停、终止业务时应当至少提前10个工作日通过官方网站等有效渠道向出借人与借款人公告，并通过移动电话、固定电话等渠道通知出借人与借款人。网络借贷信息中介机构业务暂停或者终止，不影响已经签订的借贷合同当事人有关权利义务。

网络借贷信息中介机构因解散或宣告破产而终止的，应当在解散或破产前，妥善处理已撮合存续的借贷业务，清算事宜按照有关法律法规的规定办理。

网络借贷信息中介机构清算时，出借人与借款人的资金分别属于出借人与借款人，不属于网络借贷信息中介机构的财产，不列入清算财产。

【解读】

相较于《网络借贷信息中介机构业务活动管理暂行办法（征求意见稿）》，本条内容无实质性变化。同时，本条无特殊内容，不作评述。

第四章　出借人与借款人保护

第二十五条　未经出借人授权，网络借贷信息中介机构不得以任何形式代出借人行使决策。

【解读】

相较于《网络借贷信息中介机构业务活动管理暂行办法（征求意见稿）》，本条发生重大变化：

《网络借贷信息中介机构业务活动管理暂行办法（征求意见稿）》条文	《网络借贷信息中介机构业务活动管理暂行办法》条文
网络借贷信息中介机构不得以任何形式代出借人行使决策。每一融资项目的出借决策均应当由出借人作出并确认	未经出借人授权，网络借贷信息中介机构不得以任何形式代出借人行使决策

在《网络借贷信息中介机构业务活动管理暂行办法（征求意见稿）》逐条解读中，我们提到：本条短短几十字，却将对实践中大量存在的"投资人授权条款"，委托理财、活期产品产生重大影响。"投资人授权条款"能否获得豁免？从条文行文表述来看，"任何形式"应当涵盖了授权条款。实践中的部门产品将面临重大整改或调整，整改点在于使得借贷决策最终由出借人作出并确认。笔者认为，本条并非"活期产品"的末日，通过一些确认流程安排，能够使得活期产品符合该条规定，但可以肯定的是，"一站式懒人理财"与"闭着眼睛赚钱"的愿景必然被打破，活期产品的用户体验势必将下降。

欣喜的是，此次的《网络借贷信息中介机构业务活动管理暂行办法》在"借贷决策"上进行了重大调整：第一，基于出借人授权，网贷平台可以代为行使决策；第二，每个融资项目出借决策无需出借人本人作出并确认。该条款的重大调整可能引发两个影响：第一，"集合标"生存空间扩大（资产包债权转让模式的活期理财则仍受限于"十三条禁令"之一而无法运作）；第二，"委托投资"生存空间扩大，在委托投资情形下，只要出借人充分授权，且不涉及"归集资金"，即使在融资项目未能明确的情形下，网贷平台仍然可以在先行"锁定或冻结"出借人资金后，再行安排融资项目的匹配。

第二十六条　网络借贷信息中介机构应当向出借人以醒目方式提示网络借贷风险和禁止性行为，并经出借人确认。

网络借贷信息中介机构应当对出借人的年龄、财务状况、投资经验、风险偏好、风险承受能力等进行尽职评估，不得向未进行风险评估的出借人提供交易服务。

网络借贷信息中介机构应当根据风险评估结果对出借人实行分级管理，设置可动态调整的出借限额和出借标的限制。

【解读】

相较于《网络借贷信息中介机构业务活动管理暂行办法(征求意见稿)》，本条基本未发生变化：

（1）本条第一款引入了类似的"合格投资者测评"制度，"不得向未进行风险评估的出借人提供交易服务"，我们建议的一个操作办法是，在投资者实名注册环节安排其在平台填写风险评估问卷，并作为平台实施出借人分级管理的依据。

（2）本条中有关于"合格投资者"分级管理制度的要求，并针对不同级别的投资者设定出借限额和出借标的限制。该等做法的目的在于防止投资者风险集中，但在实践中网贷机构如何实施该制度，难作评价。

第二十七条　网络借贷信息中介机构应当加强出借人与借款人信息管理，确保出借人与借款人信息采集、处理及使用的合法性和安全性。

网络借贷信息中介机构及其资金存管机构、其他各类外包服务机构等应当为业务开展过程中收集的出借人与借款人信息保密，未经出借人与借款人同意，不得将出借人与借款人提供的信息用于所提供服务之外的目的。

在中国境内收集的出借人与借款人信息的储存、处理和分析应当在中国境内进行。除法律法规另有规定外，网络借贷信息中介机构不得向境外提供境内出借人和借款人信息。

【解读】

相较于《网络借贷信息中介机构业务活动管理暂行办法(征求意见稿)》，本条无变化。本条系信息保护条款，前文第九条的解读中已提及用户信息处理实例，此处不再赘述。

第二十八条　网络借贷信息中介机构应当实行自身资金与出借人和借款人资金的隔离管理，并选择符合条件的银行业金融机构作为出借人与借款人的资金存管机构。

【解读】

本条系关于网贷资金存管的规定，基本与《网络借贷信息中介机构业务活动管理暂行办法(征求意见稿)》的规定保持一致：① 银行存管；② 资金隔离。

在此，就业内争论不断的托管、存管再叨唠几句：

人民银行于2013年6月7日发布《支付机构客户备付金存管办法》，所谓"存管"概念即出于该办法，即该办法第二条所言"客户备付金的存放、归集、使用、划转等存管活动"。该办法并未对"存管"一词单独做出明确释义，但从中可以解读"存管"包括了"存放、归集、使用、划转"等。"存管"一词还出现于《证券法》第一百三十九条："证券公司客户的交易结算资金应当存放在商业银行，以每个客户的名义单独立户管理。"并在《客户交易结算资金管理办法》中对证券公司资金交易结算进行了细化规定。

"托管"一词则见于《商业银行客户资金托管业务指引》第三条："本指引所称客户资金托管业务，是指商业银行作为托管人接受客户的委托，按照法律法规规定和合同约定，履行安全保管客户资金、办理资金清算、监督资金使用情况、披露资金保管及使用信息等职责，为客户保障资金专款专用、提高效率、防范风险、提升信用的资产托管业务。"

综上，就目前法律法规而言，第三方支付机构存在"客户备付金存管"，证券领域存在特殊的"银行存管业务"，商业银行则存在"客户资金托管业务"，此外并无其他。网贷行业资金账户体系自行业发展以来不断发生演变，较常见模式包括如下三种通行模式：①第三方支付机构存管模式；②第三方支付机构托管模式；③银行存管模式。

《关于促进互联网金融健康发展的指导意见》出台以来，明确要求网贷资金走"银行存管"。业内的一部分人存在一个天真的误区，"存"不如"托"。其实并非如此，就我们审查过的各种协议来看，无论是叫存管、托管，其本质上并无区别，均由第三方支付机构或银行依据平台指令进行资金划付，对于该等指令的真实性，第三方支付机构或银行仅作表面审查而不承担因指令错误而产生的后果，亦不会对指令背后的项目真实性加以查验。其实，第三方支付机构与银行也难以做出实质性审查。

监管部门明确对网贷资金账户体系提出要求，其旨在实现如下两点：第一，网贷平台自有资金账户与投资人账户的隔离，防止资金混同引发资金池风险；第二，每一笔资金流向依托于一个划付指令，从而与项目一一匹配。实践中的三种通行模式其实都能达到此两点要求。因此，我们观点一直很明确，"存管""托管"只是名称的差异，并不会因为叫托管即把更多的审慎义务附加于银行或第三方支付机构之上，资金存管与托管都无法避免"假标""道德风险"，但一定程度上都能避免平台侵占投资者资金，能够一定程度上避免资金池。

第二十九条　出借人与网络借贷信息中介机构之间、出借人与借款人之间、借款人与网络借贷信息中介机构之间等纠纷,可以通过以下途径解决:

（一）自行和解;

（二）请求行业自律组织调解;

（三）向仲裁部门申请仲裁;

（四）向人民法院提起诉讼。

【解读】

相较于《网络借贷信息中介机构业务活动管理暂行办法(征求意见稿)》,本条无变化。具体纠纷的争议解决途径,就合同约定而言,一般遵循协商、诉讼或仲裁的轨迹,所谓的"请求行业自律组织调解"仅可纳入协商阶段,其本身难以作为法定前置程序。

第五章　信息披露

第三十条　网络借贷信息中介机构应当在其官方网站上向出借人充分披露借款人基本信息、融资项目基本信息、风险评估及可能产生的风险结果、已撮合未到期融资项目资金运用情况等有关信息。

披露内容应符合法律法规关于国家秘密、商业秘密、个人隐私的有关规定。

【解读】

本条为关于融资信息披露的规定。相较于《网络借贷信息中介机构业务活动管理暂行办法(征求意见稿)》,本条内容有所删减,主要体现为"借款人基本信息""融资项目基本信息"等,不再进一步列举披露信息要素名称:

《网络借贷信息中介机构业务活动管理暂行办法(征求意见稿)》条文	《网络借贷信息中介机构业务活动管理暂行办法》条文
（一）借款人基本信息,包括但不限于年收入、主要财产、主要债务、信用报告; （二）融资项目基本信息,包括但不限于项目名称、类型、主要内容、地理位置、审批文件、还款来源、借款用途、借款金额、借款期限、还款方式及利率、信用评级或者信用评分、担保情况;	借款人基本信息、融资项目基本信息、风险评估及可能产生的风险结果、已撮合未到期融资项目资金运用情况等有关信息

（续表）

《网络借贷信息中介机构业务活动管理暂行办法(征求意见稿)》条文	《网络借贷信息中介机构业务活动管理暂行办法》条文
（三）风险评估及可能产生的风险结果； （四）已撮合未到期融资项目有关信息，包括但不限于融资资金运用情况、借款人经营状况及财务状况、借款人还款能力变化情况等	

就网贷平台信息披露事宜，国内互联网金融行业信息披露规范可见于《关于促进互联网金融健康发展的指导意见》《网络借贷信息中介机构业务活动管理暂行办法》《互联网金融风险专项整治工作实施方案》《P2P网络借贷风险专项整治工作实施方案》《中国互联网金融协会会员自律公约》《中国互联网金融协会信息披露自律管理规范》《互联网金融信息披露 个体网络借贷》标准（T/NIFA 1—2016）等的相关规定/要求。而网贷机构信息披露强制性规范则于2017年8月23日印发(《网络借贷信息中介机构业务活动信息披露指引》，实际于8月25日向社会公布)。《网络借贷信息中介机构业务活动信息披露指引》共包含四章、二十八条，并包括附件《信息披露内容说明》，以"指引+说明"形式发布新规，能够看到银监会尝试以"名词解释"的方式尽可能增进条文理解的努力。就指引内容而言，涵盖了：① 平台备案信息；② 平台运营主体公司信息；③ 平台运营主体外部机构审查信息；④ 撮合交易信息；⑤ 借款人信息；⑥ 平台重大事件等诸多方面，针对每个方面所对应的披露要点、披露对象及披露时限都有所区分和明确，行文内容详尽，具有较强的示范与实操指引意义。

第三十一条　网络借贷信息中介机构应当及时在其官方网站显著位置披露本机构所撮合借贷项目等经营管理信息。

网络借贷信息中介机构应当在其官方网站上建立业务活动经营管理信息披露专栏，定期以公告形式向公众披露年度报告、法律法规、网络借贷有关监管规定。

网络借贷信息中介机构应当聘请会计师事务所定期对本机构出借人与借款人资金存管、信息披露情况、信息科技基础设施安全、经营合规性等重点环节实施审计，并且应当聘请有资质的信息安全测评认证机构定期对信息安全实施测评认证，向出借人与借款人等披露审计和测评认证结果。

网络借贷信息中介机构应当引入律师事务所、信息系统安全评价等第三方机构,对网络信息中介机构合规和信息系统稳健情况进行评估。

网络借贷信息中介机构应当将定期信息披露公告文稿和相关备查文件报送工商登记注册地地方金融监管部门,并置备于机构住所供社会公众查阅。

【解读】

本条包括如下两方面的内容:

(1)网贷平台需披露经营信息,较之于《网络借贷信息中介机构业务活动管理暂行办法(征求意见稿)》,删除了对运营信息的列举,其后银监会将出台详细的信息披露细则对此加以规范。

(2)中介机构参与网贷平台合规运营的要求,包括会计师事务所、律师事务所等。本条中针对第三方机构引入使用了"应当"字样,具体反映到中介机构的工作内容而言,可能指向会计师事务所出具的"审计报告"以及律师事务所出具的"合规运营报告"等。

第三十二条　网络借贷信息中介机构的董事、监事、高级管理人员应当忠实、勤勉地履行职责,保证披露的信息真实、准确、完整、及时、公平,不得有虚假记载、误导性陈述或者重大遗漏。

借款人应当配合网络借贷信息中介机构及出借人对融资项目有关信息的调查核实,保证提供的信息真实、准确、完整。

网络借贷信息披露具体细则另行制定。

【解读】

相较于《网络借贷信息中介机构业务活动管理暂行办法(征求意见稿)》,本条无重大变化,仅明确"网络借贷信息披露具体细则另行制定"。本条并未对董监高的任职资质、从业经历等提出要求,本条内容也大多援引自《公司法》中的相关规定。本条无实质性内容,不多作评述。

第六章　监督管理

第三十三条　国务院银行业监督管理机构及其派出机构负责制定统一的规范发展政策措施和监督管理制度,负责网络借贷信息中介机构的日常行为监管,指导和配合地方人民政府做好网络借贷信息中介机构的机构监管和风险处置工作,建立跨部门跨地区监管协调机制。

各地方金融监管部门具体负责本辖区网络借贷信息中介机构的机构监管,包括对本辖区网络借贷信息中介机构的规范引导、备案管理和风险防范、处置工作。

【解读】

《网络借贷信息中介机构业务活动管理暂行办法(征求意见稿)》第三十三条"中央金融监管部门职责"与第三十四条"地方金融监管部门职责"在《网络借贷信息中介机构业务活动管理暂行办法》中合并为一条,且中央到地方监管部门的职责表述进一步"笼统化",通过条文对比可以获得直观感受:

《网络借贷信息中介机构业务活动管理暂行办法(征求意见稿)》条文	《网络借贷信息中介机构业务活动管理暂行办法》条文
[中央金融监管部门职责]国务院银行业监督管理机构除应当履行本办法第四条规定的有关职责外,还应当承担下列职责: (一)对地方贯彻落实国家相关政策法规、开展监管工作进行指导、协调和监督; (二)建立跨省(区、市)经营监管协调机制,加强对网络借贷信息中介机构业务活动风险监测分析和开展风险提示,对可能出现的风险进行预警提示和督导; (三)推进行业基础设施建设,建立网络借贷行业中央数据库; (四)指导网络借贷行业自律组织; (五)对本办法及相关实施细则进行解释	国务院银行业监督管理机构及其派出机构负责制定统一的规范发展政策措施和监督管理制度,负责网络借贷信息中介机构的日常行为监管,指导与配合地方人民政府做好网络借贷信息中介机构的机构监管和风险处置工作,建立跨部门跨地区监管协调机制
[地方金融监管部门职责]地方金融监管部门依照法律法规和《关于促进互联网金融健康发展的指导意见》等文件要求,加强沟通、协作,并履行下列监管职责: (一)建立网络借贷信息中介机构及其股东、合伙人、实际控制人、从业人员的执业记录,建立并管理行业有关数据信息的统计,开展风险监测分析,并按要求定期报送国务院银行业监督管理机构;有关统计数据与中国人民银行及网络借贷行业中央数据库运行机构共享; (二)对网络借贷信息中介机构业务活动中的信息披露进行监督,制定实施信息披露、风险管理、合同文本等标准化规则,促进机构信息披露和增强经营管理透明度;	各地方金融监管部门具体负责本辖区网络借贷信息中介机构的机构监管,包括对本辖区网络借贷信息中介机构的规范引导、备案管理和风险防范、处置工作

(续表)

《网络借贷信息中介机构业务活动管理暂行办法(征求意见稿)》条文	《网络借贷信息中介机构业务活动管理暂行办法》条文
(三)受理有关投诉和举报,自主或聘请专业机构对辖内网络借贷信息中介机构进行现场检查和非现场监管; (四)对网络借贷信息中介机构及其从业人员违反本办法和相关监管规定的,视情节轻重对其采取相关措施; (五)建立舆情监测制度,对网络借贷信息中介机构业务活动中可能涉及非法集资等违法违规行为进行监测,并及时报告省级人民政府,涉嫌犯罪的,依法移交公安司法机关查处; (六)定期向省级人民政府、国务院银行业监督管理机构报送本辖区备案和网络借贷行业年度监管与发展情况报告	

第三十四条 中国互联网金融协会从事网络借贷行业自律管理,并履行下列职责:

(一)制定自律规则、经营细则和行业标准并组织实施,教育会员遵守法律法规和网络借贷有关监管规定;

(二)依法维护会员的合法权益,协调会员关系,组织相关培训,向会员提供行业信息、法律咨询等服务,调解纠纷;

(三)受理有关投诉和举报,开展自律检查;

(四)成立网络借贷专业委员会;

(五)法律法规和网络借贷有关监管规定赋予的其他职责。

【解读】

本条将《网络借贷信息中介机构业务活动管理暂行办法(征求意见稿)》中的"自律组织"明确为"中国互联网金融协会"。根据本条规定,值得期待的是"成立网络借贷专业委员会",其余内容不作评述。

第三十五条 借款人、出借人、网络借贷信息中介机构、资金存管机构、担保人等应当签订资金存管协议,明确各自权利义务和违约责任。

资金存管机构对出借人与借款人开立和使用资金账户进行管理和监督,并根据合同约定，对出借人与借款人的资金进行存管、划付、核算和监督。

资金存管机构承担实名开户和履行合同约定及借贷交易指令表面一致性的形式审核责任，但不承担融资项目及借贷交易信息真实性的实质审核责任。

资金存管机构应当按照网络借贷有关监管规定报送数据信息并依法接受相关监督管理。

【解读】

前文已就"银行存管"以及"存管、托管之争"详加论述，此处不再赘言。"资金存管机构承担实名开户和履行合同约定及借贷交易指令表面一致性的形式审核责任，但不承担融资项目及借贷交易信息真实性的实质审核责任"的要求，基本符合当下银行存管实践。

第三十六条 网络借贷信息中介机构应当在下列重大事件发生后，立即采取应急措施并向工商登记注册地地方金融监管部门报告：

（一）因经营不善等原因出现重大经营风险；

（二）网络借贷信息中介机构或其董事、监事、高级管理人员发生重大违法违规行为；

（三）因商业欺诈行为被起诉，包括违规担保、夸大宣传、虚构隐瞒事实、发布虚假信息、签订虚假合同、错误处置资金等行为。

地方金融监管部门应当建立网络借贷行业重大事件的发现、报告和处置制度，制定处置预案，及时、有效地协调处置有关重大事件。

地方金融监管部门应当及时将本辖区网络借贷信息中介机构重大风险及处置情况信息报送省级人民政府、国务院银行业监督管理机构和中国人民银行。

【解读】

相较于《网络借贷信息中介机构业务活动管理暂行办法（征求意见稿）》，本条无实质性变化，不作评述。

第三十七条 除本办法第七条规定的事项外，网络借贷信息中介机构发生下列情形的，应当在5个工作日以内向工商登记注册地地方金融监管部门报告：

（一）因违规经营行为被查处或被起诉；

（二）董事、监事、高级管理人员违反境内外相关法律法规行为；

（三）国务院银行业监督管理机构、地方金融监管部门等要求的其他情形。

【解读】

本条无实质性内容，不作评述。

第三十八条　网络借贷信息中介机构应当聘请会计师事务所进行年度审计，并在上一会计年度结束之日起4个月内向工商登记注册地地方金融监管部门报送年度审计报告。

【解读】

在对《网络借贷信息中介机构业务活动管理暂行办法（征求意见稿）》逐条解读时，我们曾提到："有资质的"这一表述颇有想象空间，以上海地区典当行监管为例，每年的典当行年审会计师事务所均有相应的名录，只有在名录内的方为"有资质"。同时，鉴于网贷行业的特殊性，应当就网贷机构审计报告的特殊要求进行释明。

相较于《网络借贷信息中介机构业务活动管理暂行办法（征求意见稿）》，本条变化如下：

《网络借贷信息中介机构业务活动管理暂行办法（征求意见稿）》条文	《网络借贷信息中介机构业务活动管理暂行办法》条文
网络借贷信息中介机构应当聘请有资质的会计师事务所进行年度审计，并在上一会计年度结束之日起4个月内向地方金融监管部门报送年度审计报告	网络借贷信息中介机构应当聘请会计师事务所进行年度审计，并在上一会计年度结束之日起4个月内向工商登记注册地地方金融监管部门报送年度审计报告

可见，针对会计师事务所不再设定"有资质的"这一隐性门槛条件，在《网络借贷信息中介机构业务活动管理暂行办法》中予以删除。

第七章　法律责任

第三十九条　地方金融监管部门存在未依照本办法规定报告重大风险和处置情况、未依照本办法规定向国务院银行业监督管理机构提供行业统计或行业报告等违反法律法规及本办法规定情形的，应当对有关责任人依法给予行政处分；构成犯罪的，依法追究刑事责任。

【解读】

相较于《网络借贷信息中介机构业务活动管理暂行办法(征求意见稿)》，本条变化如下：

《网络借贷信息中介机构业务活动管理暂行办法(征求意见稿)》条文	《网络借贷信息中介机构业务活动管理暂行办法》条文
地方金融监管部门有下列情形之一的，依法给予行政处分；构成犯罪的，依法追究刑事责任： (一)未依照本办法规定报告重大风险和处置情况的； (二)未依照本办法规定向国务院银行业监督管理机构提供行业统计、行业报告等相关信息的； (三)其他违反法律法规及本办法规定的行为	地方金融监管部门存在未依照本办法规定报告重大风险和处置情况、未依照本办法规定向国务院银行业监督管理机构提供行业统计或行业报告等违反法律法规及本办法规定情形的，应当对有关责任人依法给予行政处分；构成犯罪的，依法追究刑事责任

可见，《网络借贷信息中介机构业务活动管理暂行办法》对监管部门责任采取了"责任人负责制"。本条无实质性内容，不作评述。

第四十条　网络借贷信息中介机构违反法律法规和网络借贷有关监管规定，有关法律法规有处罚规定的，依照其规定给予处罚；有关法律法规未作处罚规定的，工商登记注册地地方金融监管部门可以采取监管谈话、出具警示函、责令改正、通报批评、将其违法违规和不履行公开承诺等情况记入诚信档案并公布等监管措施，以及给予警告、人民币3万元以下罚款和依法可以采取的其他处罚措施；构成犯罪的，依法追究刑事责任。

网络借贷信息中介机构违反法律规定从事非法集资活动或欺诈的，按照相关法律法规和工作机制处理；构成犯罪的，依法追究刑事责任。

【解读】

相较于《网络借贷信息中介机构业务活动管理暂行办法(征求意见稿)》，本条变化如下：

《网络借贷信息中介机构业务活动管理暂行办法(征求意见稿)》条文	《网络借贷信息中介机构业务活动管理暂行办法》条文
以及给予警告、通报批评、人民币3万元以下罚款和依法可以采取的其他处罚措施；构成犯罪的，依法追究刑事责任	以及给予警告、人民币3万元以下罚款和依法可以采取的其他处罚措施；构成犯罪的，依法追究刑事责任

(续表)

《网络借贷信息中介机构业务活动管理暂行办法(征求意见稿)》条文	《网络借贷信息中介机构业务活动管理暂行办法》条文
网络借贷信息中介机构违反法律规定从事非法集资活动的,按照相关法律法规和工作机制处理;构成犯罪的,依法追究刑事责任	网络借贷信息中介机构违反法律规定从事非法集资活动或欺诈的,按照相关法律法规和工作机制处理;构成犯罪的,依法追究刑事责任
监管部门应当通过信用信息公示系统,公示其在履行职责过程中产生的相关企业行政许可信息和行政处罚信息,并将诚信档案与网络借贷行业中央数据库或其他全国性的数据库链接,实现数据共享	无此规定

网贷机构责任包含两层内容:

(1)违法行为,处罚手段包括"工商登记注册地地方金融监管部门可以采取监管谈话、出具警示函、责令改正、将其违法违规和不履行公开承诺等情况记入诚信档案并公布等监管措施,以及给予警告、人民币3万元以下罚款和依法可以采取的其他处罚措施";

(2)犯罪行为(非法集资、欺诈),处罚手段为"依法追究刑事责任"。

第四十一条 网络借贷信息中介机构的出借人及借款人违反法律法规和网络借贷有关监管规定,依照有关规定给予处罚;构成犯罪的,依法追究刑事责任。

【解读】

相较于《网络借贷信息中介机构业务活动管理暂行办法(征求意见稿)》,本条无变化。本条无实质性内容,不作评述。

第八章 附 则

第四十二条 银行业金融机构及国务院银行业监督管理机构批准设立的其他金融机构和省级人民政府批准设立的融资担保公司、小额贷款公司等投资设立具有独立法人资格的网络借贷信息中介机构,设立办法另行制定。

【解读】

相较于《网络借贷信息中介机构业务活动管理暂行办法(征求意见稿)》,

本条无变化。如此前我们在《网络借贷信息中介机构业务活动管理暂行办法（征求意见稿）》逐条解读中的评述：本条颇具"中国特色"，明确了行业间混业的处置办法，即"设立办法另行制定"。但本条存有如下问题：

（1）本条仅包含了"银行系P2P平台"情形，而忽略了"P2P系银行"的可能性，而实践中，不少网贷平台的关联方均拥有融资性担保公司、小额贷款公司等。

（2）本条所言"投资设立"之"投资"，是指直接发生股权关系之投资，抑或包括关联公司投资，需要进一步明确，实践中存在的"银行系P2P"很少有银行作为股东直接入股的。

（3）本条仅包含了银监会监管体系的金融机构，对于保监会、证监会等体系的金融机构是否也纳入"行业间混业"加以管理，本监管办法难以明确。

第四十三条　中国互联网金融协会网络借贷专业委员会按照《关于促进互联网金融健康发展的指导意见》和协会章程开展自律并接受相关监管部门指导。

【解读】

本条明确网贷行业的自律组织为"中国互联网金融协会网络借贷专业委员会"。

第四十四条　本办法实施前设立的网络借贷信息中介机构不符合本办法规定的，除违法犯罪行为按照本办法第四十条处理外，由地方金融监管部门要求其整改，整改期不超过12个月。

【解读】

《网络借贷信息中介机构业务活动管理暂行办法（征求意见稿）》中的18个月的过渡期在《网络借贷信息中介机构业务活动管理暂行办法》中调整为12个月，网贷平台应当根据地方金融监管部门的要求，依据《网络借贷信息中介机构业务活动管理暂行办法》进行相应整改，且本条所言之12个月，并非一个固定的期限，地方金融监管部门可能根据每家网贷平台的具体情形给予相应的整改期。考虑到备案登记、信息披露、银行存管、ICP许可证申请等配套制度尚未落地，《网络借贷信息中介机构业务活动管理暂行办法》明确的12个月整改期期间显得较为紧张，地方金融部门将在何时正式启动辖区内的网贷平台监管工作亦是未知数。我们建议从业机构根据《网络借贷信息中介机构业务活动管理暂行办法》全面评估自身运营及产品合规性,尽快启动诸如银行存管、平台禁止行为以及线下门店线上化等问题的整改程序。

第四十五条　省级人民政府可以根据本办法制定实施细则,并报国务院银行业监督管理机构备案。

【解读】

相较于《网络借贷信息中介机构业务活动管理暂行办法(征求意见稿)》,本条无变化。如此前我们在《网络借贷信息中介机构业务活动管理暂行办法(征求意见稿)》逐条解读中的评述:监管意见将实施细则的制定权下放至省级人民政府,该点与诸多非金融机构管理颇为相似。以典当行为例,国家层面法规要求典当行最低注册资本为人民币300万元,而上海市的注册资本标准已提高至5 000万元。从网贷发展实践来看,各地行业发展速度、规模存在较大差异,地区金融监管措施、力度、经验亦有不小差距,而近年来行业风险爆发亦有区域集中之势,因此,以省级人民政府为单位制定当地实施细则,可因地制宜进行监管。但是,需要明确的是,地方监管细则只能在既有国家监管法规框架内进行细化。

第四十六条　本办法解释权归国务院银行业监督管理机构、工业和信息化部、公安部、国家互联网信息办公室。

第四十七条　本办法所称不超过、以下、以内,包括本数。

【解读】

《网络借贷信息中介机构业务活动管理暂行办法》自公布之日起施行。

四、网贷资金存管规范《网络借贷资金存管业务指引》解读

国内互联网金融从业机构应当选择银行业金融机构作为资金存管机构的要求，首次出现于《关于促进互联网金融健康发展的指导意见》，并在之后的各类新规/征求意见稿中频繁提出，具体总结如下：

（1）《关于促进互联网金融健康发展的指导意见》。该指导意见于2015年7月18日发布并生效，其中第（十四）条明确提出："客户资金第三方存管制度。除另有规定外，从业机构应当选择符合条件的银行业金融机构作为资金存管机构，对客户资金进行管理和监督，实现客户资金与从业机构自身资金分账管理。客户资金存管账户应接受独立审计并向客户公开审计结果。人民银行会同金融监管部门按照职责分工实施监管，并制定相关监管细则。"

（2）《互联网金融风险专项整治工作实施方案》。该方案于2016年4月12日发布并生效（实际对外公布日期为2016年10月），其中明确提出："P2P网络借贷平台和股权众筹平台客户资金与自有资金应分账管理，遵循专业化运营原则，严格落实客户资金第三方存管要求，选择符合条件的银行业金融机构作为资金存管机构，保护客户资金安全，不得挪用或占用客户资金。"同时亦提出："严格要求互联网金融从业机构落实客户资金第三方存管制度，存管银行要加强对相关资金账户的监督。"

（3）《P2P网络借贷风险专项整治工作实施方案》。该方案于2016年4月13日发布并生效（实际对外公布日期为2016年10月），其中明确提出："落实出借人及借款人资金第三方存管要求。"同时将"是否未实行出借人资金第三方存管等问题"列为排查重点。

（4）《通过互联网开展资产管理及跨界从事金融业务风险专项整治工作实施方案》。该方案于2016年4月14日发布并生效（实际对外公布日期为2016年10月），其中明确将"未采取资金托管等方式保障投资者资金安全，侵占、挪用投资者资金"列为整治重点。

（5）《网络借贷信息中介机构业务活动管理暂行办法》。该办法于2016年8月17日发布并生效（实际对外公布日期为2016年8月24日），其中第二十八条明确规定："网络借贷信息中介机构应当实行自身资金与出借人和借款人资金的隔离管理，并选择符合条件的银行业金融机构作为出借人与借款人的资金存管机构。"同时第三十五条明确规定："借款人、出借人、网络借贷信息中介机构、资金存管机构、担保人等应当签订资金存管协议，明确各自权利义务和违约责任。资金存管机构对出借人与借款人开立和使用资金账户进行管理和监督，并根据合同约定，对出借人与借款人的资金进行存管、划付、核算和监督。资金存管机构承担实名开户和履行合同约定及借贷交易指令表面一致性的形式审核责任，但不承担融资项目及借贷交易信息真实性的实质审核责任。资金存管机构应当按照网络借贷有关监管规定报送数据信息并依法接受相关监督管理。"

（6）《网络借贷信息中介机构备案登记管理指引》。该指引于2016年11月28日发布并生效，其中第十四条明确提出："网络借贷信息中介机构在完成备案登记后，应当持地方金融监管部门出具的备案登记证明，与银行业金融机构签订资金存管协议，并将资金存管协议的复印件在该协议签订后5个工作日内反馈工商登记注册地地方金融监管部门。"

（7）《网络借贷资金存管业务指引》。该指引于2017年2月22日发布并生效，该指引对网络借贷资金存管业务进行了全面的规范，对委托人（即网络借贷信息中介机构）、存管人（即提供资金存管服务的商业银行）的权利、义务进行了明确的规定。

（8）《上海市网络借贷信息中介机构业务管理实施办法（征求意见稿）》。该征求意见稿于2017年6月1日发布，其中第二十五条明确提出："网络借贷信息中介机构应当实行自身资金与出借人和借款人资金的隔离管理，并选择符合条件的商业银行作为出借人与借款人的资金存管机构。资金存管机构对出借人与借款人开立和使用资金账户进行管理和监督，并根据合同约定，对出借人与借款人的资金进行存管、划付、核算和监督。资金存管机构承担实名开户、履行合同约定及借贷交易指令表面一致性的形式审核责任，但不承担融资项目及借贷交易信息真实性的实质审核责任。资金存管机构应当按照有关行业监管规定报送数据信息并依法接受相关监督管理。"同时第十五条进一步要求网络借贷信息中介机构取得备案登记后，应当在6个月内"选择在本市设有经营实体且符合相关条件的商业银行进行客户资金存管"。

笔者经阅读《网络借贷资金存管业务指引》并比对2016年10月见于网络的《网络借贷资金存管业务指引（征求意见稿）》，就该新规逐条解读如下：

第一章 总 则

第一条 为规范网络借贷资金存管业务活动，促进网络借贷行业健康发展，根据《中华人民共和国合同法》《中华人民共和国商业银行法》和《关于促进互联网金融健康发展的指导意见》《网络借贷信息中介机构业务活动管理暂行办法》及其他有关法律法规，制定本指引。

【解读】

在征求意见稿的基础上，本条在"法律依据"方面删除了《银行业监督管理法》及《商业银行中间业务暂行规定》：

（1）《银行业监督管理法》适用对象主要指向银行业金融机构，具体包括商业银行、城市信用合作社、农村信用合作社等吸收公众存款的金融机构以及政策性银行，而诸如金融资产管理公司、信托投资公司、金融租赁公司等也适用该法对银行业金融机构监督管理的规定。因此次该指引已经将存管人进一步限定为"商业银行"，故法律依据仅列《商业银行法》足矣。

（2）《商业银行中间业务暂行规定》于2001年6月21日发布生效，并被《中国人民银行公告〔2008〕第5号——废止上海外资保险机构暂行管理办法等15项规章》（2008年1月22日发布，2008年1月22日实施）废止。基于此，该规定业已失效，征求意见稿将其列为法律依据，当属"乌龙事件"。

第二条 本指引所称网络借贷资金存管业务，是指商业银行作为存管人接受委托人的委托，按照法律法规规定和合同约定，履行网络借贷资金存管专用账户的开立与销户、资金保管、资金清算、账务核对、提供信息报告等职责的业务。存管人开展网络借贷资金存管业务，不对网络借贷交易行为提供保证或担保，不承担借贷违约责任。

【解读】

本条定义了"网络借贷资金存管业务"，将存管人主体从"银行业金融机构"进一步限缩为"商业银行",具体可提供存管服务的主体将包括全国性商业、城市商业银行以及农村商业银行等。

本条将存管业务具体细化为开户与销户、资金保管、资金清算、账务核对、提供信息报告等五项内容。其中"提供信息报告"在征求意见稿中的措辞表达为"信息披露"。该等变化源于新规弱化了存管银行的信息披露义务,后续将涉及该部分内容,此处不赘述。

本条较之于征求意见稿增加了"存管人免责条款",明确存管人仅是存管业务的服务方,并非担保方,厘清存管银行的义务边界。

第三条　本指引所称网络借贷资金,是指网络借贷信息中介机构作为委托人,委托存管人保管的,由借款人、出借人和担保人等进行投融资活动形成的专项借贷资金及相关资金。

【解读】

本条定义了"网络借贷资金",较之于征求意见稿,细微变化在于:
(1)在"借款人""出借人"之外增加了"担保人"表述。
(2)在"专项借贷资金"之外增加了"相关资金"表述。

两处措辞的增加,背后引出的话题是存管账户体系中的"担保户"以及以风险准备金、保证金为代表的"相关资金"。实务中,不少银行允许担保户及该等"相关资金"的存在,此次新规条文,回应了这一现实需求。

第四条　本指引所称委托人,即网络借贷信息中介机构,是指依法设立,专门从事网络借贷信息中介业务活动的金融信息中介公司。

【解读】

较之于征求意见稿,本条仅作措辞调整,无实质性变化。将"金融信息中介企业"调整为"金融信息中介公司"。"企业"到"公司"的变化,更为严谨,契合《网络借贷信息中介机构业务活动管理暂行办法》的规定,因为"企业"一词还包括合伙企业等非公司法人。

第五条　本指引所称存管人,是指为网络借贷业务提供资金存管服务的商业银行。

【解读】

较之于征求意见稿,本条的细微变化在于:

(1)征求意见稿表述为"为出借人和借款人提供资金存管服务",本条删除了服务对象。存管服务对象实质应当包括借款人、出借人、网贷机构乃至其他相关参与方,条文措辞更为严谨。

(2)本条将存管人主体限定为"商业银行"。对此,《网络借贷资金存管业务指引》答记者问的回复是:"《指引》对存管人范围进一步予以了明确,考虑到银行业金融机构中,除商业银行外,其他银行业金融机构均不具备开立个人账户或清算支付的功能,因此将存管人范围明确为符合条件的商业银行。"

第六条 本指引所称网络借贷资金存管专用账户,是指委托人在存管人处开立的资金存管汇总账户,包括为出借人、借款人及担保人等在资金存管汇总账户下所开立的子账户。

【解读】

本条系新增条款,对"网络借贷资金存管专用账户"进行了定义,其包括网贷机构的汇总账户和汇总账户下的子账户。考察实践中的银行存管账户体系,主要包括如下四种:

(1)银行直联账户体系。银行直联账户体系是指平台在银行开设银行资金专用账户,用于汇总出借人资金划拨或拆分借款人资金至出借人;平台用户在存管银行开设个人电子户,同时开立、关联各平台专属子账户,平台专属子账户与平台端账户一一对应,登记平台用户交易数据、记录余额数据,平台用户资金保留在个人电子户中。

(2)母子账户体系。母子账户体系是指平台在银行开设银行资金专用账户,即资金存管汇总账户,平台用户资金保留在汇总账户,与平台自有资金隔离,防止挪用;平台用户在汇总账户下开设平台用户虚拟子账户,登记平台用户交易数据、记录余额数据,与平台端账户一一对应,日终对账,确保账实相符。

(3)第三方支付账户嵌入体系。第三方支付账户嵌入体系是指平台用户通过银行和第三方支付均可开通银行存管账户,出于便利性考量一般通过第三方支付开通个人存管账户,此账户映射到存管银行。银行赋予第三方支付部分接口的权限,由其进行资金的结算及接受银行指令调配的资金划拨。

(4)联合存管账户体系。该类账户体系一般要求第三方支付机构或网贷平台在存管银行开设存管账户,并根据平台发出的相关指令完成充值、投资、提现等功能,由银行监管资金流向,但不会为投资人开设个人账户。

对于银行存管账户体系,我们认为:第一,从资金安全性角度来看,银行直联账户体系的资金隔离效果要优于母子账户体系,虚拟账户在清算时方有意义,难以达到资金隔离效果;第二,第三方支付账户嵌入体系和联合存管账户体系难以符合《网络借贷资金存管业务指引》要求,存在较为明显的合规风险。

第七条 网络借贷业务有关当事机构开展网络借贷资金存管业务应当遵循"诚实履约、勤勉尽责、平等自愿、有偿服务"的原则。

【解读】

本条系关于银行存管的原则性规定,不作评述。

第二章 委托人

第八条 网络借贷信息中介机构作为委托人,委托存管人开展网络借贷资金存管业务应符合《网络借贷信息中介机构业务活动管理暂行办法》及《网络借贷信息中介机构备案登记管理指引》的有关规定,包括但不限于在工商管理部门完成注册登记并领取营业执照、在工商登记注册地地方金融监管部门完成备案登记、按照通信主管部门的相关规定申请获得相应的增值电信业务经营许可等。

【解读】

本条系新增条文,明确银行存管的前置要求包括:完成工商登记注册(包括经营范围明确"网络借贷信息中介");完成地方金融监管部门备案登记;获得相应的增值电信业务经营许可。该等前置要求与银行存管实践多有不符,诸多网贷机构与银行的相关洽谈都进入了不同阶段,而前述三个前置要求尚无一家网贷机构能够全部达成。

第九条 在网络借贷资金存管业务中,委托人应履行以下职责:
(一)负责网络借贷平台技术系统的持续开发及安全运营;
(二)组织实施网络借贷信息中介机构信息披露工作,包括但不限于委托人基本信息、借贷项目信息、借款人基本信息及经营情况、各参与方信息等应向存管人充分披露的信息；

（三）每日与存管人进行账务核对，确保系统数据的准确性；

（四）妥善保管网络借贷资金存管业务活动的记录、账册、报表等相关资料，相关纸质或电子介质信息应当自借贷合同到期后保存5年以上；

（五）组织对客户资金存管账户的独立审计并向客户公开审计结果；

（六）履行并配合存管人履行反洗钱义务；

（七）法律、行政法规、规章及其他规范性文件和网络借贷资金存管合同（以下简称存管合同）约定的其他职责。

【解读】

较之于征求意见稿，本条变化在于：

（1）第（二）项中，网贷机构披露信息要素增加了借款人基本信息、各参与方信息两项。

（2）第（四）项中，明确了5年以上的相关资料保存期限。

（3）增加第（五）项"独立审计"、第六项"反洗钱"两项义务。

第三章 存管人

第十条 在中华人民共和国境内依法设立并取得企业法人资格的商业银行，作为存管人开展网络借贷资金存管业务应符合以下要求：

（一）明确负责网络借贷资金存管业务管理与运营的一级部门，部门设置能够保障存管业务运营的完整与独立；

（二）具有自主管理、自主运营且安全高效的网络借贷资金存管业务技术系统；

（三）具有完善的内部业务管理、运营操作、风险监控的相关制度；

（四）具备在全国范围内为客户提供资金支付结算服务的能力；

（五）具有良好的信用记录，未被列入企业经营异常名录和严重违法失信企业名单；

（六）国务院银行业监督管理机构要求的其他条件。

【解读】

较之于征求意见稿，本条变化在于：

（1）第（二）项中，"自主开发"措辞调整为"自主管理"。该变化显然为以支付机构为代表的第三方提供了参与网贷资金存管业务的机会,典型为第三方支付机构为商业银行存管系统提供系统开发等技术服务,因此此次新规仅要求商业银行能够"自主管理",而非"自主开发"。

(2)第(三)项中,删除了"稽核监控制度"的要求。

(3)删除了征求意见稿中"在银行业监督管理部门完成备案"的要求(参见征求意见稿第九条第(五)项)。

(4)第(五)项系新增内容,可视为对征求意见稿"在银行业监督管理部门完成备案"的替代条款。

结合以上四点变化可见,新规对存管银行的门槛要求有所"松绑",取消了"备案"要求,并使得具备较强系统开发能力的第三方支付机构能够进入银行存管业务领域,以补强当下中小城商行的技术开发能力。

第十一条 存管人的网络借贷资金存管业务技术系统应当满足以下条件:

(一)具备完善规范的资金存管清算和明细记录的账务体系,能够根据资金性质和用途为委托人、委托人的客户(包括出借人、借款人及担保人等)进行明细登记,实现有效的资金管理和登记;

(二)具备完整的业务管理和交易校验功能,存管人应在充值、提现、缴费等资金清算环节设置交易密码或其他有效的指令验证方式,通过履行表面一致性的形式审核义务对客户资金及业务授权指令的真实性进行认证,防止委托人非法挪用客户资金;

(三)具备对接网络借贷信息中介机构系统的数据接口,能够完整记录网络借贷客户信息、交易信息及其他关键信息,并具备提供账户资金信息查询的功能;

(四)系统具备安全高效稳定运行的能力,能够支撑对应业务量下的借款人和出借人各类峰值操作;

(五)国务院银行业监督管理机构要求的其他条件。

【解读】

较之于征求意见稿,本条变化在于:

(1)第(一)项发生重大变化,不再强调存管账户需为"单独账户",不再强调各账户间的有效隔离,仅提出"明细登记"与"资金管理"的要求。按此规定,实践中的虚拟账户模式亦能符合该要求。

（2）第（二）项中，删除了"身份验证功能"要求，对于客户身份、交易指令等的验证，存管人仅需要做到"表面一致性的形式审核"，不再需要"确保资金指令真实合法"。同时，该款亦删除了"开户""投标""撤单"等字眼。

结合以上两点，新规对存管银行的存管业务技术系统要求有所"降低"，可能为实践中的虚拟账户模式存管"开道"，并进一步减轻了存管银行的真实性审核义务，明确仅需要做表面一致性形式审查。

第十二条 在网络借贷资金存管业务中，存管人应履行以下职责：

（一）存管人对申请接入的网络借贷信息中介机构，应设置相应的业务审查标准，为委托人提供资金存管服务；

（二）为委托人开立网络借贷资金存管专用账户和自有资金账户，为出借人、借款人和担保人等在网络借贷资金存管专用账户下分别开立子账户，确保客户网络借贷资金和网络借贷信息中介机构自有资金分账管理，安全保管客户交易结算资金；

（三）根据法律法规规定和存管合同约定，按照出借人与借款人发出的指令或业务授权指令，办理网络借贷资金的清算支付；

（四）记录资金在各交易方、各类账户之间的资金流转情况；

（五）每日根据委托人提供的交易数据进行账务核对；

（六）根据法律法规规定和存管合同约定，定期提供网络借贷资金存管报告；

（七）妥善保管网络借贷资金存管业务相关的交易数据、账户信息、资金流水、存管报告等包括纸质或电子介质在内的相关数据信息和业务档案，相关资料应当自借贷合同到期后保存5年以上；

（八）存管人应对网络借贷资金存管专用账户内的资金履行安全保管责任，不应外包或委托其他机构代理进行资金账户开立、交易信息处理、交易密码验证等操作；

（九）存管人应当加强出借人与借款人信息管理，确保出借人与借款人信息采集、处理及使用的合法性和安全性；

（十）法律、行政法规、规章及其他规范性文件和存管合同约定的其他职责。

【解读】

较之于征求意见稿，本条变化在于：

（1）第（二）项发生重大变化，要求"为出借人、借款人和担保人等"开立子账户,确保账户分账管理,但并未如征求意见稿一般要求该等账户为"单独开立客户交易结算资金账户",该等变化直接影响到实践中虚拟账户模式的去留。

(2)第(六)项中,删除了"披露网络借贷平台资金保管、使用等信息",可见对存管的信息披露要求有所弱化。

(3)第(七)项中,存管相关资料的保存期限由"15年以上"降低为"自借款合同到期后的5年以上"。

(4)第(八)项中,增加了"交易信息处理、交易密码验证操作不得外包或对外委托"的要求。

(5)第(九)项增加了存管人对借贷双方信息采集/处理/使用方面的要求,属于"个人信息保护"及"个人征信"范畴。

整体而言,新规对存管人的职责要求,总体发生了"下调",但也在"委外行为"和"信息保护及个人征信"等方面增加了要求。

第四章 业务规范

第十三条 存管人与委托人根据网络借贷交易模式约定资金运作流程,即资金在不同交易模式下的汇划方式和要求,包括但不限于不同模式下的发标、投标、流标、撤标、项目结束等环节。

【解读】

较之于征求意见稿,本条无变化,不作评述。

第十四条 委托人开展网络借贷资金存管业务,应指定唯一一家存管人作为资金存管机构。

【解读】

本条系新增条款,明确要求存管银行应具有"唯一性",同一家网贷机构不得同时接入两家商业银行的资金存管系统。

第十五条 存管合同至少应包括以下内容:
(一)当事人的基本信息;

（二）当事人的权利和义务；

（三）网络借贷资金存管专用账户的开立和管理；

（四）网络借贷信息中介机构客户开户、充值、投资、缴费、提现及还款等环节资金清算及信息交互的约定；

（五）网络借贷资金划拨的条件和方式；

（六）网络借贷资金使用情况监督和信息披露；

（七）存管服务费及费用支付方式；

（八）存管合同期限和终止条件；

（九）风险提示；

（十）反洗钱职责；

（十一）违约责任和争议解决方式；

（十二）其他约定事项。

【解读】

较之于征求意见稿，本条变化主要在于：

（1）删除了征求意见稿第十三条第五项"（五）平台投资项目关键信息的记录"。

（2）第九项中，删除了对"风险提示"的补充解释内容："存管人不负责项目风险，平台虚假标的、伪造数据风险等。"

（3）增加了第（十）项，要求在存管合同中明确"反洗钱职责"。

总体而言，新规对于存管合同条款的指引性规定，并无重大变化。

第十六条　委托人和存管人应共同制定供双方业务系统遵守的接口规范，并在上线前组织系统联网和灾备应急测试，及时安排系统优化升级，确保数据传输安全、顺畅。

【解读】

较之于征求意见稿第十五条，本条无变化，不作评述。

第十七条　资金对账工作由委托人和存管人双方共同完成，每日日终交易结束后，存管人根据委托人发送的日终清算数据，进行账务核对，对资金明细流水、资金余额数据进行分分资金对账、总分资金对账，确保双方账务一致。

【解读】

较之于征求意见稿第十六条,本条进一步明确资金对账需要"委托人和存管人"共同完成,且在账务核对的具体内容上,删除了资产相关的"资产余额数据"、对账要求,具体包括"分分资产对账"与"总分资产对账"。由此,日终清算工作量有所下降。

第十八条 存管人应按照存管合同的约定,定期向委托人和合同约定的对象提供资金存管报告,披露网络借贷信息中介机构客户交易结算资金的保管及使用情况,报告内容应至少包括以下信息:委托人的交易规模、借贷余额、存管余额、借款人及出借人数量等。

【解读】

较之于征求意见稿,本条中存管银行的披露义务有所弱化,变化在于:
(1)存管银行信息披露的具体内容有所缩减,将征求意见稿中的"逾期率""不良率""客户数量""平均借款期限""借款成本"等披露要素予以删除。
(2)删除了征求意见稿中"在官方指定网站进行公开披露"的要求。

第十九条 委托人暂停、终止业务时应制定完善的业务清算处置方案,并至少提前30个工作日通知地方金融监管部门及存管人,存管人应配合地方金融监管部门、委托人或清算处置小组等相关方完成网络借贷资金存管专用账户资金的清算处置工作,相关清算处置事宜按照有关规定及与委托人的合同约定办理。

【解读】

较之于征求意见稿,本条无实质性变化,不作评述。

第二十条 委托人需向存管人提供真实准确的交易信息数据及有关法律文件,包括并不限于网络借贷信息中介机构当事人信息、交易指令、借贷信息、收费服务信息、借贷合同等。存管人不承担借款项目及借贷交易信息真实性的审核责任,不对网络借贷信息数据的真实性、准确性和完整性负责,因委托人故意欺诈、伪造数据或数据发生错误导致的业务风险和损失,由委托人承担相应责任。

【解读】

较之于征求意见稿第十四条,本条无实质性变化。基于该条,网贷机构有交易文件报送义务,且明确存管银行的免责情形。

第二十一条 在网络借贷资金存管业务中,除必要的披露及监管要求外,委托人不得用"存管人"做营销宣传。

【解读】

较之于征求意见稿第十九条,本条将"公开营销宣传"调整为"营销宣传",进一步限制了网贷机构对外以银行存管作为"信用背书"的宣传行为,无论公开或非公开的该等营销宣传,均予以禁止。而该等要求,在实践中亦会体现在存管银行与网贷机构的存管合作协议中。

第二十二条 商业银行担任网络借贷资金的存管人,不应被视为对网络借贷交易以及其他相关行为提供保证或其他形式的担保。存管人不对网络借贷资金本金及收益予以保证或承诺,不承担资金运用风险,出借人须自行承担网络借贷投资责任和风险。

【解读】

较之于征求意见稿第二十条,本条无实质性变化。本条系对新规第二条"存管人开展网络借贷资金存管业务,不对网络借贷交易行为提供保证或担保,不承担借贷违约责任"免责条款内容的重申。

第二十三条 存管人应根据存管金额、期限、服务内容等因素,与委托人平等协商确定存管服务费,不得以开展存管业务为由开展捆绑销售及变相收取不合理费用。

【解读】

较之于征求意见稿第二十一条,本条无实质性变化。实践中,在经营范围变更、备案登记、增值电信业务许可申请等尚不可期的当下,银行择客现象较为明显,多关注平台的股东背景及持续经营能力等。在银行存管成为网贷业务运营的必要条件情形下,该条旨在规范存管银行存管业务开拓中的规范性,提倡合理定价与收费,拒绝捆绑销售。

第五章 附 则

第二十四条 网络借贷信息中介机构与商业银行开展网络借贷资金存管业务,应当依据《网络借贷信息中介机构业务活动管理暂行办法》及本指引,接受国务院银行业监督管理机构的监督管理。其他机构违法违规从事网络借贷资金存管业务的,由国务院银行业监督管理机构建立监管信息共享协调机制,对其进行业务定性,按照监管职责分工移交相应的监管部门,由监管部门依照相关规定进行查处;涉嫌犯罪的,依法移交公安机关处理。

【解读】

较之于征求意见稿第二十二条,本条内容多有扩充,明确了违规从事网贷资金存管业务的后果(行政责任与刑事责任)。本条无实质性内容,不作赘述。

第二十五条 中国银行业协会依据本指引及其他有关法律法规、自律规则,对商业银行开展网络借贷资金存管业务进行自律管理。

【解读】

较之于征求意见稿第二十三条,本条无实质性变化,强调了中国银行业协会对商业银行的自律管理权限。

第二十六条 中国互联网金融协会依据本指引及其他有关法律法规、自律规则,对网络借贷信息中介机构开展网络借贷资金存管业务进行自律管理。

【解读】

本条系新增条款,强调了中国互联网金融协会对网贷机构的自律管理权限。

第二十七条 对于已经开展了网络借贷资金存管业务的委托人和存管人,在业务过程中存在不符合本指引要求情形的,应在本指引公布后进行整改,整改期自本指引公布之日起不超过6个月。逾期未整改的,按照《网络借贷信息中介机构业务活动管理暂行办法》及《网络借贷信息中介机构备案登记管理指引》的有关规定执行。

【解读】

对业已开展的网贷资金存管业务，本条规定了6个月的整改期限。此次新规发布后，各家已开展存管业务的银行及平台将评估自身存管业务的合规性以作整改调整，之后一段时间内，针对此次新规的一些"窗口指导"亦将陆续流传（例如第三方支付机构在存管业务中的参与度问题、虚拟账户模式的可行性问题等），从业人员应及时与对接银行充分沟通。

第二十八条　本指引解释权归国务院银行业监督管理机构。

第二十九条　本指引自公布之日起施行。

【解读】

本条无实质性内容，不作评述。

结　　语

结合上述规范、征求意见稿的相关要求，上海地区网贷平台开展资金存管业务的具体要求可总结如下：

（1）存管人需为在中国境内依法设立并取得企业法人资格的商业银行。

（2）存管人应满足一定的准入要求（《网络借贷资金存管业务指引》第十条、第十一条等）。

（3）网贷平台指定的资金存管机构应具有唯一性。

（4）网贷平台需要与存管人签署存管合同，且该合同应至少包括《网络借贷资金存管业务指引》第十五条规定的内容。

（5）上海地区网贷平台选择的存管银行应当在上海市设有经营实体（至少为支行）。

五、网贷信息披露规范《网络借贷信息中介机构业务活动信息披露指引》解读

中国银行业监督管理委员会于2017年8月23日印发《网络借贷信息中介机构业务活动信息披露指引》的通知（实际公布日期为2017年8月25日），通知随附《网络借贷信息中介机构业务活动信息披露指引》，共包含四章、二十八条，以及附件《信息披露内容说明》。下文尝试针对《网络借贷信息中介机构业务活动信息披露指引》进行逐条解读，并将《信息披露内容说明》相关名词释义融入正文，以便读者通过本文全面了解新规内容，并希望为网贷从业机构合规运营提供有益参考。

第一章 总则

第一条 为规范网络借贷信息中介机构业务活动信息披露行为，维护参与网络借贷信息中介机构业务活动主体的合法权益，建立客观、公平、透明的网络借贷信息中介业务活动环境，促进网络借贷行业健康发展，依据《中华人民共和国民法通则》《关于促进互联网金融健康发展的指导意见》《网络借贷信息中介机构业务活动管理暂行办法》等法律法规，制定本指引。

【解读】

本条明确该指引的制定依据，包括《民法通则》(《民法总则》于2017年10月1日生效，但《民法通则》并未废止，不会自动失效，两者不一致和冲突之处将遵循"新法优于旧法"原则)、《关于促进互联网金融健康发展的指导意见》以及《网络借贷信息中介机构业务活动管理暂行办法》。就网贷平台信息披露行为规范出处，可总结如下：

序号	文件名称	规范出处
1	关于促进互联网金融健康发展的指导意见	第十五条
2	网络借贷信息中介机构业务活动管理暂行办法	第三条第二款 第九条第四款 第五章
3	网络借贷资金存管业务指引	第九条第二款 第十五条第六款
4	广东省《网络借贷信息中介机构业务活动管理暂行办法》实施细则(征求意见稿)	第十五条
5	上海市网络借贷信息中介机构业务管理实施办法(征求意见稿)	第三条第二款 第二十二条 第二十四条第一款 第三十七条
6	深圳市网络借贷信息中介机构备案登记管理办法(征求意见稿)	第四条第二款 第二十三条 第二十四条 第二十五条 第三十七条
7	北京市网络借贷信息中介机构备案登记管理办法(试行)(征求意见稿)	第十条第一款

第二条　本指引所称信息披露,是指网络借贷信息中介机构及其分支机构通过其官方网站及其他互联网渠道向社会公众公示网络借贷信息中介机构基本信息、运营信息、项目信息、重大风险信息、消费者咨询投诉渠道信息等相关信息的行为。

【解读】

本条系对"信息披露"的概念界定条款,可总结如下:

披露主体	网贷机构及其分支机构
披露渠道	平台官网及其他互联网渠道
披露对象	社会公众
披露内容	平台基本信息、运营信息、项目信息、重大风险信息、消费者咨询投诉渠道信息等

笔者特别提示,信息披露对象为"社会公众",仅从字面解读,意味着网贷平

台不得仅面向实名注册用户进行信息披露,亦不得设定严格的"邀请码"制度使得网贷平台用户群体具备一定的"封闭性"。

第三条 网络借贷信息中介机构应当在其官方网站及提供网络借贷信息中介服务的网络渠道显著位置设置信息披露专栏,展示信息披露内容。披露用语应当准确、精练、严谨、通俗易懂。

【解读】

本条对网贷平台信息披露提出"显著""专栏"要求,同时强调披露用语应"准确、精炼、严谨、通俗易懂",即披露用语不得自编、自创,不得造成公众误解。

第四条 其他互联网渠道包括网络借贷信息中介机构手机应用软件、微信公众号、微博等社交媒体渠道及网络借贷信息中介机构授权开展信息披露的其他互联网平台。各渠道间披露信息内容应当保持一致。

【解读】

本条系对"其他互联网渠道"的进一步释明,同时提出各渠道间的披露一致性要求。

第五条 信息披露应当遵循"真实、准确、完整、及时"原则,不得有虚假记载、误导性陈述、重大遗漏或拖延披露。

第六条 信息披露内容应当符合法律法规关于国家秘密、商业秘密、个人隐私的有关规定。

【解读】

第五条与第六条系网贷平台开展信息披露工作的"原则"要求,并以"国家秘密、商业秘密"及"个人隐私"保护作为兜底要求。

第二章 信息披露内容

第七条 网络借贷信息中介机构应当向公众披露如下信息:

（一）网络借贷信息中介机构备案信息

1. 网络借贷信息中介机构在地方金融监管部门的备案登记信息	备案登记信息：指网贷机构已经备案登记的相关信息，包括备案登记地方金融监管部门、备案登记时间、备案登记编号（如有）等
2. 网络借贷信息中介机构取得的电信业务经营许可信息	电信业务经营许可信息：指网贷机构获得的网络借贷中介业务电信业务经营许可证号
3. 网络借贷信息中介机构资金存管信息	资金存管信息：指网贷机构资金存管的银行全称
4. 网络借贷信息中介机构取得的公安机关核发的网站备案图标及编号	网站备案图标及编号：指网贷机构获得的公安机关出具的网站备案图标及编号
5. 网络借贷信息中介机构风险管理信息	风险管理信息：指网贷机构风险管理架构、风险评估流程、风险预警管理情况、催收方式等信息

（二）网络借贷信息中介机构组织信息

1. 网络借贷信息中介机构工商信息，应当包含网络借贷信息中介机构全称、简称、统一社会信用代码、注册资本、实缴注册资本、注册地址、经营地址、成立时间、经营期限、经营状态、主要人员（包括法定代表人、实际控制人、董事、监事、高级管理人员）信息、经营范围	机构全称：指网贷机构在工商部门登记注册的公司全称
	机构简称：指网贷机构对外简称或常用简称，如有多个简称，应当逐一列明并以分号分隔
	统一社会信用代码：指网贷机构在工商部门登记注册后获得的统一社会信用代码；若无统一社会信用代码，则填写组织机构代码
	机构注册资本：指网贷机构在工商部门依法登记的注册资本。有限责任公司的注册资本为在工商部门依法登记的全体股东认缴的出资额。股份有限公司采取发起设立方式设立的，注册资本为在工商部门依法登记的全体发起人认购的股本总额；股份有限公司采取募集设立方式设立的，注册资本为在工商部门依法登记的实收股本总额
	实缴注册资本：指网贷机构已实际出资的资金总额
	机构注册地址：指网贷机构在工商部门登记注册的公司地址
	机构经营地址：指网贷机构实际开展经营的地址，如有多个经营地，应当逐一列明并以分号分隔

（续表）

	机构成立时间：指网贷机构注册成立的日期，即营业执照上的公司成立日期	
	机构经营期限：指网贷机构在工商部门注册的存续期间	
	机构经营状态：指网贷机构目前公司经营状况，分为开业、停业、注销、吊销。若为停业状况，应补充说明原因	
	机构主要人员信息：指网贷机构营业执照上登记的法定代表人姓名	
	机构经营范围：指网贷机构于工商登记注册部门核准登记的经营范围	
2. 网络借贷信息中介机构股东信息，应当包含股东全称、股东股权占比	机构股东全称：指网贷机构股东在工商部门依法登记注册的全称	
	机构股东股权占比：指网贷机构股东持有股份占网贷机构全部股份的比例，单位为百分比	
3. 网络借贷信息中介机构组织架构及从业人员概况	组织架构：指网贷机构内部部门设置及层级	
	从业人员概况：指在网贷机构工作，由网贷机构支付工资的各类人员，以及有工作岗位，但由于学习、病休产假等原因暂未工作，仍由单位支付工资的员工，包括正式人员、劳务派遣人员、临时聘用人员等的人员总数、年龄分布、学历分布等情况	
4. 网络借贷信息中介机构分支机构工商信息，应当包含分支机构全称、分支机构所在地、分支机构成立时间、分支机构主要负责人姓名、分支机构联系电话、投诉电话，员工人数；存在多个分支机构的应当逐一列明	分支机构全称：指网贷机构的分支机构在工商部门登记注册的公司全称	
	分支机构所在地：指网贷机构的分支机构在工商部门登记注册的公司地址	
	分支机构成立时间：指网贷机构的分支机构注册成立的日期，即分支机构营业执照上的分支机构成立日期	
	分支机构主要负责人：指网贷机构的分支机构的负责人姓名	
	分支机构联系电话：指网贷机构的分支机构的联系电话	
	分支机构投诉电话：指网贷机构的分支机构的投诉电话	
	分支机构员工人数：指网贷机构的分支机构的员工总人数。同时应当区分正式员工、派遣员工、临时员工数量	

(续表)

5. 网络借贷信息中介机构官方网站、官方手机应用及其他官方互联网渠道信息；存在多个官方渠道的应当逐一列明	机构官方网站：指网贷机构在运营的网站域名及IP地址 其他官方互联网渠道信息：即平台App名称、微信公众号、微博等，指网贷机构依法注册并使用的开展网络借贷信息中介服务的App、社交媒体账号及IP地址（或链接）

（三）网络借贷信息中介机构审核信息

1. 网络借贷信息中介机构上一年度的财务审计报告	财务审计报告：指会计师事务所出具的网贷机构上一年度审计报告
2. 网络借贷信息中介机构经营合规重点环节的审计结果	重点环节审计结果：指会计师事务所出具的对网贷机构出借人与借款人资金存管、信息披露情况、信息科技基础设施安全、经营合规性、资金运用流程等重点环节的审计结果
3. 网络借贷信息中介机构上一年度的合规性审查报告	合规性审查报告：指律师事务所出具的对网贷机构合规情况审查报告

网络借贷信息中介机构应当于每年1月10日前披露本条款（一）、（二）项信息；应当于每年4月30日前披露本条款（三）项信息。若上述任一信息发生变更，网络借贷信息中介机构应当于变更后10个工作日内更新披露信息。

【解读】

为便于读者阅读，逐条解读已在上面表格中列出（即表格中的宋体字），下面再作一些补充说明。

本条从"备案信息""组织信息""审核信息"三个方面列明了网贷平台需披露信息：

（1）"备案信息"主要指向：

第一，地方金融监管部门备案登记信息，建议与地方监管部门届时公示/公布的信息保持一致，但该披露要素目前不具备可行性。

第二，增值电信业务许可信息，建议在信息披露专栏中公示相关业务许可证扫描件及许可证号。

第三，资金存管信息，建议披露存管银行全称，并可考虑展示"存管协议"扫描件首尾页（可对关键信息进行"脱敏"处理）。

第四，网站备案图标及编号，对于该项要求，笔者认为系指向《计算机信息网络国际联网安全保护管理办法》（公安部令第33号）第十二条所称"公安机关备案手续"，具体办理指南可参考全国公安机关互联网安全管理服务平台"下载中心"项下《互联网站安全服务平台操作指南》（当然，也有解读认为该项要求系指向网贷机构等级保护测评，有待官方后续再次明确）。建议网贷平台在网站页面底部展示图标及编号，并对编号设置超链接，点击可跳转至平台运营主体对应的"互联网站备案信息"展示页面（示例如下图，http://www.beian.gov.cn/portal/index）。

第五，风险管理信息，如《信息披露内容说明》所言，具体包括风险管理架构、风险评估流程、风险预警管理情况、催收方式等信息。建议网贷平台在"专栏"中对该等信息进行披露，并结合平台自身业务开发及风控流程等进行图示或文字描述。

以上信息披露要求中，第一项因目前国内鲜有备案登记实例而基本不具备可行性，其余要求平台可根据自身情形及地方要求着手实施，且网贷平台需要在每年1月10日前予以披露。

（2）"组织信息"主要指向：

第一，工商信息，《信息披露内容说明》对12项要求进行了释明，从业机构可参照执行。

第二,股东信息,包括股东名称及股权比例。

第三,组织架构及从业人员概况,可参照《信息披露内容说明》执行,组织架构可通过"公司组织架构图"进行展示。

第四,分支机构信息,《信息披露内容说明》对7项要求进行了释明,从业机构可参照执行。

第五,业务渠道信息,包括网站域名、IP地址、App名称、微信公众号、微博等。

以上信息披露要求均较易实施,建议网贷平台尽快执行,网贷平台需要在每年1月10日前予以披露。

(3)"审核信息"主要指向:第一,上一年度审计报告;第二,专项审计报告;第三,律所出具的上一年度平台合规审查报告。鉴于该等报告均需要由专业机构出具盖章件,典型如律师事务所出具的"业务合规报告"等,其往往需要对网贷平台上一年度的业务合规开展及日常运营发表意见,出具难度很大。此次《网络借贷信息中介机构业务活动信息披露指引》将该等报告列入"披露"范畴,可以预见将进一步抬高中介服务机构业务风险评估考量,进一步加剧"审核信息"的获取难度。同时,网贷平台需要在每年4月30日前披露前述"审核信息"。

第八条 网络借贷信息中介机构应当在每月前5个工作日内,向公众披露截至于上一月末经网络借贷信息中介机构撮合交易的如下信息:

(一)自网络借贷信息中介机构成立以来的累计借贷金额及笔数	累计借贷金额:指自网贷机构成立起,经网贷机构撮合完成的借款项目的本金总和
	累计交易笔数:指自网贷机构成立起,经网贷机构撮合完成的借款交易笔数总和
(二)借贷余额及笔数	借贷余额:指截至统计时点,通过网贷机构已经上线运行的网络借贷信息中介平台完成的借款总余额
(三)累计出借人数量、累计借款人数量	累计出借人数量:指出借人通过网贷机构成功出借资金的出借人总数。同一出借人多次出借的,按实际出借人计算(例如:张三出借3次,累计出借人数量为1)
	累计借款人数量:指借款人通过网贷机构成功借款的借款人总数。同一借款人多次借款的,按实际借款人计算(例如:张三借款3次,累计借款人数量为1)
(四)当期出借人数量、当期借款人数量	当期出借人数量:指截至统计时点仍存在待收借款的出借人总数。同一出借人多次出借的,按实际出借人计算
	当期借款人数量:指截至统计时点仍存在待还借款的借款人总数。同一借款人多次借款的,按实际借款人计算

（续表）

（五）前十大借款人待还金额占比、最大单一借款人待还金额占比	前十大借款人待还金额占比：指在平台撮合的项目中，借款最多的前十户借款人的借款余额占总借款余额的比例
	最大单一借款人待还金额占比：指在平台撮合的项目中，借款最多一户借款人的借款余额占总借款余额的比例
（六）关联关系借款余额及笔数	关联关系借款余额：指截至统计时点，与平台具有关联关系的借款人通过平台撮合完成的借款总余额。关联关系指网络借贷信息中介机构主要股东、实际控制人、董事、监事、高级管理人员与其直接或间接控制、有重大影响的企业、自然人之间的关系，以及可能导致网络借贷信息中介机构利益转移的其他关系（主要股东，指持有或控制网络信息借贷中介机构5%以上股份或表决权的自然人、法人或其他组织；直接或间接控制企业，指直接或间接持有企业5%以上股份或表决权）
（七）逾期金额及笔数	逾期金额：指按合同约定，出借人到期未收到本金和利息的金额总和。收到，是指资金实际划付至出借人银行账户
	逾期笔数：指按合同约定，出借人到期未收到本金和利息的借款的笔数。收到，是指资金实际划付至出借人银行账户
（八）逾期90天（不含）以上金额及笔数	逾期90天以上金额：指逾期90天（不含）以上的借款本金余额
	逾期90天以上笔数：指逾期90天（不含）以上的借款的笔数
（九）累计代偿金额及笔数	累计代偿金额：指因借款方违约等原因第三方（非借款人、非网贷机构）代为偿还的总金额
	累计代偿笔数：指因借款方违约等原因第三方（非借款人、非网贷机构）代为偿还的笔数
（十）收费标准	收费标准：指网贷机构向借款人收取费用的名目及费用计算标准。如涉及多个收费项目，应当逐一列明

（十一）其他经营信息。

【解读】

为便于读者阅读，逐条解读已在上面表格中列出（即表格中的宋体字），下面再作一些补充说明。

本条系对"网贷平台经营信息"的披露要求，在《信息披露内容说明》中被细化为17项要求，笔者提请关注如下：

（1）"累计借贷金额"不宜计入"投资人间债转"所对应的转让金额，否则会构成"重复计算"。"累计交易笔数"统计同前提示。

（2）"借款人数量"统计，需要锁定到具体的"人"而非"借款次数"。

（3）"前十大借款人待还金额占比"及"最大单一借款人待还金额占比"，由于网贷监管存在20万元/100万元借款余额限制，可能导致前十大借款人"并列排名"情形突出，在此情形下，"前十大借款人"以及"最大单一借款人"如何理解并进行统计，需要进一步释明。

（4）"关联关系借款余额"，就目前网贷平台专项整治过程中，部分地区对"关联关系"作出了区分，并直接影响对平台业务中的"变相自融""变相自保"认定。此次《信息披露内容说明》对"关联关系借款"的认定，基本与上海地区"平台核心关联方融资禁止"的认定趋同（详见本书"合规释义篇"第一部分"自融"部分相关内容），而关联关系借款余额这一披露指标，对以上海地区为代表的网贷平台而言，本身就可能是一个"违规"指标。

（5）关于"收到"，是以资金实际划付至出借人银行账户为认定标准。

（6）关于"逾期"的披露，需要披露M0和M3两种统计口径对应的金额及笔数。由此引发的一个问题是："第三方实时代偿"能否使得对应的借款项目不计入M0逾期？笔者认为，《信息披露内容说明》将"逾期"解释为"出借人到期未收到本金和利息"，如第三方实时代偿，虽然从"借款合同"层面看借款人已构成违约，但该项目仍不应纳入逾期统计。遥想行业中不乏"0逾期"平台的自我宣称，深究其间原由，无外乎"变相自保""风险备付金使用""平台垫付"以及"逾期统计标准混乱"等，此次《网络借贷信息中介机构业务活动信息披露指引》列明了M0与M3标准，势必将引发新一轮的"平台项目逾期率"对比与探讨。

（7）"代偿"所指向的"代偿主体"，不应包括网贷平台。如果网贷平台代偿，本身将涉及"自保"，代偿主体主要包括第三方担保方。

第九条 网络借贷信息中介机构应当及时向出借人披露如下信息：

（一）借款人基本信息，应当包含借款人主体性质（自然人、法人或其他组织）、借款人所属行业、借款人收入及负债情况、截至借款前6个月内借	借款人主体性质：指借款人为自然人、法人或其他组织
	借款人所属行业：指借款自然人所在单位、借款法人或其他组织根据《国民经济行业分类》划分的行业类别
	借款人收入及负债情况：指借款人在日常活动中所形成的、会导致所有者权益增加的、非所有者投入资本的经济利益的总流入，以及借款人过去的交易或者事项形成的、预期会导致经济利益流出企业的现时义务

（续表）

款人征信报告中的逾期情况、借款人在其他网络借贷平台借款情况	借款人征信报告情况：指脱敏处理后，经借款人授权由中国人民银行征信系统出具的征信报告中借款人的逾期情况
（二）项目基本信息，应当包含项目名称和简介、借款金额、借款期限、借款用途、还款方式、年化利率、起息日、还款来源、还款保障措施	项目名称和简介：指网络借贷信息中介平台上展示的借款人借款项目的名称和基本情况介绍
	借款金额：指借款人申请借款的本金金额
	借款期限：指借款人申请借款的时长，应当以天、月、年为单位列明
	借款用途：指借款人申请借款的具体去向
	还款方式：还款方式应当以文字说明，并向出借人列明计算方式。如：按月付息到期还本。借款金额为X，年利率为Y，借款期限为Z月，则每月应还利息计算公式为：$X \times Y/12$，应还总利息计算公式为：$X \times Y/12 \times Z$。应还本金为X
	年化利率：指借款人向出借人支付的利息费率，利率应当以年化形式披露，年以365天计算
	起息日：指利息产生的起始日期
	还款来源：指借款人借款的还款依据
	还款保障措施：指在借款活动中，债权人为保障其债权的实现，要求债务人向债权人提供担保的方式（包括担保主体名称、担保措施、是否已履行完毕法律法规需办理的相关手续等信息）

（三）项目风险评估及可能产生的风险结果；

（四）已撮合未到期项目有关信息，应当包含借款资金运用情况、借款人经营状况及财务状况、借款人还款能力变化情况、借款人逾期情况、借款人涉诉情况、借款人受行政处罚情况等可能影响借款人还款的重大信息。

本条款（一）、（二）、（三）项内容，网络借贷信息中介机构应当于出借人确认向借款人出借资金前向出借人披露。

本条款（四）项内容，若借款期限不超过6个月，网络借贷信息中介机构应当按月（每月前5个工作日内）向出借人披露；若借款期限超过6个月，网络借贷信息中介机构应当按季度（每季度前5个工作日内）向出借人披露。若已发生足以导致借款人不能按约定期限足额还款的情形时，网络借贷信息中介机构应当及时向出借人披露。

出借人应当对借款人信息予以保密，不得非法收集、使用、加工、传输借款人个人信息，不得非法买卖、提供或者公开借款人个人信息。

【解读】

为便于读者阅读，逐条解读已在上面表格中列出（即表格中的宋体字），下面再作一些补充说明。

本条系对"网贷平台项目信息"的披露要求，在《信息披露内容说明》中被细化为13项要求，笔者提请关注如下：

（1）"借款人基本信息"未包括"借款人姓名/名称"，第九条第（一）项所列信息均可在借款人评估环节进行采集（征信报告基于借款人授权进行查询），网贷平台难以对采集信息真实性进行有效甄别，因此建议在"用户注册协议""借款服务协议"中增加"借款人承诺条款"，由其承诺所提供信息系属真实有效。此外，"借款人在其他网络借贷平台借款情况"，宜按照"借款时借款人在其他网贷平台借款余额情况"理解，该条旨在指向"同一借款人在不同平台上累计借款不超100万元/500万元"规范。

（2）关于"年化利率"问题，其实际指向"借款利率"，而在工商广告监管实践中，"年化收益率""预期年化收益率"均有行政处罚案例可循，对于"预期收益率"表述，监管机构认为其涉嫌保证性承诺，因为对于不具备专业知识的消费者来说，是否购买产品就是以收益率来判断。此次《网络借贷信息中介机构业务活动信息披露指引》明确要求披露"年化利率"，该等文字披露表述可能仍会面临实践中的工商广告处罚。笔者建议：第一，可根据此次《网络借贷信息中介机构业务活动信息披露指引》要求使用"年化利率"字样；第二，需要针对每个项目显著进行风险提示，明确告知出借人"年化利率"的字样表达不构成对收益获得的承诺，借款人存在违约风险；第三，风险提示语的字体应大小合理，不能刻意以较大字体凸显"年化利率X%"，而使用较小的字体用于风险提示语。

（3）针对"还款保障措施"的披露，需要重点关注"平台自保"问题。此外，笔者理解"保障措施"比"担保措施"更为宽泛，而《信息披露内容说明》仅对"担保措施"进行了释义，可以理解为在《网络借贷信息中介机构业务活动信息披露指引》项下，两者系属"同质"，可等量齐观。

（4）对于未结清借贷项目，平台需要在贷后管理环节跟踪借款人财务状况、还款能力变化等，且披露频次为按月（借款期限不超6个月）/按季度（借款期限超6个月）。笔者认为，该等贷后管理所涉及的对借款人的关注要点，平台难以主动搜集更新,一方面该等信息来源渠道分散,无法实时获得,另一方面搜集工作量较大,审查难度较大,尤其在借款人数量众多的情况下。基于此,建议在"借款协议/合同"中增加"借款人承诺条款",就借款人贷后个人情况变化要求其及时向平台及出借人进行告知,或者由贷后管理部门定期对借款人进行回访,就其个人情况变化进行征询以获得相关信息告知。笔者认为平台对该等变化信息的披露义务以借款人告知为限,不宜过度扩张网贷平台的"主动审查"义务。

第十条 网络借贷信息中介机构或其分支机构发生下列情况之一的,网络借贷信息中介机构应当于发生之日起48小时内将事件的起因、目前的状态、可能产生的影响和采取的措施向公众进行披露。

(一)公司减资、合并、分立、解散或申请破产;
(二)公司依法进入破产程序;
(三)公司被责令停业、整顿、关闭;
(四)公司涉及重大诉讼、仲裁,或涉嫌违法违规被有权机关调查,或受到刑事处罚、重大行政处罚;
(五)公司法定代表人、实际控制人、主要负责人、董事、监事、高级管理人员涉及重大诉讼、仲裁,或涉嫌违法违纪被有权机关调查,或受到刑事处罚、重大行政处罚,或被采取强制措施;
(六)公司主要或者全部业务陷入停顿;
(七)存在欺诈、损害出借人利益等其他影响网络借贷信息中介机构经营活动的重大事项。

【解读】

本条系"网贷平台重大事项"披露条款,主要列举了七大类平台需披露"重大事项",且基本属于"负面事件",披露时限要求为"发生之日起48小时内"。建议在"专栏"中开立"重大事项公告"子栏目,作为该类型披露事项的发布渠道。

第十一条 网络借贷信息中介机构应当向公众披露咨询、投诉、举报联系电话、电子邮箱、通讯地址。

网络借贷信息中介机构应当在其官方网站上定期以公告形式向公众披露其年度报告、相关法律法规及网络借贷有关监管规定。

【解读】

本条系"网贷平台联系方式"披露条款,按照《信息披露内容说明》规定,信息披露电话格式应统一为"区号-电话号码"或"手机号"。而目前网贷专项整治过程中,亦对网贷平台提出"建立客户投诉处理制度,对客户投诉依法、及时答复、处理"要求,建议从业机构在客服中心下设"投诉举报受理部门",制定《客户投诉举报管理制度》并予以有效执行。

第十二条　披露的信息应当采用中文文本。同时采用外文文本的,应当保证两种文本的内容一致。两种文本产生歧义的,以中文文本为准。

第十三条　披露的信息应当采用阿拉伯数字。除特别说明外,货币单位应当为人民币"元"。

【解读】

第十二条对披露语言作出"以中文文本为准"要求,第十三条则明确了数字类型及货币单位要求。根据《信息披露内容说明》,信息披露货币单位为人民币"元",保留两位以上小数;数量单位为"个""人";比例统计单位"%"。

第三章　信息披露管理

第十四条　网络借贷信息中介机构应当建立健全信息披露制度,指定专人负责信息披露事务,确保信息披露专栏内容可供社会公众随时查阅。

【解读】

本条提出"信披制度构建""专人负责""信披内容随时查阅"要求。一方面,《网贷平台信息披露制度》可能会成为部分地区平台备案登记环节中需上报的必要材料。另一方面,此次《网络借贷信息中介机构业务活动信息披露指引》对网贷平台"披露要素"作出了大量细化要求,平台信披工作量大大增加,且披露信息内容将涵盖网贷平台内部各个部门,包括风控部、信审部、贷后管理部乃至客服部、财务部、法务部等,因此建议平台设置专门的信息披露部门,将"信披"岗位专职化,甚至不排除今后地方金融监管部门将"信披负责人"作为备案登记要件之一。

第十五条　网络借贷信息中介机构应当对信息披露内容进行书面留存,并应自披露之日起保存五年以上。

【解读】

本条对信息披露内容提出了"五年保存期"要求,提请注意,"保存五年"并非等同于"信息披露持续五年"。

第十六条　网络借贷信息中介机构应当按要求将信息披露公告文稿和相关备查文件报送其工商登记注册地地方金融监管部门、国务院银行业监督管理机构派出机构,并置备于网络借贷信息中介机构住所供社会公众查阅。

【解读】

本条在《网络借贷信息中介机构业务活动管理暂行办法》第三十一条第五款规定的基础上,增加了"国务院银行业监督管理机构派出机构"作为网贷平台的报送对象,其余无变化。

第十七条　网络借贷信息中介机构的董事、监事、高级管理人员应当忠实、勤勉、尽职,保证披露的信息真实、准确、完整、及时。网络借贷信息中介机构信息披露专栏内容均应当有网络借贷信息中介机构法定代表人的签字确认。

【解读】

本条关于董监高的信息披露要求基本与《网络借贷信息中介机构业务活动管理暂行办法》第三十二条第一款的规定保持一致。而"法定代表人签字确认"要求,则意味着所有专栏披露内容均需要向法定代表人报审,并应当将报审文稿予以留存以供后续查验,而该等要求实质可能降低网贷平台的信息披露工作效率。

第十八条　借款人应当配合网络借贷信息中介机构及出借人对项目有关信息进行调查核实,保证提供的信息真实、准确、及时、完整、有效。

【解读】

本条基本与《网络借贷信息中介机构业务活动管理暂行办法》第三十二条第二款的规定保持一致,不作赘述。

第十九条 本指引没有规定,但不披露相关信息可能导致借款人、出借人产生错误判断的,网络借贷信息中介机构应当将相关信息予以及时披露。

【解读】

本条系对"披露要素"的兜底规定,采取"平台用户保护主义标准",从业机构可根据自身产品、业务模式及实际情况,在《网络借贷信息中介机构业务活动信息披露指引》所规定的"披露要素"之外,另行确定个性化披露要素,以最大程度达成信息透明、保护借款人与出借人权益。

第二十条 网络借贷信息中介机构拟披露信息属于国家秘密的,按本指引规定披露可能导致其违反国家有关保密法律法规的,可以豁免披露。本指引所称的国家秘密,是指国家有关保密法律法规及部门规章规定的,关系国家安全和利益,依照法定程序确定,在一定时间内只限一定范围的人员知悉,泄露后可能损害国家在政治、经济、国防、外交等领域的安全和利益的信息。

【解读】

本条系"涉国家秘密信息披露豁免"条款,不作赘述。

第二十一条 未按本指引要求开展信息披露的相关当事人,由相关监管部门按照《网络借贷信息中介机构业务活动管理暂行办法》第四十条、第四十一条予以处罚。

【解读】

本条系"罚则"条款,援引了《网络借贷信息中介机构业务活动管理暂行办法》的罚则条款:对于违法行为,处罚手段包括"工商登记注册地地方金融监管部门可以采取监管谈话、出具警示函、责令改正、将其违法违规和不履行公开承诺等情况记入诚信档案并公布等监管措施,以及给予警告、人民币3万元以下罚款和依法可以采取的其他处罚措施";对于犯罪行为,处罚手段为"依法追究刑事责任"。

第二十二条 网络借贷信息中介机构应当按要求及时将信息披露内容报送监管机构。

【解读】

本条系关于网贷平台"及时报送信息披露内容义务"的规定,与本指引第十六条规定相呼应。

第四章　附　则

第二十三条　网络借贷信息中介业务活动信息披露行为,应当依据《网络借贷信息中介机构业务活动管理暂行办法》及本指引,接受国务院银行业监督管理机构及其派出机构和地方金融监管部门的监督管理。

【解读】

本条再次明确网贷平台信披行为的监管主体,系国务院银行业监督管理机构及其派出机构和地方金融监管部门(根据各地部门设置的不同,可能指向省级/区级金融办或金融工作局)。

第二十四条　中国互联网金融协会依据本指引及其他有关法律法规、自律规则,对网络借贷行业的信息披露进行自律管理。

【解读】

在本指引出台以前,国内网贷平台信息披露规范散见于《关于促进互联网金融健康发展的指导意见》《网络借贷信息中介机构业务活动管理暂行办法》《互联网金融风险专项整治工作实施方案》《P2P网络借贷风险专项整治工作实施方案》《中国互联网金融协会会员自律公约》《中国互联网金融协会信息披露自律管理规范》《互联网金融信息披露　个体网络借贷》标准(T/NIFA 1—2016)等的相关规定/要求。而在地方协会层面,上海市互联网金融行业协会主持的网贷平台会员单位信息披露工作则走在全国前列。可以预见的是,此次《网络借贷信息中介机构业务活动信息披露指引》的出台,将对中央乃至地方协会的信息披露指引产生重要参考作用,同时也将对各地正在进行中的网贷地方立法及专项整治/整改工作产生重要影响,后续很可能会将"网贷平台信息披露"纳入地方金融办的专项整治验收工作之中。

第二十五条　已开展网络借贷信息中介业务的机构,在开展业务过程中存在不符合本指引要求情形的,应在本指引公布后进行整改,整改期自本指引公布之日起不超过6个月。逾期未整改的,按照《网络借贷信息中介机构业务活动管理暂行办法》及《网络借贷信息中介机构备案登记管理指引》的有关规定执行。

【解读】

本条对网贷平台"信息披露"设置了6个月的整改期,对于已开展业务的网贷平台而言,该期限"难言足矣"。鉴于诸如"备案登记信息""专项审计报告""合规评估报告"等披露内容目前尚不具备可操作性,建议从业机构根据《网络借贷信息中介机构业务活动信息披露指引》逐项落实"披露要素",在"逐步整改"中摸索信息披露实践,并需要在此过程中,就"模糊地带"与监管部门保持沟通。

第二十六条　本指引所称不超过、以内、以下,包括本数。
第二十七条　本指引解释权归国务院银行业监督管理机构。
第二十八条　本指引自公布之日起施行。

【解读】

第二十六条至第二十八条无实质性内容,不作赘述。

结　　语

总体而言,此次指引是网贷行业步入"成熟监管"与行业阳光、透明化的又一重要标志,具有积极意义:

首先,此次以"指引+说明"形式发布新规,能够看到银监会尝试以"名词解释"的方式尽可能增进条文理解的努力。就指引内容而言,涵盖了:① 平台备案信息;② 平台运营主体公司信息;③ 平台运营主体外部机构审查信息;④ 撮合交易信息;⑤ 借款人信息;⑥ 平台重大事件等诸多方面,针对每个方面所对应的披露要点、披露对象及披露时限都有所区分和明确,行文内容详尽,具有较强的示范与实操指引意义。

其次,综观"披露要素",要求多且细,对敏感信息(国家/商业秘密/个人隐私)也提出了"豁免"。可以预见的是,网贷平台信息披露工作将大大增加,面临"信息披露人员专职化"需求。而详尽的强制信息披露要求,则可能在部分情形下面临一定障碍,典型如P2P间市场,机构合作难以透明分享借款人及借款项目信息。因此,在6个月的"整改期"下,网贷平台信息披露工作的实施会经历一个波折期乃至困惑期,有待在实践中探索与统一。

最后,随着《网络借贷信息中介机构业务活动信息披露指引》的发布,以《网络借贷信息中介机构业务活动管理暂行办法》为中心,以"备案登记管理""资金银行存管"及"信息披露"为配套的中央层级"1+3"网贷规范体系初步成形,只待"专项整治验收"之东风,国内网贷机构备案登记的帷幕眼见可触、远景可期。

六、上海网贷规范《上海市网络借贷信息中介机构业务管理实施办法（征求意见稿）》解读

上海市金融办于2017年6月1日下发关于公开征求对《上海市网络借贷信息中介机构业务管理实施办法（征求意见稿）》意见的通知，向社会公开征求意见（征求意见期间自2016年6月1日起至2017年6月30日），而在2017年2月22日，上海市金融办曾召集上海地区部分网络借贷从业机构，针对《上海市网络借贷信息中介机构业务活动管理实施办法（讨论稿）》进行内部研讨。本文将对征求意见稿进行逐条解读，并尝试略作评析。

《上海市网络借贷信息中介机构业务管理实施办法（征求意见稿）》全文共计6章41条。如此次征求意见稿落地执行，将在如下方面对上海地区网贷行业产生重大影响：

（1）网贷机构合规成本大幅提高。为完成备案登记，网贷机构需要：① 向公安机关申请获得"信息系统安全审核回执"；② 对接第三方电子数据存证平台实现电子合同存证；③ 聘请律师事务所出具"法律意见书"；④ 聘请会计师事务所出具"年审报告"和/或"专项审计报告"。而在完成备案登记后，网贷机构还需要：① 申请增值电信业务许可；② 完成网贷资金银行存管；③ 接入上海市网络金融征信系统；④ 报送会计师事务所出具的年审报告；⑤ 报送律师事务所出具的年度业务合规评估报告；⑥ 报送具有信息安全等级保护测评资质的专业机构出具的信息安全等级测评报告；⑦ 完成月度、季度报送；⑧ 提交律所出具的法律意见书（仅适用于董监高人员变更及公司合并、分立、重组、持股5%以上股东变更等情形）。该等平台义务一方面将增加网贷机构费用支出，另一方面也将增加网贷机构的时间投入成本。

（2）部分规定将引发网贷行业"剧变"。具体包括：① 网贷机构实际经营场所应与住所相同；② 存管银行应在上海市设有经营实体。前述两项要求与目前上海市网贷机构经营实践存在较大出入，可谓此次新规最为明显的两个"反

弹点"。

（3）网贷机构制度化建设进程提速。具体可能包括：① 内控制度；② 风险管理制度；③ 信息安全制度；④ 客户保护制度；⑤ 财务管理制度；⑥ 客户适当性管理制度；⑦ 客户投诉处理制度；⑧ 信息披露制度等。该等制度均无行业模板可循，制作难度较大，申请机构需要结合公司自身情况准备该等制度，且往往需要由律师协助完成。

（4）中介服务机构将扮演重要角色。具体包括：① 会计师事务所，需要由其出具"年审报告""专项审计报告"；② 律师事务所，需要由其出具"法律意见书"以及年度业务合规评估报告；③ 具有信息安全等级保护测评资质的专业机构，需要由其出具信息安全等级测评报告。此外，该等中介服务机构还有可能作为外部专业人员辅助区监管部门开展监管工作。

（5）"无证经营"将面临严法规制。对于未取得备案登记或被注销备案登记但仍实际开展网络借贷中介业务的机构，将直接按照《非法金融机构和非法金融业务活动取缔办法》处理，而该部法规的适用，一定程度上无异于将网贷机构"无证经营"与"非吸"等非法金融业务活动画上等号。

第一章 总 则

第一条 为规范本市网络借贷信息中介机构业务活动，保护出借人、借款人及相关当事人合法权益，促进行业健康发展，根据《关于促进互联网金融健康发展的指导意见》（银发〔2015〕221号）、《网络借贷信息中介机构业务活动管理暂行办法》（中国银监会令2016年第1号）及相关政策法规、监管规定，结合本市实际，制定本办法。

【解读】

本条言明立法宗旨及法律依据，包括《关于促进互联网金融健康发展的指导意见》《网络借贷信息中介机构业务活动管理暂行办法》等。相较于讨论稿发生三处实质性变化：

（1）在保护对象中删除了"网络借贷信息中介机构"，该点变化颇为微妙。

（2）删除"更好满足中小微企业和个人的投融资需求"。

（3）在法律依据中删除了《网络借贷信息中介机构备案登记管理指引》。

第二条 凡在本市注册的公司法人从事网络借贷信息中介业务,适用本办法,法律法规另有规定的除外。

【解读】

本条确立了"属人管辖"原则,规定了新规的适用范围及对象,应当符合如下四个条件:① 注册在上海市;② 主体为公司法人;③ 从事网络借贷信息中介业务活动;④ 法律法规无另行规定。基于该四个条件,排除了新规对如下三类网贷机构的适用:

(1)注册于上海市以外,同时将公司实际办公地设于上海地区的网贷机构。

(2)有限合伙企业、自然人等非公司法人主体运营的网贷机构。

(3)网贷机构运营主体(无论是否注册于上海市)设立于上海的分支机构。

本条可能引发如下问题:

分支机构为何不纳入适用范围?在此语境下,分支机构可以分为两种:① 上海网贷机构在上海设立的分支机构;② 非上海网贷机构在上海设立的分支机构。从条文来看,该两种分支机构均不适用本法。可能出现的极端案例是:如果上海和北京的网贷规范均排除对分支机构的适用,上海A网贷机构在北京开设了一家分公司a,上海和北京的监管机构都将无法依据地方规范对a分公司行使管辖权(因为按照此次新规条文,并无涉及监管部门对网贷机构分支机构监管权限的相关规定)。为避免该类极端情况,建议将分支机构纳入管辖。

第三条 网络借贷信息中介机构按照依法、诚信、自愿、公平的原则为出借人、借款人提供信息服务,维护出借人与借款人的合法权益,不得提供增信服务,不得直接或间接归集客户资金,不得非法集资,不得损害国家利益和社会公共利益。

借款人与出借人遵循借贷自愿、诚实守信、责任自负、风险自担的原则承担借贷风险。网络借贷信息中介机构承担客观、真实、全面、及时进行信息披露的责任,不承担借贷违约风险。

【解读】

本条再次重申了《网络借贷信息中介机构业务活动管理暂行办法》确立的四条"红线":① 不得提供增信服务;② 不得直接或间接归集客户资金;③ 不得非法集资;④ 不得损害国家利益和社会公共利益。

第四条　网络借贷信息中介机构应当依法健全公司治理机制,完善内部控制、风险管理、信息安全、客户保护等方面制度。

鼓励网络借贷信息中介机构引进战略投资者,增强资本实力;支持网络借贷信息中介机构聘任具有丰富金融从业经验的人员担任高级管理人员、加强员工培训教育,持续提升从业人员专业水平及职业道德水准。

【解读】

本条主要涉及四点:① 公司治理与制度;② 股东背景;③ 高管从业经历;④ 从业人员专业能力。如参考当下私募基金管理人登记实操演变,随着网贷机构备案工作的开展与行业监管的愈发成熟,今后不排除地方金融监管部门对网贷机构高管人员、从业人员专业能力等提出"监管口径"要求。

第五条　在上海市金融综合监管联席会议(以下简称"市联席会议")框架下,市金融办、上海银监局共同牵头,会同人民银行上海总部、市通信管理局、市公安局、市工商局、市网信办等相关部门,研究制定本市引导网络借贷信息中介机构规范发展的政策措施,指导推进各区政府开展网络借贷信息中介机构规范发展与行业管理相关工作。

【解读】

相较于讨论稿,本条增加了会同部门"人民银行上海总部"。本条无实质性内容,不作评述。

第六条　市金融办负责对本市网络借贷信息中介机构的机构监管;上海银监局负责对本市网络借贷信息中介机构的行为监管;市通信管理局负责对本市网络借贷信息中介机构业务活动涉及的电信业务进行监管;市公安局负责对本市网络借贷信息中介机构的互联网服务进行安全监管,依法查处违反网络安全监管的违法违规活动,打击网络借贷涉及的金融犯罪及相关犯罪;市网信办负责对金融信息服务、互联网信息内容等业务进行监管。

本市各区政府是辖内网络借贷信息中介机构业务管理和风险处置的第一责任人,在市联席会议统一领导下,接受市金融办、上海银监局等相关部门的业务指导,具体承担对注册在本辖区的网络借贷信息中介机构的日常监管、风险处置等相关工作。

【解读】

本条第一款确立了各监管主体的监管职责，基本与《网络借贷信息中介机构业务活动管理暂行办法》的规定一致。特别需要注意的是，随着《网络安全法》于2017年6月1日生效实施，网贷机构作为"网络运营者"，需要重点关注数据保护、网络安全等级保护制度、网络实名制等，在此不展开论述。

本条第二款明确上海市各区政府为辖区内网贷机构管理第一责任人，实践中上海市网贷机构监管权限仍将下放至区一级金融办，区金融办将作为本次征求意见稿所称的"区政府明确承担监管职责的部门"。

第七条 市金融办、上海银监局及各区政府应当配备专门力量，切实履行网络借贷信息中介机构监管职责。

市金融办、上海银监局及各区政府明确承担监管职责的部门（以下简称"区监管部门"）根据工作需要，可委托外部中介机构或聘请外部专业人员辅助开展部分专业性工作，并应当将相应费用支出纳入年度预算安排。

【解读】

本条第一款在讨论稿第六条第三款基础上修订而成，相关表述从讨论稿中的"组织专门力量"调整为"配备专门力量"。结合当下上海地区互联网金融监管实践，各地金融监管部门普遍存在人员短缺的"粥多僧少"局面，实践中进行互联网金融专项整治时，往往会由市金融办牵头，从各个区政府下相关部门（包括财政局、金融办、工商局等）临时抽调人员配合辖区整治工作。"配备"一词表明，上海地区网贷机构的监管部门及人员配置将区域常态化、专职化。

本条第二款系新增内容，与当下上海各地区开展互联网金融专项整治工作的做法一致，新规支持地方金融监管部门聘请诸如律师事务所、会计师事务所等为区内网贷机构监管工作提供专业服务。

第二章 备案管理

第八条 网络借贷信息中介机构备案登记按以下程序办理：

（一）网络借贷信息中介机构向注册地所在区监管部门提交书面申请材料；

（二）区监管部门通过多方数据比对、信用核查、网上核验、实地认证、现场勘查、高管约谈、部门会商等方式对申请材料进行审查后，认为提出申请的网络借贷信息中介机构初步符合备案登记相关规定的,应当在指定的媒体(网站)上就有关事项向社会公示(公示期为1个月),接受社会监督及投诉举报;

(三)公示期满后,如未发现不符合有关规定的情形,由网络借贷信息中介机构注册地所在区政府出具明确意见,与网络借贷信息中介机构相关申请材料一并函送市金融办;

(四)市金融办收到有关区政府出具的书面意见,并经征询上海银监局等市联席会议成员单位意见后,认为提出申请的网络借贷信息中介机构符合备案登记相关规定,予以办理备案登记的,应将备案登记情况及网络借贷信息中介机构相关信息向社会公示。

【解读】

相较于讨论稿,区金融监管部门对备案申请材料的审查手段增加了"信用核查""部门会商"两项。

总结网贷机构在上海地区的备案流程,具体如下:

(1)已设立并开展经营活动的网贷机构完成整改成为合规类机构(参考条款:第十一条第一款)。

(2)网贷机构准备备案申请材料并向区监管部门递交(参考条款:第八条第(一)项、第十条第一款、第十一条第二款、第十三条、第十四条)。

(3)区监管部门在申请材料齐备时受理备案申请(参考条款:第八条第(二)项、第十条第二款)。

(4)区监管部门自受理申请之日起40/50个工作日完成对新设网贷机构/已设已经营网贷机构申请材料的审查,审查期间区监管部门可要求网贷机构补正申请材料(补正时间不计入40/50个工作日时限)(参考条款:第八条第(二)项、第十二条)。

(5)申请材料通过区监管部门初步审核后在指定媒体(网站)上予以公示,公示期1个月(公示时间不计入40/50个工作日时限)(参考条款:第八条第(二)项、第十二条第三款)。

(6)公示期满未发现不合规情形,区政府出具明确意见,该意见随同申请材料函送市金融办(意见出具所需时间、函送时间无时限规定)(参考条款:第八条第(三)项)。

(7)市金融办收到区政府书面意见并征询市联席会议成员单位意见后,认为申请网贷机构符合备案规定的,予以办理备案登记并向社会公示(该阶段时限分别为新设网贷机构40个工作日,已设已经营网贷机构50个工作日)(参考条款:第八条第(四)项、第十二条第一款和第二款)。

总结新规相关条文规定,上海地区网贷机构完成备案登记用时将为:

(1)新设网贷机构用时=申请材料准备时间+申请材料递交时间+区监管部门材料齐备查验时间+申请材料补齐时间+区监管部门初审时间(40个工作日内)+申请材料补正时间+1个月公示期+区政府出具明确意见用时+函送市金融办用时+市金融办复审及询证意见用时(40个工作日内)。

(2)已设已经营网贷机构用时=区内整改通过用时+申请材料准备时间+申请材料递交时间+区监管部门材料齐备查验时间+申请材料补齐时间+区监管部门初审时间(50个工作日内)+申请材料补正时间+1个月公示期+区政府出具明确意见用时+函送市金融办用时+市金融办复审及询证意见用时(50个工作日内)。

综上,可以预见的是,上海网贷机构为完成备案登记,将不同程度经历一个漫长之旅。

第九条 监管部门同意网络借贷信息中介机构备案登记的行为,不构成对网络借贷信息中介机构经营能力、合规程度、资信状况的认可和评价。

【解读】

本条遵循《网络借贷信息中介机构备案登记管理指引》第二条第二款的相关规定及精神,即备案登记仅为地方金融监管部门对网贷机构的登记、公示并建立相关机构档案的行为,不构成对机构经营能力、合规程度、资信状况的认可和评价。

第十条 新设立的网络借贷信息中介机构申请办理备案登记的,应当提交以下申请材料:

(一)备案登记申请书。应当载明公司基本信息,包括名称、住所、注册资本、实缴资本、法定代表人、经营范围、官方网站网址及ICP备案号、相关App等移动端平台名称、服务器所在地等;

(二)企业法人营业执照正副本复印件;

(三)公司章程,以及内部控制、风险管理、信息安全、客户保护、财务管理等相关制度;

（四）经营发展战略规划；

（五）股东资料。包括各股东（股东名册内的股东不得为他人代持股份）名称（姓名）、出资金额、出资比例等情况，以及企业股东及个人股东的信用报告，个人股东户籍地公安机关出具的无犯罪记录证明等；

（六）董事、监事、高级管理人员（包括总经理、副总经理和财务、风控、法律合规、稽核审计部门负责人，及实际履行上述职务的人员；下同）资料。包括基本信息、个人简历、学历及相关专业资质证明、信用报告、户籍地公安机关出具的无犯罪记录证明等；

（七）营业场所证明材料。包括营业场所产权证明、租赁合同等（公司实际经营地应当与住所相同）；

（八）全部分支机构及其所在地、负责人；

（九）合规经营承诺书；

（十）本市公安机关网络安全部门出具的"信息系统安全审核回执"（需事前向本市公安机关网络安全部门提交符合国家网络安全相关规定和国家信息安全等级保护制度要求的证明材料）；

（十一）与第三方电子数据存证平台签订的委托合同存证的协议复印件；

（十二）律师事务所出具的网络借贷信息中介机构备案登记法律意见书；

（十三）市金融办、上海银监局根据相关规定要求提交的其他文件、资料。

区监管部门应当在网络借贷信息中介机构提交的备案登记申请材料齐备时予以受理。

【解读】

在讨论稿相关规定基础上，本条发生如下实质性变化：

（1）本条第一款第（一）项新增了网贷机构的"法定代表人""ICP备案号""服务器所在地"信息要求，并将"业务范围"调整为"经营范围"；

（2）本条第一款第（四）项删除了"主要业务模式说明"；

（3）本条第一款第（五）项所指个人股东不再特指持股5%以上的个人股东；

（4）本条第一款第（六）项增加董、监、高个人简历、学历资料要求；

（5）本条第一款第（七）项要求住所与实际经营地一致，而讨论稿对应要求为"相同或在同一政府辖区内"；

（6）本条第一款第（十）项将"保安总队"改为"部门"，且删除了讨论稿中的"三级"网安表述。

本条中存在如下问题并需要进一步释明：

（1）本条第一款第（六）项所列高管人员包括总经理、副总经理和财务、风控、法律合规、稽核审计部门负责人，该等高管岗位中哪些为必须设有的岗位，有待明确。类比于私募基金管理人登记，基金业协会明确要求申请人高管人员必须包括法定代表人及风控负责人。

（2）本条第一款第（十）项所称"符合国家网络安全相关规定和国家信息安全等级保护制度要求"，需要进一步释明安全等级的具体级别。

（3）本条要求的股东、董监高信用报告，新规不再要求该信用报告由"第三方征信机构出具"，鉴于国内征信立法尚处于初级阶段，且个人征信牌照迟迟未能实际落地，实践中常见的央行征信中心提供的个人/企业信用报告是否能够满足新规要求，有待进一步释明（央行征信中心个人信用报告介绍，http://www.pbccrc.org.cn/zxzx/grzx/ 201310/f4df4e51761540b7b5e9c71eadb8a50c.shtml；央行征信中心企业信用报告介绍，http://www.pbccrc.org.cn/zxzx/qyzx/201401/9a0174cc87ca4176ac9f8db05789a3ac.shtml）。

此外，根据该条，从业机构需要重点关注如下要点：

（1）申请机构股东不得存在股权代持情形，实操中往往需要由股东出具"无股权代持承诺函"。

（2）申请机构个人股东、董监高需由户籍地公安机关出具无犯罪记录证明。

（3）申请机构住所需与实际经营地相同，该点要求对当下从业机构影响甚大。

（4）申请机构需要与第三方电子数据存证平台签署合作协议，对接合同存证事宜，目前主流的第三方电子数据存证平台为法大大、上上签。以上上签为例，一般做法是，上上签提供外接接口，平台原有注册借贷流程不受影响，在签名和确认环节调用外接接口，完成电子签名和存证，可见，合同存证往往伴随着电子签名的制作与使用，同时上上签参考价格为8万元对应10万份合同存证，具体价格可协商。

第十一条　在本办法发布前已经设立并开展经营活动的网络借贷信息中介机构，各区监管部门应当依据P2P网络借贷风险专项整治中分类处置有关工作安排，对合规类机构的备案登记申请予以受理，对整改类机构和尚未纳入分类处置范围的机构，在其完成对照整改并经有关部门认定后受理其备案登记申请。

在本办法发布前已经设立并开展经营活动的网络借贷信息中介机构申请

办理备案登记的,除应当提交本办法第十条规定的申请材料外,还应当补充提供以下材料:

(一)在备案登记申请书中说明网络借贷信息中介业务经营总体情况及产品信息、客户数量、业务规模、待偿还金额,平台撮合交易的逾期及其处置情况,以及原有不规范经营行为的整改情况等;

(二)公司信用报告;

(三)律师事务所对网络借贷信息中介机构合规经营情况的法律意见(可与网络借贷信息中介机构备案登记法律意见书合并出具);

(四)公司上一年度会计报表及会计师事务所出具的审计报告;

(五)在财务会计报表附注中按要求披露的网络借贷信息中介业务经营信息,以及会计师事务所出具的网络借贷信息中介业务经营情况专项审计报告;

(六)市金融办要求提交的其他文件、资料。

新设立的网络借贷信息中介机构在取得备案登记前自行开展网络借贷信息中介业务的,按照本条规定办理。

【解读】

本条系关于已设已经营网贷机构申请备案登记的相关规定,在申请材料提供方面,该类网贷机构需进一步提供本条第二款所列材料。从业机构需重点关注如下:

(1)本条第二款第(二)项所列"公司信用报告",央行征信中心提供的企业信用报告是否符合该项要求,有待进一步释明。

(2)需要由中介机构出具的材料包括:律师事务所法律意见书;会计师事务所出具的年审报告;会计师事务所出具的专项审计报告。

第十二条 对新设立的网络借贷信息中介机构,区监管部门应当自受理备案登记申请材料之日起40个工作日内完成审查工作;市金融办应当自受理有关区政府出具的书面意见及网络借贷信息中介机构提交的备案登记申请材料之日起40个工作日内做出办理备案登记或不予办理备案登记的决定。

对在本办法发布前已经设立并开展经营活动的网络借贷信息中介机构,区监管部门、市金融办应当分别在50个工作日内完成审查工作、做出相关决定。

网络借贷信息中介机构备案信息公示、按要求补正有关备案登记材料的时间不计算在上述办理时限内。

【解读】

本条系关于区监管部门、市金融办审查网贷机构备案申请的时限规定,可参见第八条的相关解读,此处不再赘述。

第十三条 合规经营承诺书需对下列事项进行承诺,并由申请备案登记的网络借贷信息中介机构、持股5%以上的股东,以及网络借贷信息中介机构的董事、监事、高级管理人员共同签章确认:

(一)在经营期间严格遵守《网络借贷信息中介机构业务活动管理暂行办法》及有关监管规定,依法合规经营;

(二)同意根据监管部门要求及时接入有关监管信息系统,及时报送、上传相关数据;同意并授权合作的电子数据存证服务机构将相关存证数据按要求报送、上传监管部门;同意并授权合作的资金存管银行将资金流数据按要求报送、上传监管部门;同意并授权合作的征信机构将交易数据按要求报送、上传监管部门;

(三)同意监管部门将备案登记、日常监管中报送的相关材料向社会公示;

(四)确保及时按要求向监管部门报送真实、准确、完整的数据、资料;

(五)接受监管部门现场检查及非现场监管措施,并确保按照监管部门要求及时整改存在的问题。

【解读】

本条系关于合规经营承诺书的相关规定,相较于讨论稿并无实质性变化。合规经营承诺书的承诺内容涵盖:① 合规经营;② 接入系统并同意报送、上传各类数据;③ 同意备案登记及报送材料予以公示;④ 数据、资料报送及时真实准确且完整;⑤ 接受监管、同意整改。此外,该承诺书的盖章、签署方将包括申请机构本身、持股5%以上股东、董监高。

第十四条 律师事务所出具的网络借贷信息中介机构备案登记法律意见书,应当对网络借贷信息中介机构提交的备案登记申请材料的真实性,及其工商登记信息、股权结构、实际控制人、基本运营设施、公司章程及相关管理制度、业务模式合法合规情况等逐项发表结论性意见;为在本办法发布前已经设立并开展经营活动的网络借贷信息中介机构出具的法律意见书,还应当对网络借贷信息中介机构的经营行为是否符合《网络借贷信息中介机构业务活动管理暂行办法》及有关监管规定,以及原有不规范经营行为是否整改到位等逐项发表结论性意见。

会计师事务所为在本办法发布前已经设立并开展经营活动的网络借贷信息中介机构出具的业务经营情况专项审计报告，应当包括但不限于对网络借贷信息中介机构的客户资金存管、业务经营数据、信息披露、内部控制等重点环节的审计情况、审计意见。

网络借贷信息中介机构备案登记法律意见书的出具时间，专项审计报告的报告期截止时间，均应在网络借贷信息中介机构提交备案登记申请的前3个月之内。

【解读】

本条系关于中介机构出具意见书、报告的相关要求及规定：

（1）法律意见书。地方金融监管部门寻求律师事务所法律意见书作为网贷机构备案登记要件材料的做法，与近年来的私募基金管理人登记法律意见书做法颇为相似。从新规全文来看，无论新设抑或已存续网贷机构，均需要该"法律意见书"，就该条所列法律意见书之内容，在"申请材料真实性""运营基本设施""相关制度""业务模式合法合规情况"方面，均无"行业通范"可循，具体如下：

第一，申请材料真实性。就律师非诉业务实践而言，关于任何材料或证明文件的"真实性"结论均需要依托于"某几项假设前提"，律师核查申请材料真实性的难度极大且核查手段极为有限。

第二，运营基本设施。该项核查要点可能指向网贷机构的办公场所硬件条件、办公设备、公司部门及人员设置、网络安防与应用级灾备系统设施以及数据与信息保护等。

第三，相关制度。该项核查要点可能指向网贷机构各项公司风控及项目管理制度，具体可能包括：① 内控制度；② 风险管理制度；③ 信息安全制度；④ 客户保护制度；⑤ 财务管理制度；⑥ 客户适当性管理制度；⑦ 客户投诉处理制度；⑧ 信息披露制度等。该等制度均无行业模板可循，制作难度较大，申请机构需要结合公司自身情况准备该等制度，且往往需要由律师协助完成。

第四，业务模式合法合规情况。实践中，网贷机构业务模式多样，基于《网络借贷信息中介机构业务活动管理暂行办法》：① 言之凿凿"直接借贷"；② 禁止特定类型债权转让；③ 较为严苛的混业禁止，同时结合目前国内各地互联网金融专项整治之近况，网贷机构之业务模式是否仍仅限于狭义的"直接借贷"，尚无明确的监管意见定论。换言之，"超级放贷人模式""机构债权转让模式"等，仍有较大的市场空间。因此，以"债转模式"为典型代表的各类业务模式，在目前旺盛的行业需求与不置可否的监管态度之下，实难发表明确、无保留的律师意见。

总体而言,就本条第一款所言之"法律意见书",无行业标准,无通范模板,尚无相关指引,具有较大的"可创造性",且进一步加剧了律师事务所在出具"法律意见书"时的"工作难度"与"工作强度"。如何平衡好地方金融监管部门寻求律所背书诉求与执业风险考量下的保留性律师意见发表,有待于更多备案登记案例的积累与积淀。

（2）专项审计报告。该报告仅针对已设已经营网贷机构出具,审计内容及审计意见应涵盖:

第一,客户资金存管,鉴于新规明确了"备案登记"为"银行存管"之前提,专项审计报告中的"客户资金存管"不宜限于"网贷资金银行存管"。

第二,业务经营数据,具体将包括资金规模、客户数量、逾期情况、待偿金额等。

第三,信息披露,具体将包括业务数据披露以及借款项目信息披露等。

第四,内控制度,具体可能包括:①融资项目开发与尽职调查制度;②融资项目内部审批制度;③融资项目贷后管理制度;④反欺诈制度等。

与"法律意见书"类似,网贷机构"专项审计报告"无行业标准,无通范模板,尚无相关指引,有待实践案例的积累与积淀。

本条第三款明确了"法律意见书"与"专项审计报告"3个月的有效期。

第十五条　网络借贷信息中介机构取得备案登记后,应当在6个月内完成以下事项:

（一）涉及经营增值电信业务的,应当按照通信主管部门有关规定申请相应的业务资质;

（二）选择在本市设有经营实体且符合相关条件的商业银行进行客户资金存管。

网络借贷信息中介机构应当在上述每一事项办理完成后5个工作日内,通过注册地所在区监管部门,向市金融办书面报备。

【解读】

本条较之于讨论稿,发生了重大变化:

（1）关于增值电信业务许可。本条第一款第（一）项的相关表述较之于《网络借贷信息中介机构业务活动管理暂行办法》第五条第四款、《网络借贷信息中介机构备案登记管理指引》第十三条的相关表述,发生了较为明显的变化,行文采取了"涉及……的,应当……"的格式,即,如果不涉及经营增值电信业务的,则无需申请相应的业务资质。简言之,该等语句表述从文义理解来看,等同于将"是否涉及经营增值电信业务"交由了网贷机构自行判断,仍然将实践中的网贷机构业务分化为"涉及增值电信业务"与"不涉及增值电信业务"两类。如笔者此前在其他文章中反复论述与分析的,目前尚无关于网贷机构申请增值电信业务经营许可的相关细则/指南,网贷机构所涉及的增值电信业务类型具体指向在线数据处理与交易处理业务还是信息服务业务,抑或属于该两类业务的混合,尚无定论,但网贷业务需要申请增值电信业务许可是有行业及监管共识的,此次新规关于增值电信业务许可的条款表达,易引发条文误解,建议作出修改。

(2)关于存管银行的选择。本条第一款第(二)项对存管银行提出了两项要求:第一,应为商业银行,具体可提供存管服务的主体将包括全国性商业、城市商业银行以及农村商业银行等;第二,符合相关条件,我们理解该要求系指向《网络借贷资金存管业务指引》第三章的相关规定。

(3)应在上海市设有经营实体,经上海市金融办相关人员进一步释明,此处"经营实体"包括总行、分行、支行三类,存管银行在上海市设有三类中的任何一类,即满足本款规定。该规定如正式落地,将对目前网贷资金银行存管实践造成重大影响。无论上海地区监管部门是否出于属地监管便利性考量,抑或出于其他考量,笔者建议针对该新规多作斟酌,因为该规定落地意味着实践中大量在上海无分支机构的银行将没有在上海地区从事存管业务的资格,同时业已签署银行存管协议甚至已上线银行存管系统的平台,将被迫面临存管银行对接的"二次征程"。在上海设有经营实体的商业银行,多为大型国有银行、股份制商业银行以及部分规模较大的民营银行和城商银行,该等银行缺乏进入网贷资金存管业务领域的动力,又具有颇为繁复曲折的内部过审机制,难以成为网贷资金存管业务的有力服务方,存管银行属地原则的执行将加剧上海网贷机构完成银行存管难度,进而抬高网贷机构的运营成本,而该等成本又将或多或少转嫁至平台用户,对上海地区网贷行业发展难言"利大于弊"(商业银行银监会官方查询渠道,读者可查阅商业银行名录并进入银行官网查询银行分支机构设立情况,http://www.cbrc.gov.cn/chinese/jrjg/index.html)。

第十六条 网络借贷信息中介机构发生下列变更事项之一的,应当在5个工作日内,通过注册地所在区监管部门,向市金融办申请备案信息变更登记:

(一)变更名称;

(二)变更住所;

(三)变更组织形式;

（四）变更注册资本；

（五）调整业务范围；

（六）变更法定代表人及董事、监事、高级管理人员；

（七）分立、合并、重组，或变更持股5%以上的股东；

（八）设立或者撤并分支机构；

（九）合作的资金存管银行变更；

（十）增值电信业务经营许可证变更；

（十一）监管部门要求的其他事项。

取得备案登记的网络借贷信息中介机构办理变更登记的，应当提交变更登记申请书，相关合同、协议等证明材料；涉及第（六）、（七）项变更的，还应提交律师事务所出具的法律意见书。

【解读】

相较于讨论稿，本条增加第二款规定，即针对变更法定代表人及董事、监事、高级管理人员，以及分立、合并、重组，或变更持股5%以上的股东两种情形，需要提交"法律意见书"。而对"法律意见书"的具体内容及要求，有待后续出台业务细则及指引。

第十七条　取得备案登记的网络借贷信息中介机构计划终止网络借贷信息中介服务的，应当在终止业务前至少提前10个工作日，通过注册地所在区监管部门书面告知市金融办，并注销备案登记。

取得备案登记的网络借贷信息中介机构依法解散或者依法宣告破产的，除依法进行清算外，由注册地所在区监管部门提请市金融办注销其备案登记。

【解读】

本条无实质性内容，不作赘述。

第三章　风险管理与客户保护

第十八条　网络借贷信息中介机构应当接入本市网络金融征信系统（接入时间应当在取得备案登记后3个月内，条件成熟时应当及时接入金融信用信息基础数据库），并依法提供、查询和使用有关信用信息。

【解读】

本条所称"本市网络金融征信系统",是否指向上海资信有限公司的网络金融征信系统(NFCS),有待进一步明确。

第十九条 网络借贷信息中介机构应当在其互联网平台及相关文件、协议中以醒目方式向出借人提示网络借贷风险、禁止性行为,明示出借人风险自担,并应经出借人确认。

【解读】

本条无实质性内容,网贷机构可在相关协议中进行条款安排以符合本条的要求。

第二十条 网络借贷信息中介机构应当建立客户适当性管理制度。

网络借贷信息中介机构应当对出借人的年龄、财务状况、投资经验、风险偏好、风险承受能力等进行尽职评估,不得向未进行风险评估和风险评估不合格的出借人提供交易服务。

网络借贷信息中介机构应当对借款人的年龄、身份、借款用途、还款能力、资信情况等进行必要审查,避免为不适当的借款人提供交易服务。

【解读】

本条明确提出了"客户适当性管理制度"要求。第二款系对《网络借贷信息中介机构业务活动管理暂行办法》第二十六条第二款的"复制"。第三款进一步对网贷机构提出了对借款人相关信息进行必要审查的要求。相较于讨论稿,针对借款人的审查,从"严格审查"调整为"必要审查",两字之差,差之千里,该等变化大幅度减轻了网贷机构的审查难度,松绑了网贷机构的审查义务。

此外,我们考察国内金融领域的"投资者适当性制度",相关规定散见于《信托公司集合资金信托计划管理办法》(第六条)、《信托公司受托境外理财业务管理暂行办法》(第十三条)、《证券公司监督管理条例》(第二十九条、第八十四条)、《证券登记结算管理办法》(第二十一条、第二十四条)、《证券公司代销金融产品管理规定》(第六条、第十一条及第十二条)、《证券投资基金销售管理办法》(第五十九条、第六十条、第六十一条及第六十三条)、《证券投资基金销售适用性指导意见》、《私募投资基金监督管理暂行办法》(第十一条、第十二条及第十三条)、《中国保监会关于保险资产管理公司开展资产管理产品业务试点有关问题的通知》、《商业银行理财产品销售管理办法》(第三十一条)等。可发现我国已经在多个金融产品市场初步建立了投资者适当性规则体系,但相关规定层级偏低且较为分散,没有形成统一的、具有普遍约束力的制度体系。在网贷领域提出"客户适当性管理制度"要求,本质上监管层希望从业机构自行摸索,待形成行业惯例后再行以立法形式跟进。

第二十一条 网络借贷信息中介机构应当建立客户信息安全保护及投诉处理制度,不得不当使用、泄露客户信息,对客户投诉应当依法、及时答复处理。

【解读】

本条明确提出"建立客户信息安全保护及投诉处理制度"要求,旨在保护用户个人信息,强化用户保护。国内个人信息保护立法虽然相对滞后且分散,但伴随着"大数据发展"及《网络安全法》的实施,个人信息保护在国内将日趋完善与严格,笔者提请各位读者重点关注《网络安全法》及《关于办理侵犯公民个人信息刑事案件适用法律若干问题的解释》,在此不予展开。

第二十二条 网络借贷信息中介机构应当建立信息披露制度,严格按照有关行业监管制度、自律准则开展信息披露;鼓励网络借贷信息中介机构结合自身实际,更加全面、及时地向社会公众、平台客户进行信息披露。

【解读】

本条系关于网贷机构信息披露的要求,且无实质性内容。网贷机构信息披露强制性规范则于2017年8月23日印发(《网络借贷信息中介机构业务活动信息披露指引》,实际于8月25日向社会公布)。《网络借贷信息中介机构业务活动信息披露指引》共包含四章、二十八条,并包括附件《信息披露内容说明》,以"指引+说明"形式发布新规,能够看到银监会尝试以"名词解释"的方式尽可能增进条文理解的努力。就指引内容而言,涵盖了:① 平台备案信息;② 平台运营主体公司信息;③ 平台运营主体外部机构审查信息;④ 撮合交易信息;⑤ 借款人信息;⑥ 平台重大事件等诸多方面,针对每个方面所对应的披露要点、披露对象及披露时限都有所区分和明确,行文内容详尽,具有较强的示范与实操指引意义(相关解读详见本书"规范解读篇"第五部分)。

第四章　监督管理

第二十三条　市金融办负责本市网络借贷信息中介机构的机构监管,上海银监局协助、配合市金融办开展相关工作,包括办理网络借贷信息中介机构备案及变更、注销登记,组织、指导各区监管部门、相关行业自律组织对网络借贷信息中介机构经营数据进行统计分析、做好相关风险防范处置等。

上海银监局负责本市网络借贷信息中介机构的日常行为监管。市金融办协助、配合上海银监局组织开展合规认定、非现场监测与现场检查、投资者保护等行为监管工作。

各区监管部门接受市金融办、上海银监局的业务指导,具体承担对辖内网络借贷信息中介机构的日常监管职责。

国家有关部门对网络借贷信息中介机构业务管理职责分工另有规定的,从其规定。

【解读】

本条明确了各监管主体的监督管理职责,相较于讨论稿发生较大的内容调整。本条无实质性内容,不作赘述。

第二十四条　上海市互联网金融行业协会等行业自律组织接受相关监管部门的指导、监督,开展本市网络借贷信息中介行业自律管理,并履行下列职责:

(一)制定信息披露、产品登记、从业人员管理等方面的自律规则,以及有关行业标准并组织实施,教育会员遵守法律法规及有关行业监管规定;

(二)依法维护会员的合法权益,协调会员关系,组织相关培训,向会员提供行业信息、法律咨询等服务,调解会员纠纷;

(三)接受有关投诉、举报,开展自律检查;

(四)法律法规、有关行业监管规定及监管部门赋予的其他职责。

【解读】

本条系关于上海地区互金行业自律组织的规定,较之于讨论稿,本条删除了"成立网络借贷专业委员会"内容。本条无实质性内容,不作赘述。

第二十五条　网络借贷信息中介机构应当实行自身资金与出借人和借款人资

金的隔离管理，并选择符合条件的商业银行作为出借人与借款人的资金存管机构。

资金存管机构对出借人与借款人开立和使用资金账户进行管理和监督，并根据合同约定，对出借人与借款人的资金进行存管、划付、核算和监督。

资金存管机构承担实名开户、履行合同约定及借贷交易指令表面一致性的形式审核责任，但不承担融资项目及借贷交易信息真实性的实质审核责任。

资金存管机构应当按照有关行业监管规定报送数据信息并依法接受相关监督管理。

【解读】

本条系关于网贷资金银行存管的原则性规定，与《网络借贷信息中介机构业务活动管理暂行办法》《网络借贷资金存管业务指引》的相关规定保持一致，此处不作赘述。

第二十六条　网络借贷信息中介机构应当在下列重大事件发生后，立即采取应急措施，并通过注册地所在区监管部门向市金融办、上海银监局报告情况：

（一）因经营不善等原因出现重大经营风险；

（二）网络借贷信息中介机构或其董事、监事、高级管理人员发生重大违法违规行为；

（三）因商业欺诈行为被起诉，包括违规担保、夸大宣传、虚构隐瞒事实、发布虚假信息、签订虚假合同、错误处置资金等行为。

各区监管部门应当建立本辖区网络借贷信息中介机构重大事件的发现、报告和处置制度，制定处置预案，及时、有效地协调处置有关重大事件。

市金融办应当及时将本市网络借贷信息中介机构重大风险及其处置情况报送市政府、国务院银行业监督管理机构和中国人民银行。

【解读】

本条可视为《网络借贷信息中介机构业务活动管理暂行办法》第三十六条的"复制版"，此处不作赘述。

第二十七条　网络借贷信息中介机构发生下列情形的，应当在5个工作日内通过注册地所在区监管部门向市金融办、上海银监局报告：

（一）因违规经营行为被查处或被起诉；

（二）董事、监事、高级管理人员发生违反境内外相关法律法规的行为；

（三）监管部门要求报告的其他情形。

【解读】

本条可视为《网络借贷信息中介机构业务活动管理暂行办法》第三十七条的"复制版"，此处不作赘述。

第二十八条　每年度结束后，网络借贷信息中介机构应当聘请会计师事务所对本公司财务会计报告、网络借贷信息中介业务经营情况进行审计，聘请律师事务所对本公司业务合规情况进行评估，聘请具有信息安全等级保护测评资质的专业机构对本公司信息系统安全等级情况进行测评，并应在上年度结束后4个月内向注册地所在区监管部门报送相关审计报告、评估报告及信息安全等级测评报告。

网络借贷信息中介机构应当于每月5日前，向注册地所在区监管部门报送上月经营情况统计表、财务会计报表；于每季度首月10日前，向注册地所在区监管部门报送合规经营情况自评报告。

各区监管部门应当在每月10日前，向市金融办、上海银监局报送辖内网络借贷信息中介机构上月经营情况汇总统计表、相关财务会计报表；于每季度首月15日前，向市金融办、上海银监局报送辖内网络借贷信息中介机构合规经营情况分析报告。

【解读】

本条主要系关于网贷机构报送义务的相关规定，具体包括：

（1）年审报告报送，当年4月底前报送上一年度年审报告。

（2）年度业务合规评估报告报送，由律师事务所出具，当年4月底前报送上一年度业务合规评估报告。仅从条文文义理解，笔者认为业务合规评估报告的出具难度更甚于"法律意见书"，因为需要对网贷机构在一整个年度内的业务开展情况的合规性进行评估，从极端角度理解，这意味着网贷机构在一年内发生的所有合作业务、融资项目等均需要纳入评估，不仅工作量极其庞大，且"合规"二字所涵盖的评估范围，难言"边界"。基于此，我们建议市金融办后续针对律所出具的业务合规评估报告内容予以释明，并进一步出台业务指引。

（3）信息安全等级测评报告报送，由具有信息安全等级保护测评资质的专业机构出具，当年4月底前报送上一年度信息安全等级测评报告。

（4）月度报送，每月5日前报送上月经营情况统计表、财务会计报表。

（5）季度报送，每季度首月10日前报送合规经营情况自评报告。

第二十九条　市金融办可以根据本办法和有关行业监管规定，指导各区监管部门对备案登记的网络借贷信息中介机构进行评估分类，并可将分类结果向社会公示。

【解读】

本条系对网贷机构评估分类的原则性规定。《网络借贷信息中介机构业务活动管理暂行办法》第五条第五款明确"网络借贷信息中介机构备案登记、评估分类等具体细则另行制定"。目前关于网贷机构的评估分类，尚无细化规则，如其最终采取"评级"模式，则将极大地吸引网贷机构寻求"优/A"评级，从而成为平台的"隐性"背书。

第三十条　市金融办、上海银监局、各区监管部门应当会同各有关方面，加强对网络借贷信息中介机构的社会信用联合激励和惩戒，在行业内促进形成守信受益、失信受限的诚信氛围。

【解读】

相较于讨论稿，本条系新增条款，无实质性内容，不作赘述。

第三十一条　市金融办、上海银监局应当会同相关部门，共同推动建设本市网络借贷信息中介机构监管信息系统，逐步将本市网络借贷信息中介机构的基本信息、业务信息、信用信息、监管信息、风险预警信息等纳入系统进行动态管理，促进建立健全监管信息共享与工作协同机制。

【解读】

本条无实质性内容，不作赘述。

第五章　法律责任

第三十二条　网络借贷信息中介机构违反法律法规和网络借贷有关监管规定，有关法律法规有处罚规定的，依照其规定给予处罚；有关法律法规未作处罚规定的,监管部门可以采取监管谈话、出具警示函、责令改正、通报批评、将其违法违规和不履行承诺等情况记入诚信档案并公布等监管措施,以及给予警告、人民币3万元以下罚款和依法可以采取的其他处罚措施;涉嫌犯罪的,移送有关部门依法处理;相关信息按规定报送有关公共信用信息平台。

网络借贷信息中介机构违反法律规定从事非法集资或欺诈活动的,按照相关法律法规和有关工作机制处理;涉嫌犯罪的,移送有关部门依法处理。

【解读】

本条可视为《网络借贷信息中介机构业务活动管理暂行办法》第四十条的"复制版"。根据该条,网贷机构罚则主要包含两层内容:

(1)违法行为,处罚手段包括"工商登记注册地方金融监管部门可以采取监管谈话、出具警示函、责令改正、将其违法违规和不履行公开承诺等情况记入诚信档案并公布等监管措施,以及给予警告、人民币3万元以下罚款和依法可以采取的其他处罚措施"。

(2)犯罪行为(非法集资、欺诈),处罚手段为"依法追究刑事责任"。

第三十三条 取得备案登记的网络借贷信息中介机构有下列情形之一的,上海银监局、注册地所在区监管部门可以建议市金融办注销其备案登记,市金融办也可以直接注销其备案登记:

(一)通过虚假、欺骗手段取得备案登记的;

(二)严重违反有关法律法规及行业监管规定的;

(三)监管部门通过实地调查、电话联系及其他监管手段仍对企业和企业相关人员查无下落;或虽然可以联系到企业一般工作人员,但其并不知悉企业运营情况也不能联系到企业实际控制人的;

(四)取得备案登记后6个月内未开展网络借贷信息中介业务,或停止开展网络借贷信息中介业务连续满6个月的;

(五)拒不落实有关监管工作要求的。

市金融办应将注销网络借贷信息中介机构备案登记情况向社会公示,并函告上海银监局、市公安局、市工商局、市通信管理局、市网信办等相关部门。

【解读】

本条系关于网贷机构"被动注销备案登记"的规定,相较于讨论稿,本条第一款第（三）项可视为对讨论稿中"备案登记后无法取得联系的"这一情形的释明。在本条中，触发"被动注销备案登记"的具体情形均进行了明确列明，此处不再赘述。

第三十四条 网络借贷信息中介机构的股东、实际控制人及董事、监事、高级管理人员在公司设立及经营过程中弄虚作假，或损害网络借贷信息中介机构及其他利益相关方合法权益的，市金融办、上海银监局及注册地所在区监管部门可将相关情况通报有关部门、报送有关公共信用信息平台，并按规定对相关责任人员实施市场和行业禁入措施；涉嫌犯罪的，移送有关部门依法处理。

【解读】

本条系关于网贷机构股东、实际控制人、董监高的罚则规定，相较于讨论稿，删除了"向社会公开"内容，增加了"报送有关公共信用信息平台，并按规定对相关责任人员实施市场和行业禁入措施"表述。此处不再赘述。

第三十五条 出借人及借款人违反法律法规及网络借贷有关监管规定的，依照有关规定给予处罚；涉嫌犯罪的，移送有关部门依法处理。

【解读】

本条可视为《网络借贷信息中介机构业务活动管理暂行办法》第四十一条的"复制版"，此处不再赘述。

第三十六条 在网络借贷信息中介机构备案登记、日常监管过程中出具审计报告、法律意见书、测评报告等文件的专业机构和人员，应当按照相关执业规则规定的工作程序出具相应文件，并应对其所出具文件内容的真实性、准确性和完整性进行核查和验证；市金融办、上海银监局及各区监管部门发现相关文件中存在虚假记载、误导性陈述或重大遗漏的，可将相关情况向社会公示，并移送有关行业主管部门、相关行业自律组织处理。

【解读】

相较于讨论稿，本条系新增内容，属于对中介服务机构执业的规定。以律所"法律意见书"及"业务合规评估报告"为例，该等业务执业风险较高，需要在执业过程中充分制作业务文件底稿,保证核查过程留痕。执业风险后果可参考私募基金管理人登记的相关律所被警示案例。

第六章 附 则

第三十七条 网络借贷信息中介机构的业务规则、风险管理、信息披露,以及出借人与借款人保护等相关事宜,按照《网络借贷信息中介机构业务活动管理暂行办法》及相关监管规定执行。

【解读】

本条无实质性内容,不作赘述。

第三十八条 网络借贷信息中介机构设立的分支机构无需办理备案登记。

各区监管部门应当将本辖区备案登记的网络借贷信息中介机构设立分支机构情况,及时告知分支机构所在地的市(区、县)监管部门。

【解读】

本条第一款的规定与《网络借贷信息中介机构备案登记管理指引》第三条的规定保持一致。

第三十九条 在本办法发布前已经设立并开展经营活动的网络借贷信息中介机构不符合相关监管规定的,除违法犯罪行为依法追究刑事责任外,应当根据《网络借贷信息中介机构业务活动管理暂行办法》的相关规定或有关监管部门在互联网金融风险专项整治过程中的监管要求及时进行整改;在规定或要求的整改时限内无法完成整改的,应向注册地所在区监管部门提交书面报告并说明原因及后续整改计划,经注册地所在区监管部门同意后,应在要求的时间内完成整改并及时递交申请材料。

【解读】

相较于讨论稿,本条删除了"整改时限一般不得超过2017年6月30日"的要求,结合目前上海地区互联网金融专项整治进展情况,分析原因主要有二:

(1)上海地区网贷机构数量众多,业务模式复杂,现场检查及整改通知都难以在第二季度完成,何言整改完成?

（2）互金专项整治实践中,未被纳入整改名单的机构不在少数,对于该类机构,需要在后续再行开展专项检查及整改工作,这将进一步延后整改期限。

第四十条　未取得备案登记或被注销备案登记,但实际从事网络借贷信息中介业务的机构,根据违法违规实际情况和情节轻重,按照《非法金融机构和非法金融业务活动取缔办法》等相关规定予以处理。

【解读】

相较于讨论稿规定的适用《上海市人民政府关于印发本市进一步做好防范和处置非法集资工作实施意见的通知》(沪府发〔2016〕19号),针对网贷机构的"无证经营"情况,新规明确按照《非法金融机构和非法金融业务活动取缔办法》进行处理。原因在于作为地方法规的《上海市人民政府关于印发本市进一步做好防范和处置非法集资工作实施意见的通知》规定较为笼统,不太具有"可操作性",而《非法金融机构和非法金融业务活动取缔办法》列明了各类非法金融业务活动具体情形,且在取缔程序、债权债务清理清退以及罚则等方面进行了明确的规定,具有较强的适用性与操作性。

第四十一条　本办法自2017年　月　日起施行,有效期5年。

【解读】

五年有效期对于一个地方法规而言略显"漫长"。本条无实质性内容,不作赘述。

结　语

行文至此,对此次征求意见稿作如下评述:

（1）法规名为《上海市网络借贷信息中介机构业务管理实施办法(征求意见稿)》,"备案管理"基本贯穿了全文,通篇三分之一有余的内容专章详述"备案管理"。此外条文内容还包括不小篇幅的"复制版"条文,多取自《网络借贷信息中介机构业务活动管理暂行办法》及《网络借贷信息中介机构备案登记管理指引》。作为地方监管细则,对于诸如"债转""直接借贷""变相"等概念界定,并无涉及;对于诸如《网络借贷信息中介机构业务活动管理暂行办法》中的"应当""不得""禁止"条款,并无涉及。此为征求意见稿之"憾"。

(2)新规在不少规则设置上与《厦门市网络借贷信息中介机构备案登记管理暂行办法》保持一致,且有其独创性,若干条文闪现"亮点"。如"中介服务机构在网贷监管及备案登记中的引入""第三方电子数据存证平台""接入监管信息系统"以及"接入网络金融征信系统"等,同时新规回避了《网络借贷信息中介机构业务活动管理暂行办法》提出的"在经营范围中实质明确网络借贷信息中介"要求,可视为上海市金融办对网贷机构备案管理前"变更经营范围"的松绑。此为征求意见稿之"新"。

(3)新规部分条文与上海地区网贷行业实践存在显著的"出入",典型如"网贷机构实际经营场所应与住所相同"以及"存管银行应在上海市设有经营实体"两点要求,该等条文的落地实施将对上海地区网贷机构经营及行业发展造成显见的影响,建议酌情调整以回应实践需求。此为征求意见稿之"盼"。

总体而言,伴随着互联网金融专项整治工作在全国各地的深入推进,我们欣然于各地监管细则等的陆续"亮相",尤其以"上海"作为行业"发轫"与"热烈生长"之地,其每一项政策的出台都将引起举国关注。国内网贷行业监管将逐渐走出"道路阻且长,不如高卧且加餐"的过往,日趋明朗化、成文化、具象化。此为国内网贷行业之"幸"。

七、现金贷规范整顿——《关于规范整顿"现金贷"业务的通知》以降,现金贷何去何从

2017年12月1日,互联网金融风险专项整治工作领导小组办公室(以下简称"互金整治办")与P2P网贷风险专项整治工作领导小组办公室(以下简称"P2P整治办")联合下发《关于规范整顿"现金贷"业务的通知》,对国内"现金贷"业务提出了较为详尽的监管要点。笔者结合近年来参与部分地区互联网金融风险专项整治工作经历,以及各类互联网金融企业法律服务实践,尝试对《关于规范整顿"现金贷"业务的通知》进行解读,以期抛砖引玉,并为行业参与者提供有益参考。

整体评述:

第一,在全国金融工作会议定调"加强互联网金融监管"之后,伴随着近期社会舆论对于"现金贷"的持续"口诛笔伐",《关于规范整顿"现金贷"业务的通知》千呼万唤始出来,整体呈现为父爱主义"严监管"。

第二,《关于规范整顿"现金贷"业务的通知》名为"现金贷"业务规范整顿,前期常用的"清理"一词被置换为"规范",一定程度上代表着监管对现金贷的些许肯定。

第三,实际规制对象众多,包括银行业金融机构、小额贷款公司(包括网络小额贷款公司)、P2P网贷平台以及其他各类"现金贷"业务参与主体。对于"现金贷"业务"四无"特征的总结,摈弃了"借款期限""借款金额"考量要素,一定程度上表现出"扩张认定"趋向。

第四,针对"现金贷"业务和P2P网贷业务利率限制基本做出了"一刀切"划定,条款呈现出较为浓厚的"借款人保护"色彩,典型如"KYC原则""冷静期""贷款展期次数限制"等。

第五,小额贷款公司可能面临"中央收编"统一监管,严格管制小额贷款公司资金融入杠杆,禁止"出表"要求将大大缩减实践中的小额贷款公司场内ABS业务开展。"停新增,清存量"整顿思路显而易见,随后到来的将是关于网

络小额贷款公司的专项整治方案。

第六,助贷机构业务开展遭受"沉重"打击,强调"助贷"业务本源属性的回归,意味着增信/变相增信模式宣告终结,银行理财资金禁止"入市"要求将进一步压缩助贷业务资金来源,而"息费"禁止收取以及"核心业务外包"禁止要求将颠覆助贷机构与银行业金融机构开展合作的本质业务逻辑,引发助贷市场强震。

第七,P2P网贷平台"核心工作外包"禁止将对"纯资金平台"造成重大不利影响,所谓的"信贷工厂""资金端资产端分离型P2P"将面临转型,"P2P间市场"亦成为空谈。

第八,条文理解层面仍存在不少"模糊",例如"综合资金成本涵盖范围""年化折算标准""四无特征界定"等。

第九,对于"数据驱动"的谨慎态度,以及对"大数据"的"怀疑"态度,一定程度上表现出对国内金融科技发展的信心缺失。

第十,多次强调地方落实,提出属地责任与跨区域协同相结合,但如何解决既往互联网金融风险专项整治中的"整治力度区域不统一"问题,有待后续观望。

逐条解读:

各省(自治区、直辖市)互联网金融风险专项整治工作领导小组办公室、网络借贷风险专项整治联合工作办公室:

【解读】

从《关于规范整顿"现金贷"业务的通知》下发对象来看,主要包括省级互金整治办和P2P整治办。

从国办发〔2016〕21号《互联网金融风险专项整治工作实施方案》来看,互金整治办设在人民银行,由人民银行负责同志担任组长,银监会、证监会、保监会、工商总局和住房城乡建设部等派员参与办公室日常工作。在地方层面,则由各省级人民政府成立以分管金融的负责同志为组长的地方互金整治办。

从银监发〔2016〕11号《P2P网络借贷风险专项整治工作实施方案》来看,P2P整治办的组长单位为银监会,其他成员单位包括中央宣传部、中央维稳办、发展改革委、工业和信息化部、公安部、财政部、住房城乡建设部、人民银行、工商总局、法制办、国家网信办、国家信访局、最高人民法院、最高人民检察院。在地方层面,则在各省级人民政府统一领导下,设立地方P2P整治办,由省金融办(局)和银监会省级派出机构共同负责,办公室成员由省级人民政府根据工作需要确定相关部门组成,具体组织实施专项整治工作。

可以预见,此次《关于规范整顿"现金贷"业务的通知》下发后,各地互金整治办和P2P整治办将据此开展新一轮的辖区内专项整治。

近期,具有无场景依托、无指定用途、无客户群体限定、无抵押等特征的"现金贷"业务快速发展,在满足部分群体正常消费信贷需求方面发挥了一定作用,但过度借贷、重复授信、不当催收、畸高利率、侵犯个人隐私等问题十分突出,存在着较大的金融风险和社会风险隐患。

〖解读〗

本段表述并未给出"现金贷"业务定义,但明确了"现金贷"业务的"四无"特征和"五大问题"。对比2017年4月P2P整治办先后下发的《关于开展"现金贷"业务活动清理整顿工作的通知》(网贷整治办函〔2017〕19号)和《关于开展"现金贷"业务活动清理整顿工作的补充说明》(网贷整治办函〔2017〕20号),以及银监会下发的《中国银监会关于银行业风险防控工作的指导意见》(银监发〔2017〕6号)中关于"现金贷"业务特征、突出问题的相关表述,可从中一窥监管部门的认知变化:

规范文件名称	特征/突出问题描述
关于开展"现金贷"业务活动清理整顿工作的通知	利率畸高
	风控基本为零,坏账率极高,依靠暴利覆盖风险
	利滚利让借款人陷入负债危机
关于开展"现金贷"业务活动清理整顿工作的通知	平台利率畸高
	实际放款金额与借款合同金额不符
	无抵押,期限短
	依靠暴利覆盖风险,暴力催收
中国银监会关于银行业风险防控工作的指导意见	出借人资金来源合法性
	欺诈
	虚假宣传
	违法高利贷
	暴利催收
	备注:《中国银监会关于银行业风险防控工作的指导意见》关于"现金贷"业务的相关表述仅指向"网贷机构业务开展"

（续表）

规范文件名称	特征/突出问题描述	
	特　征	突出问题
关于规范整顿"现金贷"业务的通知	无场景依托	过度借贷
	无指定用途	重复授信
		不当催收
	无客户群体限定	畸高利率
	无抵押	侵犯个人隐私

结合上表，无场景依托、无指定用途、无客户群体限定、无抵押的"四无"特征描述，回避了业内广泛认知的"期限短""金额小"标准，适用范围较为宽泛，"无特定场景/用途的非限定客群信贷"均被纳入"现金贷"业务范畴。

（1）无场景依托：即借款用户的借款需求应当产生于特定的场景，"场景"一词可理解为包括"消费场景""生产经营场景"以及"负债管理场景"等，与各细分场景相对应，借款需求会产生于诸如3C产品购买、医疗/培训/美容/旅游需求、企业货物采购以及个人/企业归还金融机构债务等。

（2）无指定用途：借款用途属于场景的延伸，在场景特定化之后，借款用途往往也将确定。具体到实践中，"消费""经营周转"等借款用途宽泛表达极为常见，缺乏对于借款资金流向的锁定和借款实际用途的贷后追踪。因此，从严理解，指定用途之"指定"，需要与借款用户场景需求相匹配，且进一步需要通过资金流锁定或贷后跟踪等方式加以限定或验核，否则都将归入"无指定用途"。

（3）无客户群体限定：该点所称"限定"可以从多个角度理解，例如借款用户职业（公务员、律师、医生）、借款用户性别、借款用户学历、借款用户年龄以及借款用户的某项共有特征（信用卡持卡群体）等。

（4）无抵押：此处"抵押"应扩展为"抵质押"理解，是否也应包括部分情形下的"保证"，有待后续专项整治工作开展过程中的进一步认定，例如，借款人用户自行提供保证人，由保证人提供保证担保情形。

笔者认为，《关于规范整顿"现金贷"业务的通知》对于"现金贷"业务的"四无"特征总结，在后续整治实践中可能面临如下困惑：

第一，"无场景依托、无指定用途、无客户群体限定、无抵押"表达中，顿号的使用表明四个特征属于并列关系，是否意味着同时符合方可认定为"现金贷"业务，这对《关于规范整顿"现金贷"业务的通知》适用范围有着重大意义。

第二，具体某项特征的理解，仍难遵循统一认知。"场景""指定""客群限定"以及"抵押"等表述，极易引发因人而异的文义理解。一方面，从业机构会基于"有利解释"将自身业务排除于"现金贷"业务之外，另一方面，各地监管部门若无法统一认识，将会造成后续整治尺度与监管口径分化。

为贯彻落实全国金融工作会议精神，依据《中华人民共和国银行业监督管理法》《中华人民共和国商业银行法》《非法金融机构和非法金融业务活动取缔办法》《关于小额贷款公司试点的指导意见》《互联网金融风险专项整治工作实施方案》《P2P网络借贷风险专项整治工作实施方案》《通过互联网开展资产管理及跨界从事金融业务风险专项整治工作实施方案》《网络借贷信息中介机构业务活动管理暂行办法》等有关法律法规和政策文件，现就规范整顿"现金贷"业务有关事宜通知如下。

【解读】

本段为《关于规范整顿"现金贷"业务的通知》相关的法律依据，具体包括如下：

名　称	发文机关	生效日期
中华人民共和国银行业监督管理法	全国人民代表大会常务委员会	2004年2月1日起施行，2006年10月31日修订，2007年1月1日生效
中华人民共和国商业银行法	全国人民代表大会常务委员会	1995年7月1日起施行，2003年12月27日修订，2004年2月1日生效，2015年8月29日修订，2015年10月1日生效
非法金融机构和非法金融业务活动取缔办法	国务院	1998年7月13日起施行，2011年1月8日修订并生效
关于小额贷款公司试点的指导意见	中国银行业监督管理委员会、中国人民银行	2008年5月4日发布并生效
互联网金融风险专项整治工作实施方案	国务院办公厅	2016年4月12日发布并生效
P2P网络借贷风险专项整治工作实施方案	中国银行业监督管理委员会等	2016年4月13日发布并生效

（续表）

名称	发文机关	生效日期
通过互联网开展资产管理及跨界从事金融业务风险专项整治工作实施方案	中国人民银行等	2016年4月14日发布并生效
网络借贷信息中介机构业务活动管理暂行办法	中国银行业监督管理委员会、工业和信息化部、公安部、国家互联网信息办公室	2016年8月17日发布并生效

除上述所列文件外,笔者了解的"现金贷"业务监管文件还进一步包括如下:

名称	发文机关	发布日期
关于开展"现金贷"业务活动清理整顿工作的通知(网贷整治办函件〔2017〕19号)	全国P2P网络借贷风险专项整治工作领导小组办公室	2017年4月1日
关于开展"现金贷"业务活动清理整顿工作的补充说明(网贷整治办函件〔2017〕20号)	全国P2P网络借贷风险专项整治工作领导小组办公室	2017年4月1日
中国银监会关于银行业风险防控工作的指导意见(银监发〔2017〕6号)	中国银行业监督管理委员会	2017年4月7日
本市互联网金融风险专项整治工作提示(编号:052)——关于开展"现金贷"业务活动清理整顿工作	上海市P2P网络借贷风险专项整治联合工作办公室	2017年4月6日
市金融办关于转发"现金贷"业务活动清理整顿通知的函(深府金函〔2017〕361号)	深圳市人民政府金融发展服务办公室	2017年4月13日
关于开展"现金贷"业务活动清理整顿工作的通知(穗互金协函〔2017〕17号)	广州互联网金融协会	2017年4月19日
关于立即暂停批设网络小额贷款公司的通知(整治办函〔2017〕138号)	互联网金融风险专项整治工作领导小组办公室	2017年11月21日
关于网络小额现金贷款业务的风险提示	中国互联网金融协会	2017年11月24日

一、提高认识,准确把握"现金贷"业务开展原则

(一)设立金融机构、从事金融活动,必须依法接受准入管理。未依法取得经营放贷业务资质,任何组织和个人不得经营放贷业务。

【解读】

本款强调"金融准入"以及"放贷资质"问题：

（1）"设立金融机构、从事金融活动，必须依法接受准入管理"的要求与《互联网金融风险专项整治工作实施方案》提出的"严格准入管理"保持一致。对于"经营放贷业务资质"，除实践中认知较多的银行（包括城市信用合作社和农村信用合作社）、消费金融公司、小额贷款公司（包括小额贷款公司和网络小额贷款公司）外，还进一步包括信托公司及汽车金融公司等，其放贷资质分别源于《信托公司管理办法》第十九条①以及《汽车金融公司管理办法》第十九条②的规定。实践中，"现金贷"业务参与机构主要包括银行、消费金融公司、小额贷款公司、网络小额贷款公司、信托公司（以信托计划形式参与）以及私募基金（以其他类私募基金形式参与，但面临监管叫停），进一步还包括为个体间撮合借贷的P2P网贷平台。

（2）本条明确"任何组织和个人不得经营"无资质"放贷业务"。关于"放贷业务"的定性，《非存款类放贷组织条例（征求意见稿）》第三条规定："……本条例所称放贷，是指向借款人借出本金并按约定收回本金及其收益的行为，包括以各种其他名义支付款项但实质是放贷的行为。本条例所称经营放贷业务，是指放贷主体以发放贷款为业并从中获取收益的行为，包括虽未宣称但实际从事放贷业务……"根据该条规定，"放贷业务"的认定应当至少包括"以发放贷款为业"和"获取收益"两个要件。本条中更为关键的在于"任何组织和个人"的限定用词，该等限定对于实践中现金贷平台造成的冲击主要体现在以下两个方面：

第一，"超级放贷人"业务模式难以为继。遥想诸多现金贷平台成立初期，大多采用以公司自有资金发放借款。为规避公司不具有放贷业务资质问题，超级放款人模式应运而生。实践中，通行做法为现金贷平台的自然人股东其他指定方先从公司借款，再行对外发放借款，力图以"自然人之间借款"属于民间借贷，不属于经营放贷业务范畴来规避放贷业务资质要求。结合前述"放贷业务"的认定以及此次《关于规范整顿"现金贷"业务的通知》"个人不得"的要求，

---

① 《信托公司管理办法》（中国银行业监督管理委员会令2007年第2号）第十九条："信托公司管理运用或处分信托财产时，可以依照信托文件的约定，采取投资、出售、存放同业、买入返售、租赁、贷款等方式进行。中国银行业监督管理委员会另有规定的，从其规定。"

② 《汽车金融公司管理办法》（中国银行业监督管理委员会令2008年第1号）第十九条："经中国银监会批准，汽车金融公司可从事下列部分或全部人民币业务：……（六）提供购车贷款业务；（七）提供汽车经销商采购车辆贷款和营运设备贷款，包括展示厅建设贷款和零配件贷款以及维修设备贷款等；……"

"超级放贷人"模式当属违规。

第二,"平台垫资"业务模式考量。通常情况下,助贷机构或现金贷平台审核通过后对接资金方进行放款均需经过一段时间(尤其在对接P2P网贷平台情形下,还需经过发标募集等流程)。为满足借款人快速获得资金需求、提升借款人用户体验,实践中不少现金贷平台打出"快速放款""X小时放款"等标语。究其业务实质,无非是先以平台自有资金放款,后续再将资金方的放款资金回笼至平台处。该种业务模式下,平台长期向借款人发放资金,虽可从"平台代资金方履行支付借款义务"或"平台未收取利息获益"等角度进行解释,但仍存在被认定为平台在经营放贷业务从而被监管叫停的风险。

(二)各类机构以利率和各种费用形式对借款人收取的综合资金成本应符合最高人民法院关于民间借贷利率的规定,禁止发放或撮合违反法律有关利率规定的贷款。各类机构向借款人收取的综合资金成本应统一折算为年化形式,各项贷款条件以及逾期处理等信息应在事前全面、公开披露,向借款人提示相关风险。

【解读】

本款系关于资金成本、信息披露和风险提示的规定,需重点关注如下几点:

(1)"综合资金成本"收费主体采用"各类机构"措辞描述,实践中可能包括资金方(包括持牌放贷主体)、资金撮合方(包括P2P网贷品台)、现金贷平台、第三方支付机构、信审服务方、担保服务机构以及保险公司等。

(2)"综合资金成本"明确包括"利率"和"各种费用","各种费用"可能进一步包括金贷业务中向借款人收取的"服务费""手续费""信用评估费""逾期管理费""贷款管理费""催收费用"等各种名义的费用。鉴于实践中现金贷业务的收费主体、收费名目多样,实难一一穷尽,是否借款人支出的全部费用均需纳入"综合资金成本"范畴有待商榷。笔者认为,例如借款人购买履约险而向保险公司支付的保险费用纳入"综合资金成本"计算,恐存在不合理之处。对于何种类型费用需纳入"综合资金成本"计算,笔者建议采取"服务内容实质认定"标准,对于诸如融资性担保服务费、履约保险费、征信服务费等由特定服务机构收取的费用,不宜纳入"综合资金成本"计算,但需要严格禁止从业机构通过抬高该等费用进而与收费机构另行"结算返费"。而对于其他类型的服务费用,例如导流服务费、居间服务费、各类手续费等,可统一纳入"综合资金成本"计算。此外,本款所指收费对象为"借款人",实践中部分P2P机构存在向出借人用户收费情形,该类收费不纳入"综合资金成本"计算。

（3）"最高人民法院关于民间借贷利率的规定"系指《最高人民法院关于审理民间借贷案件适用法律若干问题的规定》第二十六条关于利率问题所划定的"两线三区",即"借贷双方约定的利率未超过年利率24%,出借人请求借款人按照约定的利率支付利息的,人民法院应予支持。借贷双方约定的利率超过年利率36%,超过部分的利息约定无效。借款人请求出借人返还已支付的超过年利率36%部分的利息的,人民法院应予支持"。结合该规定,包括资金方收取的利息以及现金贷平台等各类机构收取的各种费用均应当合并计算综合资金成本,并考量是否符合36%利率上限要求,这无疑会对诸多现金贷平台"以高息费覆盖高逾期"的业务逻辑造成重大冲击。基于现金贷所面向的用户群体特征（大多无信用卡,无法从银行等金融机构获得贷款）及"无抵押信用贷款"业务模式,加之其短期、小额的特点,现金贷诞生之初就面临高逾期、高坏账风险,且在资金成本之外,还面临自身风控、运营、获客、催收等成本的支出。以36%利率划定"综合资金成本"天花板,可想而知,诸多现金贷平台将面临巨大的运营压力,现金贷行业将迎来新一轮洗牌。

（4）本款要求"综合资金成本应统一折算为年化形式"。以"年化形式"表现"综合资金成本",目的在于让借款人对其融资成本有更清晰准确的认识。但"统一折算"标准有待考量,实践中不少平台以"日利率""月利率"等形式展示借款人的费率,如果简单以"日利率×360"或者"月利率×12"方式的折算年化费率,似乎能也满足36%上限要求。但从严格意义来说,年化费率折算还应考虑还款方式,以"等额本息"还款方式为例,即使以"日利率×360"或者"月利率×12"方式计算结果满足不高于36%的要求,但综合借款人在借款期间所需偿还的全部本金、利息、费用,采取IRR计算方式,借款人承担的"实际年化利率"则将超出36%上限。因此,"统一折算"标准还有待监管进一步确认。

（5）"各项贷款条件以及逾期处理等信息应在事前全面、公开披露,向借款人提示相关风险"强调应做好信息披露工作及借款人风险提示工作,此处"事前"应当指在借款人申请借款前即进行相应信息披露和风险提示。

（三）各类机构应当遵守"了解你的客户"原则,充分保护金融消费者权益,不得以任何方式诱致借款人过度举债,陷入债务陷阱。应全面持续评估借款人的信用情况、偿付能力、贷款用途等,审慎确定借款人适当性、综合资金成本、贷款金额上限、贷款期限、贷款展期限制、"冷静期"要求、贷款用途限定、还款方式等。不得向无收入来源的借款人发放贷款,单笔贷款的本息费债务总负担应明确设定金额上限,贷款展期次数一般不超过2次。

【解读】

本款强调"金融消费者"(系指借款人)权益保护问题,包括如下要点:

(1)"了解你的客户"原则(Know You Customer,简称KYC)。该原则通常指向监管所要求的金融机构应当做好客户身份识别工作,了解特定资金与客户之间的关系,做好反洗钱、反恐怖融资工作。根据《金融机构客户身份识别和客户身份资料及交易记录保存管理办法》(中国人民银行、中国银行业监督管理委员会、中国证券监督管理委员会、中国保险监督管理委员会令〔2007〕第2号)第三条规定:"金融机构应当勤勉尽责,建立健全和执行客户身份识别制度,遵循'了解你的客户'的原则,针对具有不同洗钱或者恐怖融资风险特征的客户、业务关系或者交易,采取相应的措施,了解客户及其交易目的和交易性质,了解实际控制客户的自然人和交易的实际受益人。"

(2)要求"各类机构"应当做好借款人信用审核评估工作,评估内容包括但不限于"信用情况""偿付能力""贷款用途"等。对于"贷款用途"等内容的评估,建议可采用"借款人主动告知并作出承诺保证"的形式进行,而"持续"的要求意味着该等评估工作在贷前、贷中、贷后全流程中均应当持续进行。

(3)"贷款展期限制"主要包括贷款展期的期限限制以及展期次数限制。本款要求"贷款展期次数一般不超过2次",而对于展期期限并未作出规定。根据《贷款通则》(中国人民银行令〔1996〕第2号)第十二条规定:"贷款展期:不能按期归还贷款的,借款人应当在贷款到期日之前,向贷款人(中资金融机构)申请贷款展期。是否展期由贷款人决定。申请保证贷款、抵押贷款、质押贷款展期的,还应当由保证人、抵押人、出质人出具同意的书面证明。已有约定的,按照约定执行。短期贷款展期期限累计不得超过原贷款期限;中期贷款展期期限累计不得超过原贷款期限的一半;长期贷款展期期限累计不得超过3年。国家另有规定者除外。借款人未申请展期或申请展期未得到批准,其贷款从到期日次日起,转入逾期贷款账户。"对于贷款展期期限限制是否参照《贷款通则》的规定执行还有待监管进一步明确。此外,实践中的"现金贷"业务,"续借""复贷"情况远多于"展期"。如果监管旨在规制"续借""复贷","2次展期"限制无法达成预期效果。

(4)"冷静期"要求。"冷静期"概念通常指向消费者在购买商品或服务并签订合同后所享有的无条件解除合同并不承担违约责任的制度,又称"犹豫期""反悔权"等。我国当前金融领域的"冷静期"制度集中在保险、私募基金领域，早在2000年7月25日颁发的《关于规范人身保险经营行为有关问题的通知》(保监发〔2000〕133号，现已失效)中就规定了"犹豫期是从投保人、被保险人收到保单并书面签收日起10日内的一段时期""在犹豫期内，投保人可以无条件解除保险合同，但应退还保单，保险公司除扣除不超过10元的成本费以外，应退还全部保费并不得对此收取其他任何费用"。而《保险法》第十五条则直接规定"除本法另有规定或者保险合同另有约定外，保险合同成立后，投保人可以解除合同，保险人不得解除合同"。此外，中国基金业协会于2016年4月15日发布的《私募投资基金募集行为管理办法》第二十九条规定"各方应当在完成合格投资者确认程序后签署私募基金合同。基金合同应当约定给投资者设置不少于二十四小时的投资冷静期，募集机构在投资冷静期内不得主动联系投资者"。鉴于实践中大量的现金贷业务具备快速、短期、小额特点，要想在现金贷领域参照保险、私募基金领域设置"冷静期"，难度不小，且"冷静期"时长、起算时点也有待监管进一步明确。

（四）各类机构应坚持审慎经营原则，全面考虑信用记录缺失、多头借款、欺诈等因素对贷款质量可能造成的影响，加强风险内控，谨慎使用"数据驱动"的风控模型，不得以各种方式隐匿不良资产。

【解读】

本款提出"审慎经营原则"，要求"各类机构"应当做好信用审核、反欺诈工作。关于"数据驱动"风控模型，即所谓"大数据风控"，实践中不少平台标榜自身使用"大数据风控技术""纯线上风控技术"等，考究其风控逻辑，通常先收集借款人的信息、资料，再以自身数据分析处理模型对借款人信息资料加以审核，最后评估得出借款人授信额度。鉴于实践中各大平台对于借款人数据数量、质量、维度的关注不同，所采用的风控模型、数据分析处理技术亦存在差别，对于不同平台而言，大数据风控或者"数据驱动"的风控模型能否有效构建起支撑一个平台业务开展的风控系统，实难判断。且在我国当前征信体系尚不完善的背景下，对于平台风控而言，真正打破数据孤岛，实现有效数据整合还需经历很长一段时间。监管提出谨慎使用"数据驱动"风控模型，旨在强调平台应对自身的大数据风控技术进行合理评估，在采用大数据技术开展风控工作之外，可能仍然需要辅之以传统信贷风控手段。

对于"不得以各种方式隐匿不良资产"要求,《关于规范整顿"现金贷"业务的通知》中并未明确"不良资产"的标准,是否对于M0债权即纳入不良资产范畴,或者要达到M3之后的债权方纳入不良统计,有待监管进一步明确(可能参照网贷监管中的90天标准)。而实践中采用的隐匿不良资产手段主要包括:第一,通过调整有关数据统计口径以降低"不良率";第二,通过各类"担保"措施对逾期债权进行剥离。

(五)各类机构或委托第三方机构均不得通过暴力、恐吓、侮辱、诽谤、骚扰等方式催收贷款。

【解读】

本款旨在规制"现金贷"业务中的催收行为。基于现金贷业务高逾期率所产生的不良资产处置问题由来已久,当前实践中对于现金贷不良资产处置的常规做法包括"催收""风险缓冲机制""打包转让"等方式,也由此催生了诸多催收公司以及不良资产处置中介机构。现金贷平台催收行为包括"内催"和"外催"两种,根据借款人逾期天数的不同,一般对于"M0-M1"逾期债权,现金贷平台以自身催收团队采取电话、短信催收方式为主。而对于M1以后的逾期债权,大多平台选择委托外部合作催收公司进行催收,平台按照催回债权金额的一定比例向催收公司支付佣金。本款所称"委托第三方机构"即指向接受平台委外催收的催收公司。禁止的催收方式并未限于"暴力",还进一步包括了"恐吓""侮辱""诽谤""骚扰"等方式。

"催收"话题在互金领域一直甚嚣尘上,引发广泛关注,此前深圳市互联网金融协会下发《深圳市网络借贷信息中介机构催收行为规范(征求意见稿)》,列明了十大禁止性催收行为,对催收时间、催收手段等均提出了详细规定。可以预见,监管对于催收行为的规范力度将持续加强,监管实践中对于"暴力""恐吓""侮辱""诽谤""骚扰"等行为的具体情形也需要陆续细化。需要特别提出的是,针对"催收"行为的监管,需要兼顾"债权人权益"与"债务人人身权利/安宁权",如果过分强调保护"债务人人身权利/安宁权",更多的债务人将以此为武器,寻求"虚假投诉""不实曝光"等方式加以对抗,而从业机构难以举证,迫于"压力"往往可能会选择"息事宁人"。当然,针对互金领域的不良资产处置,笔者也乐见诸如"网络仲裁"等更加多元化的不良资产处置方式兴起,通过合法手段寻求法律保护。

（六）各类机构应当加强客户信息安全保护，不得以"大数据"为名窃取、滥用客户隐私信息，不得非法买卖或泄露客户信息。

【解读】

本款强调客户信息保护问题。《网络安全法》出台以来，个人信息保护问题一直备受关注，对于诸多从业机构而言，其风控体系的实施依赖于客户提供或授权收集的各类信息。不少平台以所谓提供"大数据信审"服务为由，大量收集与其提供服务无关的用户信息并加以贩卖。本款强调了对于用户信息的四种非法处置行为，包括窃取、滥用、非法买卖、泄露。所谓"窃取"，可能指向未获得用户明确授权收集用户隐私信息的行为；"滥用"可能指向将用户隐私信息用于与平台提供服务无关用途或者未经用户授权的用途的行为；"非法买卖"指向实践中不少平台将用户信息打包买卖的行为；"泄露"则可能包括了在未获得用户授权情况下，将所收集用户信息分享给合作机构或其他第三方机构的行为。

笔者建议，从业机构需严格遵循"信息主体知悉并同意""信息采集与使用的必要性"以及"信息获取与对外提供的合法性"三大原则，相关"服务协议""授权书"中需要对个人信息采集、使用事宜进行明确约定并以显著方式提示用户查看、确认并接受，同时应当建立健全用户信息保护制度。国内个人信息保护立法虽然相对滞后且分散，但伴随着"大数据发展"及《网络安全法》的实施，个人信息保护在国内将日趋完善与严格，笔者提请从业机构重点关注《网络安全法》及《关于办理侵犯公民个人信息刑事案件适用法律若干问题的解释》相关规定。

二、统筹监管，开展对网络小额贷款清理整顿工作

【解读】

《关于规范整顿"现金贷"业务的通知》第二条的标题为"统筹监管，开展对网络小额贷款清理整顿工作"。"统筹监管"主体指向银监会和中国人民银行，具体可能通过地方互金整治办和P2P整治办实施。《关于小额贷款公司试点的指导意见》规定省级政府在开展小额贷款公司试点之前必须明确监管小额贷款公司的主管部门（金融办或相关机构），且该监管部门须承担小额贷款公司风险处置责任，除此之外中国人民银行对小额贷款公司的利率、资金流向进行跟踪监测，并将小额贷款公司纳入信贷征信系统。在"放权"各省金融办承担小额贷款

公司监管和处置责任之后，此次《关于规范整顿"现金贷"业务的通知》表现出银监会对小额贷款公司进行统筹监管和控制的倾向，且该倾向早在十部门2015年联合发布的《关于促进互联网金融健康发展的指导意见》当中就有所体现，强调了网络小额贷款和个体网络借贷均由银监会监管的监管职能划分。此外，《关于规范整顿"现金贷"业务的通知》关于网络小额贷款清理整顿的内容，系互联网金融风险专项整治工作开展以来首次细化提出，甚至包含了对小额贷款公司的监管要求。

（一）小额贷款公司监管部门暂停新批设网络（互联网）小额贷款公司；暂停新增批小额贷款公司跨省（区、市）开展小额贷款业务。已经批准筹建的，暂停批准开业。

小额贷款公司的批设部门应符合国务院有关文件规定。对于不符合相关规定的已批设机构，要重新核查业务资质。

【解读】

小额贷款公司在我国的出现，初衷在于引导资金支持"三农"，并明确提出过小贷公司改造为村镇银行设想。然而，随着权限下放至省级金融监管部门，全国各地小额贷款公司大量涌现，且业务经营、服务对象与中央"三农愿景"出现了背离。借助"互联网+"政策，进一步出现了一批所谓的"服务于科技企业的小额贷款公司"，并逐笔演变为一批通过互联网渠道发放贷款的网络小额贷款公司，其展业区域覆盖了全国范围，作为互联网金融业态之一被纳入《关于促进互联网金融健康发展的指导意见》之中。网络小额贷款公司因其天然的"全覆盖"和"放贷资质"优势而备受业内追捧，成为现金贷业务所需的"香饽饽"。本款强调两点，可总结为"暂停新增"和"排查存量"：

（1）"暂停新增"，具体包括"暂停新批设网络小额贷款"和"暂停新增批小额贷款公司跨省开展业务"，与《关于立即暂停批设网络小额贷款公司的通知》内容保持一致。同时，因小额贷款公司（包括互联网小额贷款公司）在批设程序中往往包括"筹建批准"和"开业批准"两个步骤，本款第一项又提出了"已批准筹建的暂停批准开业"要求，回应了《关于立即暂停批设网络小额贷款公司的通知》下发后关于已获筹建批准网络小额贷款处置的社会讨论。然而，实践中的网络小额贷款开业，还可进一步区分为"试运营"和"正式开业运营"，网络小额贷款业务许可证在获批正式开业后再行下发。因此，关于"已批准筹建的，暂停批准开业"的理解,对于处于试运营期间网络小额贷款公司,仍存在政策"变数"。

（2）"排查存量",一方面强调小额贷款公司批设应符合国务院规定,另一方面又对已批设机构提出"追溯核查"要求,"统筹监管"之意可见一斑。条文所称"重新核查"的"相关规定"依据,是否包括今后的小额贷款公司、网络小额贷款公司新规,尚难知悉。而即使按照目前仅有的《关于小额贷款公司试点的指导意见》规范,实践中大量的小额贷款公司、网络小额贷款公司均存在"违规"情形,典型如《关于小额贷款公司试点的指导意见》中关于单一股东持股比例限制:"单一自然人、企业法人、其他社会组织及其关联方持有的股份,不得超过小额贷款公司注册资本总额的10%。"基于此,"排查存量"的具体实施,是新老划断,抑或秋后算账,有待观望。

（二）严格规范网络小额贷款业务管理。暂停发放无特定场景依托、无指定用途的网络小额贷款,逐步压缩存量业务,限期完成整改。应采取有效措施防范借款人"以贷养贷""多头借贷"等行为。禁止发放"校园贷"和"首付贷"。禁止发放贷款用于股票、期货等投机经营。地方金融监管部门应建立持续有效的监管安排,中央金融监管部门将加强督导。

【解读】

本款系关于网络小额贷款业务开展的细化要求,主要包括如下四点:

（1）明确网络小额贷款的"场景""用途"要求,对于违规业务遵循互金风险专项整治中常用的"压缩存量,限期整改"思路。关于"特定场景依托"和"指定用途"的理解及困惑,前文已述,在此不再赘言。

（2）提出防范"以贷养贷""多头借贷"要求。然而实践中,即使是银行,为了防范"以贷养贷""多头借贷",较为便利的方式也仅仅是"查征信",遑论诸多尚未接入央行征信系统的小额贷款公司？当然,基于"场景""用途"的要求,网络小额贷款公司可以通过贷后跟踪方式追踪借款人借款用途,但一方面会导致借款人用户体验大大下降,另一方面也无法起到"事先防范"作用。

（3）再次重申禁止"校园贷"和"首付贷"。广泛意义上的"校园贷"可追溯至十多年前的"大学生信用卡业务",伴随着2009年《中国银监会关于进一步规范信用卡业务的通知》的发布,校园信用卡退出大学生市场。其后,借助互联网金融在国内的爆发式增长,P2P网贷平台、分期购物平台陆续退出大学生贷款/

分期购物服务,并最终被2017年5月27日下发的《关于进一步加强校园贷规范管理工作的通知》"一刀切"禁止。而"首付贷"监管也属老生常谈,早在《互联网金融风险专项整治工作实施方案》中就明确提出"规范互联网'众筹买房'等行为,严禁各类机构开展'首付贷'性质的业务"。此后2017年4月,银监会在《中国银监会关于银行业风险防控工作的指导意见》和《中国银监会关于提升银行业服务实体经济质效的指导意见》中均提及"严厉打击'首付贷'"。而近期,为促进房地产市场平稳健康发展,住房和城乡建设部会同人民银行、银监会联合部署规范购房融资行为,加强房地产领域反洗钱工作,要求银行业金融机构加大对首付资金来源和借款人收入证明真实性的审核力度,严禁互联网金融机构、小额贷款公司违规提供"首付贷"。"校园贷"的监管要点,在于排除特定的学生借款群体,就实操而言,在客群层面完全排除学生群体,难有绝对有效的方法,许多平台通过用户年龄、身份证信息核查、学信网学籍信息查询等多种方式尽可能加以排除,同时辅以"借款用户承诺条款"。而"首付贷"禁止则在于排除购房借款用途,一方面,网络小额贷款公司需要强化贷前"场景""用途"审查,另一方面也可通过贷后追踪、要求借款人提供用款证明等方式加以排除,但无疑会大大增加公司运营成本,且借款人配合度难以把握。

（4）提出"高风险借款用途"禁止,这一监管逻辑与网贷监管要求相类似,"高风险借款用途"可理解为借款用途"负面清单",具体包括：① 股票配资；② 场外配资；③ 期货合约；④ 结构化产品；⑤ 其他高风险衍生品。关于"高风险借款用途"的应对,与"首付贷"类似,此处不再赘言。

（三）加强小额贷款公司资金来源审慎管理。禁止以任何方式非法集资或吸收公众存款。禁止通过互联网平台或地方各类交易场所销售、转让及变相转让本公司的信贷资产。禁止通过网络借贷信息中介机构融入资金。以信贷资产转让、资产证券化等名义融入的资金应与表内融资合并计算,合并后的融资总额与资本净额的比例暂按当地现行比例规定执行,各地不得进一步放宽或变相放宽小额贷款公司融入资金的比例规定。

对于超比例规定的小额贷款公司,应制定压缩规模计划,限期内达到相关比例要求,由小额贷款公司监管部门监督执行。

网络小额贷款清理整顿工作由各省(区、市)小额贷款公司监管部门具体负责。中央金融监管部门将制定并下发网络小额贷款风险专项整治的实施方案,进一步细化有关工作要求。

【解读】

本款第一项围绕"小额贷款公司资金来源"主题展开。《关于小额贷款公司试点的指导意见》明确小额贷款公司的主要资金来源包括"股东缴纳的资本金、捐赠资金，以及来自不超过两个银行业金融机构的融入资金"，且"从银行业金融机构获得融入资金的余额，不得超过资本净额的50%"。而在各地的小贷公司管理规范中，不同程度地为小额贷款公司资金来源设置了"余地"条款，例如《上海市小额贷款公司监管办法》规定："符合条件的小额贷款公司可按本市相关规定创新融资方式，扩大可贷资金规模。"本款第一项对于"小额贷款公司资金来源"明确提出了如下四点要求：

（1）严禁任何形式的非法集资或吸收公众存款，此乃金融监管的应有之义，不再赘言。

（2）严禁变相转让小贷公司信贷资产，转让渠道包括互联网平台、地方交易所等，典型如小额贷款公司通过P2P平台向投资人转让债权、小额贷款公司作为发行人通过地方金交所挂牌发行收益权类产品，该等做法受制于部分地区的网贷监管细则和《关于对互联网平台与各类交易场所合作从事违法违规业务开展清理整顿的通知》（整治办函〔2017〕64号）的规范，本身已受到了较为严格的监管。此外，基于文义理解，小额贷款公司持有的非信贷类资产并不在转让禁止之列，且未禁止小贷公司信贷资产在互联网平台或地方各类交易场所之外渠道的转让。

（3）严禁小贷公司通过P2P平台融入资金，具体方式包括债权转让融资和直接借贷融资。

（4）明确提出"信贷资产转让""资产证券化"无法"出表"，且要求严控各地关于小额贷款公司融资总额与资本净额的比例。禁止"出表"对实践中小额贷款资产证券化杀伤力较大，将极大限制小额贷款公司通过场内ABS获取再融资。此外，"暂按当地现行比例规定执行"的措辞表达，无法排除中央今后制定规范统一规制小额贷款公司资金融入杠杆比例的可能性，而目前实践中各地差异较为明显的杠杆比要求都可能面临统一"标尺"。

本款第二项明确了超比例融入资金小额贷款公司的处置方法，亦遵循互金专项整治中的"压缩规模"和"按期整改"要求，该项属于"资产证券化"禁止"出表"要求的延伸，对于仍有处于存续期场内ABS的小额贷款公司，是否需要追溯已发行场内ABS项目纳入融资比例计算，有待后续监管实践进一步明确。

三、加大力度，进一步规范银行业金融机构参与"现金贷"业务

【解读】

《关于规范整顿"现金贷"业务的通知》第三条的标题为"加大力度，进一步规范银行业金融机构参与'现金贷'业务"。"加大力度"和"进一步"措辞的使用，原因在于，2017年上半年，银监会曾先后发布《中国银监会办公厅关于开展银行业"违法、违规、违章"行为专项治理工作的通知》（银监办发〔2017〕45号）、《关于开展银行业"监管套利、空转套利、关联套利"专项治理工作的通知》（银监办发〔2017〕46号）、《中国银监会办公厅关于开展银行业"不当创新、不当交易、不当激励、不当收费"专项治理工作的通知》（银监办发〔2017〕53号）、《中国银监会关于提升银行业服务实体经济质效的指导意见》（银监发〔2017〕4号），要求银行业针对当前的违规、绕监管和灰色地带做法进行总结，根据现行监管规则进行自查自纠。其中，对于银行业金融机构参与"现金贷"业务，提出银行业金融机构核查要点包括"是否违规与贷款中介合作办理授信业务""外包人员违规参与办理授信业务；是否违规外包贷前尽职调查和贷后管理等核心业务"以及"违规发放'首付贷'"，督促银行业回归服务实体经济本源。

在上述监管文件基础上，《关于规范整顿"现金贷"业务的通知》将《个人贷款管理暂行办法》（中国银行业监督管理委员会令〔2010〕第2号）作为规范银行业金融机构发放贷款的主要法律依据，对银行业金融机构参与"现金贷"业务提出了更严格、更具体、更明确的要求，对于现有"现金贷"业务模式和资金来源造成很大的冲击和影响。

（一）银行业金融机构（包括银行、信托公司、消费金融公司等）应严格按照《个人贷款管理暂行办法》等有关监管和风险管理要求，规范贷款发放活动。

【解读】

本款明确了银行业金融机构发放贷款活动的法规依据，即包括银行、信托公司、消费金融公司等在内的银行业金融机构应当遵守《个人贷款管理暂行办法》等有关监管和风险管理要求。本款有两个关键词，即"银行业金融机构""《个人贷款管理暂行办法》"，在此基础上可进一步引申出四个问题：

（1）银行业金融机构包括哪些机构？

（2）为何本款列举了银行、信托公司和消费金融公司作为银行业金融机构

的典型代表?

（3）《个人贷款管理暂行办法》的主要内容?

（4）为何本款将《个人贷款管理暂行办法》作为规范银行业金融机构发放贷款活动的主要法律依据?

对于问题（1）：银行业金融机构包括哪些机构?《银行业监督管理法》第二条规定："本法所称银行业金融机构，是指在中华人民共和国境内设立的商业银行、城市信用合作社、农村信用合作社等吸收公众存款的金融机构以及政策性银行。对在中华人民共和国境内设立的金融资产管理公司、信托投资公司、财务公司、金融租赁公司以及经国务院银行业监督管理机构批准设立的其他金融机构的监督管理，适用本法对银行业金融机构监督管理的规定。"根据该条规定可以看出，银行业金融机构包括在中华人民共和国境内设立的商业银行、城市信用合作社、农村信用合作社等吸收公众存款的金融机构以及政策性银行、金融资产管理公司、信托投资公司、财务公司、金融租赁公司以及经国务院银行业监督管理机构批准设立的其他金融机构。

对于问题（2）：为何该款列举银行、信托公司和消费金融公司作为银行业金融机构的典型代表?回答这个问题之前，先需说明银行、信托公司和消费金融公司的银行业金融机构身份，银行和信托公司作为银行业金融机构在问题（1）中已经明确，此处不再赘言。而关于消费金融公司，根据《消费金融公司试点管理办法》第二条的规定，"本办法所称消费金融公司，是指经银监会批准，在中华人民共和国境内设立的，不吸收公众存款，以小额、分散为原则，为中国境内居民个人提供以消费为目的的贷款的非银行金融机构"，符合《银行业监督管理法》第二条规定的"经国务院银行业监督管理机构批准设立的其他金融机构"，属于银行业金融机构。其次讨论在本款语境下三类银行业金融机构作为典型代表的原因，这与"现金贷"行业领域的主要资金来源有关。"现金贷"市场对资金需求度极大，很多"现金贷"平台通过提供获客、风控、贷后等服务将借款用户推荐到资金方获取贷款实现"助贷"。其中的主要资金方就是银行（包括城市商业银行、农商行、民营银行）、信托公司和消费金融公司，对于这三类金融机构而言，通过参与"现金贷"业务发放贷款，有利于拓展客户和增加收入。因此，本款将银行、信托公司、消费金融公司作为银行业金融机构的典型代表进行列举，也可以看出监管对于三类金融机构参与"现金贷"业务的重点关注和监管态度。

对于问题（3）：《个人贷款管理暂行办法》的主要内容。《个人贷款管理暂行办法》由银监会于2010年2月12日发布，旨在规范银行业金融机构个人贷款业务行为,加强个人贷款业务审慎经营管理,促进个人贷款业务健康发展。《个人贷款管理暂行办法》明确了适用对象、个人贷款的定义、个人贷款应遵循的原则、个人贷款全流程管理机制的要求、个人贷款风险限额管理制度要求、个人贷款用途、贷款期限和利率要求、收入偿债比例控制机制要求,并对个人贷款受理与调查、风险评价与审批、协议与发放、支付管理、贷后管理和法律责任等进行了详细的规定。

对于问题(4):为何本款选用《个人贷款管理暂行办法》作为"现金贷"语境下规范银行业金融机构发放贷款的主要法律依据?"现金贷"业务的借款客户基本上均为自然人,主要放款主体为银行业金融机构和P2P机构服务的出借人客户,《个人贷款管理暂行办法》规制的业务类型即是"中华人民共和国境内经中国银行业监督管理委员会批准设立的银行业金融机构经营个人贷款业务"。《关于规范整顿"现金贷"业务的通知》第三条所体现的对于银行业金融机构参与"现金贷"业务的监管态度和精神在《个人贷款管理暂行办法》中均有所体现,特别是对于授信审查、风险控制等核心业务外包的规定,均已在《个人贷款管理暂行办法》中加以明确。

(二)银行业金融机构不得以任何形式为无放贷业务资质的机构提供资金发放贷款,不得与无放贷业务资质的机构共同出资发放贷款。

【解读】

本款对于银行业金融机构发放贷款提出"二不得"要求,即"不得以任何形式为无放贷业务资质的机构提供资金发放贷款"和"不得与无放贷业务资质的机构共同出资发放贷款"。由此引发两个问题:

(1)为何提出"二不得"要求?

(2)哪些机构具有放贷业务资质?

对于问题(1):为何提出"二不得"要求?这与银行业金融机构参与"现金贷"业务的实际放贷主体直接相关。《中国银监会办公厅关于开展银行业"违法、违规、违章"行为专项治理工作的通知》提出过类似要求,银行业"违法、违规、违章"行为专项治理工作要点中指出同业业务和理财业务核查要点之一为"是否违规与名单外金融机构、非持牌金融机构开展业务"。银行业金融参与现金贷业务,存在银行业金融机构作为大通道的问题,即银行业金融机构将资金提供给银行业金融机构之外的个人或机构进行放贷,典型代表为部分"现金贷"平台在发展初期为了快速开拓市场、积累用户,通过公司股东和关联方直接发放贷款来跑量,或者与银行业金融机构之外的个人或机构共同出资进行联合放贷,同时要求无放贷业务资质的自然人或机构签署"抽屉协议"以向银行业金融机构承担无限连带责任,从而使得银行业金融机构坐拥"无风险收益"。随着该款监管要求的提出,前述业务模式(银行资金转贷和共同放贷)直接被叫停,强调银行业金融机构提供资金和共同发放贷款的合作对象必须是有放贷资质的机构。

对于问题(2):哪些机构具有放贷业务资质?根据现有法律法规和监管政策规定,前文已分析,在中华人民共和国境内设立的商业银行、城市信用合作社、农村信用合作社等吸收公众存款的金融机构以及政策性银行、金融资产管理公司、信托投资公司、财务公司、金融租赁公司、持牌消费金融公司作为银行业金融机构的代表具有放贷资质。除此之外,具有放贷资质的机构还包括小额贷款公司、网络小额贷款公司以及私募基金(以其他类私募基金形式参与,但面临监管叫停)。

(三)银行业金融机构与第三方机构合作开展贷款业务的,不得将授信审查、风险控制等核心业务外包。"助贷"业务应当回归本源,银行业金融机构不得接受无担保资质的第三方机构提供增信服务以及兜底承诺等变相增信服务,应要求并保证第三方合作机构不得向借款人收取息费。

【解读】

央行副行长兼互联网金融风险专项整治工作领导小组组长潘功胜近期指出:"助贷业务应该回归本源。助贷机构不得担保兜底,不得向借款人收取利息费用,如果商业银行需要别人助贷,可以购买服务,不能商业银行收取利息,助贷机构再向贷款者收取利息或其他费用,不得将'助贷'变成放贷。"本款主要对银行业金融机构与第三方机构业务合作提出"三不得"要求,将对现有"现金贷"业务的"助贷"模式造成巨大冲击。对于本款的理解,结合"三不得"要求,又可以将本款细化为如下三点:

第一点,银行业金融机构与第三方机构合作开展贷款业务的,不得将授信审查、风险控制等核心业务外包。

该点主要规制银行业金融机构与第三方机构合作开展贷款业务中的核心业务外包问题。进一步来看,可发现三个问题:

(1)此处所称合作开展贷款业务的"第三方机构"包括哪些机构?

（2）"核心业务"除了授信审查、风险控制,还包括哪些？

（3）如何理解"外包",即"助贷"机构能否继续提供授信审查、风险控制等核心服务？

对于问题（1）：合作开展贷款业务的"第三方机构"包括哪些机构？从对外合作角度看,银行业金融机构对外合作开展贷款业务,广义上理解应包括合作开展放贷业务和合作开展"助贷"业务；狭义上理解,主要指向合作开展"助贷"业务。结合条文后半段内容综合理解,可以理解为此处的"第三方机构"主要指向合作开展"助贷"业务的机构。从现有业务模式理解,合作开展"助贷"业务的机构包括纯导流平台和"现金贷"平台,后者一般提供包括获客、风控、授信审查、贷后管理与催收等一揽子服务。

对于问题（2）："核心业务"除了授信审查、风险控制,还包括哪些？实践中,贷款发放主要涉及获客、借款申请受理、授信审查、风险控制、借款申请审批、协议签署与款项发放、支付管理、贷后管理与催收等业务。《个人贷款管理暂行办法》第十三条规定："贷款人受理借款人贷款申请后,应履行尽职调查职责,对个人贷款申请内容和相关情况的真实性、准确性、完整性进行调查核实,形成调查评价意见。"该规定明确了贷款的受理应当由贷款人负责。而发放贷款只能由具有放贷资质的机构发放,"助贷"机构一般也不会再涉及贷款发放业务。审批环节与授信审查环节直接相关,授信审查被认定为核心业务,相对应理解,审批应该也被认定为核心业务。因此,贷款发放业务仅剩余获客、贷后管理和催收,可不纳入核心业务范围。

对于问题（3）：如何理解"外包",即"助贷"机构能否继续提供授信审查、风险控制等核心业务？在现有业务模式下,银行业金融机构基本依赖"助贷"机构的审核和推荐,"助贷"机构审核授信通过后或不再进行审核和风控,或只进行形式审核和风控,只校对借款人信息一致性等,不再开展实质性工作。此次《关于规范整顿"现金贷"业务的通知》发布后,银行业金融机构形式审核现状势必受到极大影响。从严格角度理解,外部第三方合作机构只要提供授信审查和风险控制等核心业务即构成"外包",按照该理解,"助贷"机构现有的提供授信审查和风险控制等服务的业务模式将面临转型,虽非"一刀切"地不能从事"现金贷"业务,但也只能提供更加体现服务性的纯导流业务,负责获客、催收等业务。而从有利角度,可以理解为"助贷"机构可以为银行业金融机构继续提供授信审查和风险控制等核心服务,但是银行业金融机构自身必须建立完善的授信审查和风险控制等核心业务部门、制度和工作流程,不能仅依靠"助贷"机构提供服务，而自身不再进行实质审核和风控。笔者倾向于从有利角度理解，原因在于《中国银监会办公厅关于开展银行业"违法、违规、违章"行为专项治理工作的通知》中，银行业"违法、违规、违章"行为专项治理工作要点指出信贷业务核查要点之一为"是否违规与贷款中介合作办理授信业务；违规与小额贷款公司、担保公司、典当行等机构合作办理业务；外包人员违规参与办理授信业务；是否违规外包贷前尽职调查和贷后管理等核心业务"。这里的"违规"具体所指，《个人贷款管理暂行办法》第十六条可作为参考，该条规定："贷款人在不损害借款人合法权益和风险可控的前提下，可将贷款调查中的部分特定事项审慎委托第三方代为办理，但必须明确第三方的资质条件。贷款人不得将贷款调查的全部事项委托第三方完成。"可以看出，该条规定没有禁止将贷款调查中的部分特定事项审慎委托第三方代为办理，只是明确禁止将贷款调查的全部事项委托第三方完成。从有利角度理解，"助贷"机构可以继续为银行业金融机构提供信贷审查、风控等核心服务，但是银行业金融机构只能将"助贷"机构的服务作为参考而不能作为判断依据，需要建立完善的信贷审查和风控部门，建立相应的制度体系、工作流程和业务标准，独立履行责任。当然，具体是从严格角度理解还是从有利角度理解，有待监管规定和监管口径的进一步细化和传达，需要密切关注监管动态和走向。

第二点，"助贷"业务应当回归本源，银行业金融机构不得接受无担保资质的第三方机构提供增信服务以及兜底承诺等变相增信服务。

该点对"助贷"业务提出"回归本源"要求，也对"助贷"平台向银行业金融机构提供担保、兜底承诺等增信服务的行业通行做法作出了明确禁止。如何理解"助贷"业务的本源？2017年金融工作会议指出了金融业务的本源，即"让金融回归本源，金融业的发展以实体经济为基础，始终服从服务于实体经济"。《中国银监会关于提升银行业服务实体经济质效的指导意见》要求银行业金融机构回归服务实体经济本源。结合金融业和银行业金融机构"服务实体经济"的本源和"助贷"模式的产生与发展，可以理解为"助贷"业务的本源为满足部分群体正常消费信贷需求，服务实体经济。

关于第二点中"不得接受无担保资质的第三方机构提供增信服务以及兜底承诺等变相增信服务"，需理解两个问题：

（1）哪些机构有担保资质？

（2）"增信服务以及兜底承诺等变相增信服务"主要包括哪些形式？

对于问题（1）：具有担保资质的机构目前主要指向融资性担保公司，结合互金专项整治实践，监管部门也会将可以提供履约保险的保险公司纳入"担保服务机构"。

对于问题（2）：结合实践惯常做法，笔者认为，"增信服务以及兜底承诺等变相增信服务"主要包括担保、保证金、流动性支持、承诺垫付等形式。需要注意的是，这里还提出了"不得提供变相增信服务"的要求，对于"变相"如何理解，什么情况下构成"变相提供增信服务"？融资担保公司和保险公司向银行业金融机构提供担保等增信服务，再由现金贷平台向融资担保公司和保险公司提供反担保等增信服务是否属于"变相提供增信服务"？上述问题仍有待监管部门进一步明确。然而参照上海地区网贷整治中对于"变相向出借人提供担保或承诺保本保息"的理解，"反担保"情形当属"变相担保"之列。

第三点，银行业金融机构要求并保证第三方合作机构不得向借款人收取息费。

该点主要规制银行业金融机构向借款人收取利息、"助贷"机构收取服务费等非利息费用的业务模式。在现有业务模式下，银行业金融机构只收取利息，"助贷"机构向借款人收取服务费、管理费、手续费等，此次《关于规范整顿"现金贷"业务的通知》发布后，"助贷"机构在与银行业金融机构合作中收取息费的业务模式面临终结。当然，该规定不是禁止第三方合作机构收取费用，而是第三方合作机构不能向借款人直接收取息费，即只能由银行业金融机构向借款人收取息费，再根据银行业金融机构对"助贷"机构等第三方合作机构支付相应的服务报酬。从费用角度看，更像是银行业金融机构采购了第三方合作机构的服务而相应支付的对价。该规定对于目前行业实践中的"助贷"业务将造成极大的影响，结合业务参与各方风控、合规及商业考量，银行业金融机构并不会愿意向借款人收取所有息费而面对资金成本监管的风险，银行业金融机构也不会同意"助贷"机构不承担兜底风险。可以预见的是，银行业金融机构将减少对"现金贷"业务资金投入，甚至暂时终止与"现金贷"平台的业务合作，因为息费收取规范从根源上颠覆了"助贷"机构与银行业金融机构业务合作的风控、合规及商业考量。

（四）银行业金融机构及其发行、管理的资产管理产品不得直接投资或变相投资以"现金贷""校园贷""首付贷"等为基础资产发售的（类）证券化产品或其他产品。

银行业金融机构参与"现金贷"业务的规范整顿工作，由银监会各地派出机构负责开展，各地整治办配合。

【解读】

　　本款第一项规定对银行业金融机构资产管理产品资金运用和"现金贷"资金来源进行限制，意味着投资或变相投资以"现金贷""校园贷""首付贷"等为基础资产发售的（类）证券化产品或其他产品将被直接叫停，即理财资金不得参与"现金贷""校园贷""首付贷"等。

　　对于理财资金不得参与"校园贷""首付贷"，监管早有明文规定。《中国银监会办公厅关于开展银行业"违法、违规、违章"行为专项治理工作的通知》明确禁止"违规发放'首付贷'，违规融资给第三方用于支付首付款、尾款，违规发放个人贷款用于购买住房；作为融资渠道或放款通道，为中介机构发放个人购房首付款提供便利"。《中国银监会关于提升银行业服务实体经济质效的指导意见》规定："严禁资金违规流入房地产市场，严厉打击'首付贷'等行为，切实抑制热点城市房地产泡沫。……三、强化重点领域监管约束，督促银行业回归服务实体经济本源。……开展跨业、跨市场金融业务，要按照减少嵌套、缩短链条的原则，穿透监测资金流向，全面掌握底层基础资产信息，真实投向符合国家政策的实体经济领域。"

　　对于理财资金不得参与"现金贷"，此次系首次规定。实践中，银行业金融机构及其直接发行、管理资产管理产品直接或者通过多层嵌套、参与集合信托计划认购优先级份额、"现金贷"平台通过其自身或其关联方认购次级份额（部分集合信托因为系统操作等原因会由集合信托再投资于单一信托），从而将资金投向以"现金贷"为基础资产发售的（类）证券化产品或其他产品的现象并不少见，《关于规范整顿"现金贷"业务的通知》的发布，意味着该类业务模式的终结。

　　本款第二项明确规定银行业金融机构参与"现金贷"业务规范整顿工作的主要负责监管部门为银监会各地派出机构，即银监局，各地银监局在原有职责（以上海银监局为例，根据银监会的授权，制定有关监管法规、制度方面的实施细则和规定；负责对有关银行业金融机构及其分支机构的设立、变更、终止和业务活动的监督管理；依法对金融违法、违规行为进行查处；审查和批准高级管理人员任职资格；统计有关数据和信息；负责辖内党的建设、纪检和干部管理工作）基础上增加了新的职责。同时要求各地整治办予以配合，意味着加大对"现金贷"业务的规范整顿工作的监管力量投入，反映出监管层对于本次规范整治工作的重视和决心。

四、持续推进,完善P2P网络借贷信息中介机构业务管理

【解读】

国内互联网金融专项整治工作已历经摸底排查、重点检查阶段,并于2017年6月开始进入到清理整顿阶段,且互联网专项整治期限已经确认延长至2018年6月。在2017年4月,P2P整治办已经发布了《关于开展"现金贷"业务活动清理整顿工作的通知》和《关于开展"现金贷"业务活动清理整顿工作的补充说明》,将"现金贷"纳入互联网金融专项整治工作,要求按照情节轻重对"现金贷"P2P网贷平台进行分类处置。在互联网金融专项整治期间,P2P网贷平台还经历了针对"校园贷"业务、平台与金交所合作业务等几轮清理整顿。对于P2P网贷平台而言,合规整改一直在路上,不仅仅要根据备案登记的要求进行整改,还要同时应对监管针对"现金贷""校园贷""首付贷"等的专项整治。此次互金整治办与P2P整治办联合发文,在"现金贷"业务规范整顿之外,对P2P网贷平台的监管要求进行了特别强调。

(一)不得撮合或变相撮合不符合法律有关利率规定的借贷业务;禁止从借贷本金中先行扣除利息、手续费、管理费、保证金以及设定高额逾期利息、滞纳金、罚息等。

【解读】

本款第一项明确要求P2P网贷平台不得撮合或变相撮合不符合法律有关利率规定的借贷业务。目前"法律有关利率的规定"可见于《最高人民法院关于审理民间借贷案件适用法律若干问题的规定》相关规定。个体网络借贷属于民间借贷范畴,应当符合民间借贷对借贷利率的规定。《最高人民法院关于审理民间借贷案件适用法律若干问题的规定》关于利率的规定包括如下:

所属条文	法规条文内容
第二十六条	借贷双方约定的利率未超过年利率24%,出借人请求借款人按照约定的利率支付利息的,人民法院应予支持 借贷双方约定的利率超过年利率36%,超过部分的利息约定无效。借款人请求出借人返还已支付的超过年利率36%部分的利息的,人民法院应予支持

（续表）

所属条文	法规条文内容
第二十八条	借贷双方对前期借款本息结算后将利息计入后期借款本金并重新出具债权凭证，如果前期利率没有超过年利率24%，重新出具的债权凭证载明的金额可认定为后期借款本金；超过部分的利息不能计入后期借款本金。约定的利率超过年利率24%，当事人主张超过部分的利息不能计入后期借款本金的，人民法院应予支持 按前款计算，借款人在借款期间届满后应当支付的本息之和，不能超过最初借款本金与以最初借款本金为基数，以年利率24%计算的整个借款期间的利息之和。出借人请求借款人支付超过部分的，人民法院不予支持
第二十九条	借贷双方对逾期利率有约定的，从其约定，但以不超过年利率24%为限 未约定逾期利率或者约定不明的，人民法院可以区分不同情况处理： （一）既未约定借期内的利率，也未约定逾期利率，出借人主张借款人自逾期还款之日起按照年利率6%支付资金占用期间利息的，人民法院应予支持； （二）约定了借期内的利率但未约定逾期利率，出借人主张借款人自逾期还款之日起按照借期内的利率支付资金占用期间利息的，人民法院应予支持
第三十条	出借人与借款人既约定了逾期利率，又约定了违约金或者其他费用，出借人可以选择主张逾期利息、违约金或者其他费用，也可以一并主张，但总计超过年利率24%的部分，人民法院不予支持
第三十一条	没有约定利息但借款人自愿支付，或者超过约定的利率自愿支付利息或违约金，且没有损害国家、集体和第三人利益，借款人又以不当得利为由要求出借人返还的，人民法院不予支持，但借款人要求返还超过年利率36%部分的利息除外

根据《最高人民法院关于审理民间借贷案件适用法律若干问题的规定》第二十六条，不论P2P网贷平台撮合哪类借贷业务：第一，不超过年利率24%的年利率约定，合法有效，受法律保护；第二，年利率24%以上，不超过年利率36%的利息，属于自然债务，债权人对此无请求权，出借人请求借款人支付的，法院不予支持。但结合《最高人民法院关于审理民间借贷案件适用法律若干问题的规定》第三十一条的规定，借款人已经自愿支付的，不支持不当得利返还；第三，对于年利率36%以上的利息约定，认定无效。同时，结合《最高人民法院关于审理民间借贷案件适用法律若干问题的规定》第三十一条的规定，在金钱债务上折合年利率36%以上的任何收益，均为绝对禁止，包括支付违约金和利息超过年利率36%计算的部分。

根据《最高人民法院关于审理民间借贷案件适用法律若干问题的规定》第二十八条，对于复利的计算，应当满足：第一，计入本金部分的利息必须是前期已经真实发生的利息；第二，计入本金的利息不能超过按照年利率24%计算的利息；第三，按照复利计算的本息之和，不能超过以最初本金为基数按照年利率24%计算的利息与最初本金之和。

根据《最高人民法院关于审理民间借贷案件适用法律若干问题的规定》第二十九条、第三十条，借贷双方约定的逾期利率应当以年利率24%为限。

综上，结合本款第一项的规定以及《关于规范整顿"现金贷"业务的通知》第一条第二款的规定，可基本得出P2P网贷平台息费综合不得超出年利率36%的结论。

本款第二项将不能从借贷本金中预扣的费用范围扩大，除利息外，还应包括手续费、管理费、保证金，同时规定P2P网贷平台不得设定高额逾期利息、滞纳金、罚息等。对于该项监管要求，需从如下几个方面加以理解：

（1）手续费、管理费以及保证金的收取主体一般是P2P网贷平台或第三方合作机构，以上费用基本涵盖了实践中P2P平台的收费名目，甚至可以统称为"居间服务费"，将所有"非利息平台收费"一并纳入。因此，P2P网贷平台难以简单通过变更收费名目予以规避。

（2）对于"逾期利息、滞纳金、罚息"等可以与违约金统称为借款利息衍生物，其共同点在于，只有在满足了一定条件，如借款人发生逾期、违约等情形时，才会产生借款合同约定的逾期利息、滞纳金、罚息、违约金等。此前，关于非利息费用是否纳入年利率计算问题，司法实践中对于是否纳入24%标准认定的意见不尽相同，部分法院会将非利息费用纳入年利率计算，进而参照24%年利率进行裁判。并且，从既有关于P2P网贷平台监管规范中关于息费扣收的有关规定来看，息费不得预扣的要求已基本得到明确，相关条文整理如下：

法律规定		具体内容
合同法	第二百条	借款的利息不得预先在本金中扣除。利息预先在本金中扣除的，应当按照实际借款数额返还借款并计算利息
最高人民法院关于审理民间借贷案件适用法律若干问题的规定	第二十七条	借据、收据、欠条等债权凭证载明的借款金额，一般认定为本金。预先在本金中扣除利息的，人民法院应当将实际出借的金额认定为本金

（续表）

法 律 规 定	具 体 内 容
关于进一步加强金融审判工作的若干意见	严格依法规制高利贷，有效降低实体经济的融资成本。金融借款合同的借款人以贷款人同时主张的利息、复利、罚息、违约金和其他费用过高，显著背离实际损失为由，请求对总计超过年利率24%的部分予以调减的，应予支持，以有效降低实体经济的融资成本。 规范和引导民间融资秩序，依法否定民间借贷纠纷案件中预扣本金或者利息、变相高息等规避民间借贷利率司法保护上限的合同条款效力 规范和促进直接服务实体经济的融资方式，拓宽金融对接实体经济的渠道。依法保护融资租赁、保理等金融资本与实体经济相结合的融资模式，支持和保障金融资本服务实体经济。对名为融资租赁合同、保理合同，实为借款合同的，应当按照实际构成的借款合同关系确定各方的权利义务，防范当事人以预扣租金、保证金等方式变相抬高实体经济融资成本
关于深入开展本市网络借贷信息中介机构事实认定并持续推进整改工作的通知（附件：上海市网络借贷信息中介机构的事实认定与整改工作指引表）	从借款人的借款本金总预先扣除利息或其他各种费用

本款最后用"等"字兜底，可能造成的困惑在于：实践中P2P网贷平台收取的征信服务费，或由P2P网贷平台外部服务方基于提供服务而收取的服务费，例如由具有融资担保资质的担保公司提供担保服务收取的担保服务费、由借款人选择保险服务而向保险公司支付的保险费等，是否可以从本金中预先扣除，是否需纳入24%、36%计算？

对于P2P网贷平台而言，为了符合监管对于"不得预扣"的要求，可采取两种方式解决：一是"预缴"；二是本金全额到账后再行扣除。目前来看，至少借款本金全部"到账"是必须要坚持的业务底线。但在此基础上监管是否会提出更加严格的要求还有待观望，主要在于两点：一是到达借款人的什么账户后再扣除不视为"先行扣除"，是资金的银行存管账户还是银行卡实体账户；二是如果以"资金实际控制"标准来看，"秒扣"与"先行扣除"并无实质区别。实践中，很多P2P网贷平台采取的是"贷款本金到账后即行扣除手续费"方式，虽然尚未被监管认定为属于违规情形，但如果监管趋于严格并执行"资金实质控制"标准，则"借款本金到账后即行扣除手续费"方式仍存在被认定为违规的可能。

（二）不得将客户的信息采集、甄别筛选、资信评估、开户等核心工作外包。

【解读】

根据《网贷借贷信息中介机构业务活动管理暂行办法》，P2P网贷平台是为借款人与出借人实现直接借贷提供信息搜集、信息公布、资信评估、信息交互、借贷撮合等服务的公司。所谓外包，是将为了降低营运成本和解决人力短缺的困境，将部分业务委托给外部的专门公司。本款所称"外包"，严格而言应包括除P2P网贷平台自身以外的任何其他方。本款对实践中较为常见的资金端平台与资产端平台通过不同公司运作的业务模式有极大的影响，资金端平台无法接受资产品平台推荐的"标准化"资产，而必须自主开发资产，并自行完成客户信息采集、甄别筛选、资信评估、开户等核心工作。具体而言，本款包括如下要点：

（1）不得将客户的信息采集、甄别筛选、资信评估工作外包。一方面是出于客户信息保护的要求，另一方面主要针对P2P网贷平台对平台用户，尤其是借款人的风控工作。对于依靠第三方机构推荐借款人并进行风控、坏账兜底的P2P网贷平台将要进行业务调整。P2P网贷平台需自建客户信息采集、甄别筛选、资信评估的体系、配备相应的人员，具备实际开展信息采集、甄别筛选、资信评估等工作能力。即使是对资产推介方推荐过来的资产，也应当对借款人进行核查，自行完成核心工作。

（2）不得将客户开户工作外包。此处所称"开户"指向不明，对于P2P网贷平台而言，所谓的"开户"，往往由第三方支付机构或存管银行开立，尤其在平台上线银行存管后，所有存管账户开立工作均需由存管银行自行完成。因此，笔者理解此处所称"开户"是P2P网贷平台不得给客户在平台本身或其他任何平台注册账户的行为，包括P2P网贷平台在对接合作的资产推介方后，由资产推荐方为客户批量开户的行为。

（三）不得撮合银行业金融机构资金参与P2P网络借贷。

【解读】

本款系对P2P网贷平台不能直接对接银行资金的重申：

（1）银行不能作为P2P网贷平台的出借人参与P2P网络借贷。根据《网络借贷信息中介机构业务活动管理暂行办法》第二条第二款："网络借贷是指个体和个体之间通过互联网平台实现的直接借贷。个体包含自然人、法人及其他组织。"因此，P2P网络借贷的主体限定为自然人、法人及其他组织。虽然银行业金融机构属于法人的范畴，但是早在2015年十部门发布《关于促进互联网金融健康发展的指导意见》中就将网贷机构定性为信息中介，且将网贷归属于民间借贷范畴，且根据《网络借贷信息中介机构业务活动管理暂行办法》答记者问，"网络借贷是指个体和个体之间通过互联网平台实现的直接借贷，即大众所熟知的P2P个体网贷，属于民间借贷范畴，受合同法、民法通则等法律法规以及最高人民法院有关司法解释规范"。而根据《最高人民法院关于审理民间借贷案件适用法律若干问题的规定》第一条第二款："经金融监管部门批准设立的从事贷款业务的金融机构及其分支机构，因发放贷款等相关金融业务引发的纠纷，不适用本规定。"基于前述条文规范，银行业金融机构已经明确被排除在民间借贷参与主体范围之外，故银行资金不得参与P2P业务。

（2）笔者认为，本款规制的目的还在于进一步禁止银行金融机构资金"变相"参与P2P网络借贷。例如银行将资金交给特定自然人、法人或其他组织，然后由该等自然人、法人或其他组织在P2P网贷平台出借款项，实现P2P网络借贷间接对接银行资金的效果。

（四）不得为在校学生、无还款来源或不具备还款能力的借款人提供借贷撮合业务。不得提供"首付贷"、房地产场外配资等购房融资借贷撮合服务。不得提供无指定用途的借贷撮合业务。

各地网络借贷风险专项整治联合工作办公室应当结合《关于开展"现金贷"业务活动清理整顿工作的通知》（网贷整治办函〔2017〕19号）要求，对网络借贷信息中介机构开展"现金贷"业务进行清理整顿。

【解读】

本款重申P2P网贷平台不得从事"校园贷""首付贷"等业务，可以与《网络借贷信息中介机构业务活动管理暂行办法》第十条第（十一）项相对应，即业界所称"高风险借款用途"。从目前所知的北京、上海及深圳三地网络借贷整改要点来看，"高风险借款用途"情形在监管实践中的认定可总结如下：

地区	情　形
北京	向借款用途为投资股票、场外配资、合约、结构化产品及其他衍生品等高风险的融资提供信息中介服务
	参与高风险证券市场融资或利用类HOMS等系统从事股票市场场外配资行为等
	涉及房地产配资
	校园网络借贷业务
	其他
上海	向借款用途为投资股票、场外配资、期货合约、结构化产品及其他衍生品等高风险的融资提供信息中介服务
	涉及房地产配资等加大购房杠杆的借贷业务
	开展校园网络借贷服务
	其他有关问题
深圳	向借款用途为投资股票、场外配资、合约、结构化产品及其他衍生品等高风险的融资提供信息中介服务
	参与高风险证券市场融资或利用类HOMS等系统从事股票市场场外配资行为等
	涉及房地产配资
	校园网络借贷业务
	其他

本款同时强调"不得为无还款来源或不具备还款能力的借款人提供借贷撮合业务"，该要求属于"借款人风险提示与尽职评估"范畴，即P2P网贷平台向不适当的借款人（如无还债能力或者追求过度消费的借款人）提供交易服务。

此外，本款强调"不得提供无指定用途的借贷撮合业务"。"指定用途"的理解以及对该词语不同理解可能引发的困惑，可参见前文关于"现金贷"业务"无指定用途"特征的相关内容。笔者建议对P2P网贷领域的"指定用途"作宽泛理解。

五、分类处置，加大对各类违法违规机构处置力度

（一）各类机构违反前述规定开展业务的，由各监管部门按照情节轻重，采取暂停业务、责令改正、通报批评、不予备案、取消业务资质等措施督促其整改，情节严重的坚决取缔；同时，视情由省级人民政府相关职能部门及金融监管部门依法实施行政处罚。对协助各类机构违法违规开展业务的网站、平台等，有关

部门应叫停并依法追究责任。

（二）对于未经批准经营放贷业务的组织或个人，在银监会指导下，各地依法予以严厉打击和取缔；对于借机逃废债、不支持配合清理整顿工作的，加大处罚、打击力度；涉嫌非法经营的，移送相关部门进行查处；金融机构和非银行支付机构停止提供金融服务，通信管理部门依法处置互联网金融网站和移动应用程序。涉嫌非法集资、非法证券等违法违规活动的，分别按照处置非法集资、打击非法证券活动、清理整顿各类交易场所等工作机制予以查处。

（三）对涉嫌恶意欺诈和暴力催收等严重违法违规的机构，及时将线索移交公安机关，切实防范风险，确保社会大局稳定。

【解读】

本条通过三个条款明确了对"违规展业""非法经营""违法违规活动""欺诈"以及"暴力催收"等情形的"罚则"，具体包括如下：

违规情形	处置措施	
各类机构违规展业	暂停业务	
	责令改正	
	通报批评	
	不予备案	
	取消业务资质	
	取缔	
	实施行政处罚	
协助各类机构违规展业	叫停业务合作及协助行为	
	依法追究责任	
未经批准经营放贷业务	银监会指导下严厉打击和取缔	金融机构和非银行支付机构停止提供金融服务
非法经营	移送相关部门进行查处	
借机逃废债	加大处罚、打击力度	通信管理部门依法处置互联网金融网站和移动应用程序
不支持配合清理整顿工作	加大处罚、打击力度	
非法集资	分别按照处置非法集资、打击非法证券活动、清理整顿各类交易场所等工作机制予以查处	
非法证券活动		

(续表)

违 规 情 形	处 置 措 施
恶意欺诈	线索移交公安机关
暴力催收	

六、抓好落实,注重长效,确保规范整顿工作效果

（一）各地应加强组织领导和统筹协调,由地方金融监管部门牵头,明确各类机构的整治主责任部门,摸清风险底数,制定整顿计划,压实辖内从业机构主体责任,全面深入开展清理整顿,抓紧建立属地责任与跨区域协同相结合的工作机制。同时,做好应急预案,守住风险底线。

（二）各地应引导辖内相关机构充分利用国家金融信用信息基础数据库和中国互联网金融协会信用信息共享平台,防范借款人多头借贷、过度借贷。各地应当引导借款人依法履行债务清偿责任,建立失信信息公开、联合惩戒等制度,使得失信者一处失信、处处受限。

（三）各地应开展风险警示教育,提高民众识别不公平、欺诈性贷款活动和违法违规金融活动的能力,增强风险防范意识。

（四）各地应建立举报和重奖重罚制度,充分利用中国互联网金融协会举报平台等渠道,对提供违法违规活动线索的举报人给予奖励,充分发挥社会监督作用,对违法违规行为进行重罚,形成有效震慑。

（五）各地应严格按照本通知要求开展规范整顿。对监管责任缺位和落实不力的,将严肃问责。

（六）各地应将整治计划和月度工作进展（月后5个工作日内）报送P2P网贷风险专项整治工作小组办公室（银监会）,并抄送互联网金融风险专项整治领导小组办公室（人民银行）。

【解读】

本条共计六款,分别从"地方清理整顿落实""信用信息共享与失信惩戒""金融风险教育""举报/奖惩制度与社会监督""地方监管问责"以及"地方整治情况按月报送"等方面对《关于规范整顿"现金贷"业务的通知》的落地实施提出了细化要求。如下三点值得关注：

（1）清理整顿计划仍由地方根据辖区情况摸底后制定,回顾已持续开展一年多的互金风险专项整治工作,各地在工作进度、整治力度、违规情形认定标准

等方面存在较大的不统一。可以预见的是,此次《关于规范整顿"现金贷"业务的通知》在地方监管部门层面的实施,亦难免"因地制宜"。本条第(五)款明确"地方监管问责",第(六)款要求"地方整治情况按月报送",也表明了中央对于《关于规范整顿"现金贷"业务的通知》落地执行的坚决态度。

(2)本条第(一)款提出"抓紧建立属地责任与跨区域协同相结合的工作机制"。实践中,某家从业机构的"现金贷"业务可能涉及遍布全国各地的参与方,更有不少从业机构基于寻求"政策洼地"考量而在偏远地区设立关联公司,以"割裂"形式参与业务流程的各个环节。针对该类做法,地方监管部门单独监管难度将大大加大,且会引发部分地区监管部门以机构注册地不在辖区而疏于监管。"跨区协同"工作机制的提出,旨在解决前述问题,但在监管实践中的具体效果,尚难评价。

(3)引导从业机构接入国家金融信用信息基础数据库和中国互联网金融协会信用信息共享平台,值得期待。鉴于《关于规范整顿"现金贷"业务的通知》反复强调了放贷主体资质问题,如今后对放贷机构乃至贷款撮合机构开放征信数据库,可以对"现金贷"领域的多头借贷、"老赖"问题起到一定的遏制作用。

互联网金融风险专项整治　　P2P网贷风险专项整治
　工作领导小组办公室　　　　工作领导小组办公室
(人民银行金融市场司代章)　(银监会普惠金融部代章)
2017年12月1日

抄送:中央宣传部、中央网信办、中央维稳办、发展改革委、工信部、公安部、财政部、住房城乡建设部、人民银行、工商总局、国务院法制办、银监会、证监会、保监会、国家信访局、最高人民法院、最高人民检察院办公厅(秘书局)、中国互联网金融协会。

结　语

《关于规范整顿"现金贷"业务的通知》的发布与后续实施,将成为中国互联网金融发展历史上的一个重要"事件",它一定程度上宣告了一种业务形态的"陨落",宣告了一类互金业态的"搁浅"。在金融科技这条漫漫修远之路上,可能我们能做的越来越少,但我们需要努力的却越来越多。

八、上海市电子存证指引《上海市网络借贷电子合同存证业务指引》解读

2016年8月24日,银监会、国工业和信息化部、公安部、国家互联网信息办公室制定的《网络借贷信息中介机构业务活动管理暂行办法》正式发布。自此,各地开始制定相关的实施办法。上海市金融服务办公室结合本市实际,广泛征求各方意见,在2017年6月1日发布了《上海市网络借贷信息中介机构业务管理实施办法(征求意见稿)》。监管落地的相关工作正不断有序推进。

上海市互联网金融行业协会自2016年8月29日起已经组织多次相关的闭门研讨会与法规解读培训会,以组织会员单位与监管部门面对面交流,交换意见,准确理解监管条例与相关法规,从而引导行业拥抱监管,合规发展。在此过程中,协会秘书处发现很多会员单位对电子合同存证业务的开展存在疑问,目前该业务本身也处于缺乏标准与指引的状态。然而该业务的重要性毋庸置疑,不仅是对借款人的保护,也是对投资者的保护,对网贷平台本身也是一种保护,同时也是监管部门及时获得相关数据与信息的重要渠道。

为帮助会员单位在电子合同存证业务方面更好地开展工作,协会秘书处迅速联合相关机构与单位的专家,组成工作组,研究起草了《上海市网络借贷电子合同存证业务指引》。

(1)关于电子合同存证业务指引制定的依据。

《网络借贷信息中介机构业务活动管理暂行办法》第二十二条规定:"各方参与网络借贷信息中介机构业务活动,需要对出借人与借款人的基本信息和交易信息等使用电子签名、电子认证时,应当遵守法律法规的规定,保障数据的真实性完整性及电子签名电子认证的法律效力。网络借贷信息中介机构使用第三方数字认证系统,应当对第三方数字认证机构进行定期评估,保证有关认证安全可靠并具有独立性。"

该条提及电子签名、电子认证,并且强调保障数据的真实性、完整性及电子

签名电子认证的法律效力。这里的保障数据的真实性、完整性与法律效力非常重要。

当网贷平台采取电子签名技术对出借人与借款人的基本信息和交易信息等进行防篡改处理时，必须注重电子签名电子认证系统的构建应满足《电子签名法》的要求。电子认证涉及数字证书的应用，数字证书的颁发机构均须获得工信部颁发的"电子认证服务许可证"。《网络借贷信息中介机构业务活动管理暂行办法》还提及网贷机构有权对第三方数字认证机构进行定期评估，同时该条强调要保证有关认证安全可靠并具有独立性，不应与网贷平台具有关联性。

《电子商务法》草案第三章第一节专门规定了电子合同，共有五条。《电子商务法》中所称电子商务，是指通过互联网等信息网络进行商品交易或者服务交易的经营活动。其实网络借贷信息中介服务也属于电子商务的一种，因此电子合同从电子商务平台的合规性出发，也不可或缺。

从各地的规定来看，《上海市网络借贷信息中介机构业务管理实施办法（征求意见稿）》《厦门市网络借贷信息中介机构备案登记管理暂行办法》《广东省网络借贷信息中介机构备案登记管理实施细则（征求意见稿）》都规定了平台需进行第三方电子合同存证以及授权电子数据存证服务平台根据监管部门要求提供数据；据了解，北京《网络信贷信息中介机构事实认定及整改要求》也涉及了电子签名和网贷合同数据保存的相关问题，并已实际执行但未公开发布；广州、深圳在电子合同存证方面也会有所要求和规范。但是，目前各地关于电子合同存证业务指引或标准均未出台。

（2）关于电子合同存证平台系统稳定性和安全性的保障。

现在尚无国家法律以及政府主管部门对电子合同存证平台进行审批和牌照管理，《网络借贷信息中介机构业务活动管理暂行办法》授予了网贷平台自行对存证机构进行定期评估的权利，以保证有关存证系统安全可靠。电子合同存证业务指引可以为网贷平台评估存证机构提供部分依据和标准。

《网络借贷信息中介机构业务活动管理暂行办法》强调了存证机构的独立性，因此存证机构不应与网贷平台有关联关系。

电子合同存证业务指引通过规定第三方存证平台需要达到的基本技术标准来满足网贷平台信息安全、系统稳定的需求，并给予网贷机构自行选择符合标准的第三方存证平台的权利和自由。通过市场良性竞争，也有助于提高客户体验与工作效率。

第一章 总 则

第一条 为规范网络借贷电子合同存证业务活动,促进网络借贷行业健康发展,根据《中华人民共和国合同法》《中华人民共和国电子签名法》和《关于促进互联网金融健康发展的指导意见》《网络借贷信息中介机构业务活动管理暂行办法》及其他有关法律法规,制定本指引。

【解读】

本条为本指引的制定依据。本指引从国家有关法律、《网络借贷信息中介机构业务活动管理暂行办法》出发,旨在保障网络借贷电子合同存证的法律效力、独立性以及真实完整性。

第二条 本指引所称网络借贷电子合同存证业务,是指第三方电子合同服务企业作为存证人,接受网络借贷信息中介机构的委托,按照法律法规规定和合同约定,为网络借贷业务提供电子合同存证、出证等服务。存证人开展网络借贷电子合同存证业务,不对网络借贷交易行为提供保证或担保,不承担借贷违约责任。

【解读】

网络借贷电子合同存证业务的内涵不应仅仅包括数据保存业务,《网络借贷信息中介机构业务活动管理暂行办法》提到了电子签名和电子认证,而电子签名技术和电子认证只有在存证人提供合同签署服务时才会使用和涉及。

第三条 本指引所称网络借贷电子合同,是指借款人、出借人、担保人等网络借贷各参与方之间,通过网络借贷平台电子信息网络以电子的形式达成的设立、变更、终止网络借贷民事权利义务关系的法律文件。其中本指引所称电子签名是指数据电文中以电子形式所含、所附用于识别签名人身份并表明签名人认可其中内容的数据,本指引所称数据电文,是指以电子、光学、磁或者类似手段生成、发送、接收或者储存的信息。

【解读】

本条综合各方意见,对电子合同进行界定,主要囊括了电子签名、网络借贷信息中介机构、数据电文等几个要素，尤其是在网络借贷平台上签署的文件并不止限于借贷合同，可能还有用户使用协议、出借人投资能力评估确认书、委托书等文件，因此网络借贷电子合同并不局限于借贷合同，也不局限于电子合同，所有的文件都可以使用电子签名的方式进行签署并存证。

第四条　本指引所称委托人，即网络借贷信息中介机构，是指依法设立，专门从事网络借贷信息中介业务活动的金融信息中介公司。

【解读】

本条直接引用了《网络借贷信息中介机构业务活动管理暂行办法》第二条的规定和定义。

第五条　本指引所称存证人，是指为网络借贷业务提供电子合同存证、出证等服务的第三方电子合同服务企业。

【解读】

采用"存证人"的说法与各监管规定的表述一致，且存证人提供了签署、存证等服务并且不局限于签署电子合同。

第六条　委托人委托存证人开展网络借贷电子合同存证业务应当遵循"平等自愿、诚实履约、公正守法、安全规范"的原则。

【解读】

平等自愿是双方关系，诚实履约、守法是存证人开展业务的底线，不能为业务丧失道德和法律底线；公正是存证人开展业务的立场，表明是中立的，并不会偏袒某方利益；安全规范是存证人应关注的业务重点。电子签名和电子存证作为中立的第三方，本身的诚信度至关重要，如果存证人本身不诚信，如何相信它可以作为公正的第三方去提供服务。诚信、安全是委托人选择存证人的两个重点。委托人在选择存证人时，建议可以考察：

（1）存证人之前是否有虚假宣传，比如融资信息，客户信息，注册资本与实缴是否相差太大等。目前业界有一些浮躁的信息出现，例如夸大融资金额，将真实融资金额夸大几倍宣传，例如注册资本上千万元，但是实缴只有百万元等；例如将仅见过面,或仅签署战略合作的伙伴宣传成实际使用客户,甚至自己本身为其他平台的客户宣传成自己的用户;例如将传统电子签章平台的客户当成云平台客户宣传等。建议可以要求存证人出示真实融资凭据,真实客户合同,真实实缴资本证明等。

（2）可以考察存证人是否有真正的安全团队,安全团队从业人员是否有证书,是否有自建的安全措施(部分平台仅仅依托云平台的安全措施,这样的安全性远远不够)等。

第二章　委托人

第七条　在网络借贷电子合同存证业务中,委托人应履行以下职责:
（一）负责网络借贷平台技术系统的持续开发及安全运营;
（二）采用电子签名技术进行网络借贷电子合同的签署,在符合相关法律法规规定的基础上及时、充分地记录并向存证人提交电子合同以及与电子合同签订密切相关的电子数据,确保提交的数据真实、准确;
（三）向存证人提交电子合同各签署方的真实身份信息,配合存证人进行身份认证;
（四）妥善保管网络借贷电子合同存证业务活动的电子合同以及与电子合同签订密切相关的电子数据,相关电子合同及数据应当经由委托人自行保存的同时委托存证人保存,保存期限为借贷合同到期后5年以上;
（五）同意并授权存证人根据有关监管要求向监管部门提供数据;
（六）法律、行政法规、规章及其他规范性文件的规定和网络借贷电子合同存证业务合同(以下简称存证合同)约定的其他职责。

【解读】

本条在制定过程中综合各方意见,电子合同存证只是各方签署的电子文件信息的记录,而存证的前提是使用电子签名技术进行合同签署。

第三章　存证人

第八条　在网络借贷电子合同存证业务中,作为存证人的第三方电子合同服务企业应符合以下要求:

（一）在中华人民共和国境内依法设立并取得企业法人资格；

（二）具备完善的信息安全管理制度和独立的信息安全团队，存证人须取得ISO27001信息安全管理体系认证，系统应符合国家信息安全等级保护制度的第三级要求并通过相应测评；

（三）明确负责网络借贷电子合同存证业务管理与运营的一级部门，部门设置能够保障存证业务运营的完整与独立；

（四）具有自主管理、自主运营且安全高效的网络借贷电子合同存证业务技术系统；

（五）具有完善的内部业务管理、运营操作、信息安全管理等相关制度；

（六）具备在全国范围内为用户提供网络借贷电子合同存证服务的能力；

（七）具有良好的信用记录，未被列入企业经营异常名录和严重违法失信企业名单；

（八）监管部门要求的其他条件。

【解读】

本条在制定过程中综合各方意见，之所以强调"具备在全国范围内为用户提供网络借贷电子合同存证服务的能力"，是因为网络借贷业务所涉及的用户遍布全国，并不仅限于上海区域。

第九条　存证人的网络借贷电子合同存证业务系统应当满足以下条件：

（一）具备完善的电子合同存证业务体系和对接网络借贷信息中介机构系统的数据接口，能够完整记录电子合同以及与电子合同签订密切相关的电子数据并提供完善的存证信息查询功能；

（二）具备完善的鉴权机制和身份认证功能，能够对委托人、委托人的客户（包括出借人、借款人及担保人等）及其他授权用户的身份真实性进行认证，并能够完整记录用户操作日志以备审计；

（三）具备保证存证数据完整性、机密性的技术机制，综合运用哈希校验、电子签名、密码加密等技术手段防止存证数据被篡改，确保存证数据在存储、传输过程中的安全保密；

（四）系统具备高可用性（99.99%以上），应通过同城双活、异地容灾等机制保障业务连续性，应制定完善的应急预案并定期演练；具备防御大流量DDoS攻击的带宽资源；传输存证数据时应通过SSL 256位加密通道；具备可靠的异地

容灾备份机制,存证数据至少在异地保存2个副本;

（五）具备安全高效稳定运行的能力,能够支撑高并发条件下的电子合同存证、查询等各类峰值操作;

（六）监管部门要求的其他条件。

【解读】

本条在制定过程中综合各方意见,主要规定存证人业务系统应达到的条件,规定比较具体,主要满足网络借贷平台对于存证人系统安全高效稳定的运行需求。本条提及存证人对接口的使用方应有完善的鉴权机制,意味着存证人业务系统应具备完整的业务管理、认证和校验功能,可以防止恶意用户进行非授权操作。

第十条　在网络借贷电子合同存证业务中,存证人应履行以下职责:

（一）对申请接入的网络借贷信息中介机构,设置相应的系统接入标准,并为其系统接入提供技术支持;

（二）为委托人、委托人的客户（包括出借人、借款人及担保人等）登录存证平台查询、下载已签署的电子合同提供支持,安全保管客户账户信息,确保各账户关联的数字证书由账户所有人专有;

（三）根据法律、法规规定或存证合同约定,向授权对象提供电子合同存证出证报告;

（四）妥善保管网络借贷电子合同存证数据及相关业务档案,保存期限为借贷合同到期后5年以上;

（五）对存证数据履行安全保管责任,采取各项措施防止数据被窃取、篡改、破坏或丢失,不应外包或委托其他机构代理开展存证业务;

（六）加强信息管理和客户信息保护,确保存证平台信息采集、处理及使用的合法性、安全性、保密性,不得将委托人及其客户信息出售或者非法提供给他人;

（七）法律、行政法规、规章及其他规范性文件的规定或存证合同约定的其他职责。

【解读】

本条在制定过程中综合各方意见,主要对存证人的职责进行了规定。

第四章 业务规范

第十一条 在网络借贷电子合同存证业务中,存证人进行存证的内容至少应包括如下原始信息:
(一)网络借贷业务各参与方通过网络借贷平台签订的网络借贷电子合同;
(二)网络借贷电子合同各签署方的身份信息;
(三)网络借贷电子合同各签署方签订电子合同的时间信息;
(四)网络借贷电子合同各签署方签订电子合同的网络地址信息;
(五)其他与电子合同签订密切相关的基本信息。

【解读】

本条在制定过程中综合各方意见,以上信息对于存证人出证是关键信息,具备以上信息可以满足监管需要,具备技术上的可行性且不会造成用户使用电子合同的不便。

第十二条 在网络借贷电子合同存证业务中,存证人提供的出证报告至少应包括以下内容:
(一)电子合同各签署方的身份认证信息,分为个人身份认证信息和企业实名认证信息:
1. 个人身份认证信息应至少包含个人姓名、通过实名认证时间、CA证书序列号、CA证书主题、CA证书颁发机构、CA证书有效期。除此以外,可根据存证人采取的认证方式不同,采集不同的个人身份认证信息。
2. 企业实名认证信息应至少包含企业名称、企业证照图像、企业证照号码、法定代表人或代理人姓名、通过实名认证的时间、CA证书序列号、CA文件哈希值。
(二)电子合同验证信息,应包含电子合同编号、文档名称、最近签约时间、所有签约人账号信息、电子合同签署前后的哈希值等内容。
(三)行为审计信息,应包含各签署方签署电子合同的账户登录时间与登录IP地址、各签署方的签署时间与签署IP地址等内容。
(四)结论信息应包含各签署主体之间签署电子合同的事实、所有签署主体的电子签名信息是否真实、已签署的电子合同是否被篡改等内容。
(五)存证报告中应包含委托人或相关方申请出证的已签署的网络借贷电子合同。

【解读】

本条综合各方意见，把实践中需要出证的关键信息进行了列明。

第十三条 委托人开展网络借贷电子合同存证业务，应指定唯一一家存证人作为电子合同存证机构。

【解读】

本条出于监管效率的考虑，对存证机构提出了"唯一性"要求。

第十四条 存证合同至少应包括以下内容：
（一）当事人的基本信息；
（二）当事人的权利和义务；
（三）网络借贷电子合同存证业务接入方的网站域名；
（四）电子合同存证账户的开立和管理；
（五）存证人为网络借贷信息中介机构提供的服务内容；
（六）电子合同存证、出证的条件和方式；
（七）存证业务服务费及费用支付方式；
（八）存证业务合同期限和终止条件；
（九）风险提示；
（十）违约责任和争议解决方式；
（十一）其他约定事项。

【解读】

本条对存证服务合同的关键和共性内容进行了总结。

第十五条 委托人和存证人应共同制定供双方业务系统遵守的接口规范，并在上线前组织系统联网和灾备应急测试，及时安排系统优化升级，确保数据传输安全、顺畅。

【解读】

本条强调数据传输的安全与顺畅。

第十六条　按照有关法律法规规定,监管部门在必要时可依法对委托人的电子合同存证内容进行监督检查,委托人和存证人应予以配合。

【解读】

本条是为了方便主管部门履行监管职能。

第十七条　委托人需向存证人提供真实准确的网络借贷电子合同以及与电子合同签订密切相关的电子数据。存证人不承担借款项目及借贷交易信息真实性的审核责任,不对网络借贷交易数据的真实性、准确性和完整性负责,因委托人故意欺诈、伪造数据、数据错误或流程不当导致的业务风险和损失,由委托人承担相应责任。

【解读】

本条为存证人就数据提交的质量免责,明确委托人责任。

第十八条　在网络借贷电子合同存证业务中,除必要的披露及监管要求外,委托人不得用"存证人"做营销宣传。

【解读】

本条明确存证人不为委托人背书。

第十九条　存证人应根据电子合同的存证数量、存证期限、存证空间、服务内容等因素,与委托人平等协商确定存证服务费,不得以开展存证业务为由进行捆绑销售或变相收取不合理费用。

【解读】

本条明确存证人要与委托人平等协商相关服务费用。

第五章　附　则

第二十条　存证人为网络借贷信息中介机构提供网络借贷电子合同存证服务,应当依据《网络借贷信息中介机构业务活动管理暂行办法》及本指引,接受有关监管部门的监督和管理。

【解读】

本条明确了存证人责任。

第二十一条 本指引应根据上海市辖区管理范围内针对网络借贷信息中介机构业务活动的相关最新管理规定进行修订调整。

【解读】

本条说明,如相关征求意见稿最终发生变化,将随之调整修订。

第二十二条 上海市互联网金融行业协会依据本指引及其他有关法律法规、自律规则,对所属会员单位开展网络借贷电子合同存证业务进行自律管理。

【解读】

本条明确本指引属于行业自律管理。

第二十三条 本指引公布前已经开展网络借贷电子合同存证业务且存在不符合本指引要求情形的,应根据本指引进行整改,整改期自本指引公布之日起不超过6个月。

【解读】

本条明确了相关整改的时间,即6个月的整改期限。

第二十四条 本指引由上海市互联网金融行业协会负责解释。
第二十五条 本指引自公布之日起施行。

九、增值电信业务许可——国内网贷平台电信业务经营许可类型之辨

2016年8月24日,《网络借贷信息中介机构业务活动管理暂行办法》出台,其第五条第四款规定:"网络借贷信息中介机构完成地方金融监管部门备案登记后,应当按照通信主管部门的相关规定申请相应的电信业务经营许可;未按规定申请电信业务经营许可的,不得开展网络借贷信息中介业务。"基于此,网络借贷信息中介机构在开展网络借贷信息中介业务前,应当先行申请相应的电信业务经营许可。

我国对于电信业务经营按照电信业务分类实行许可制度,根据2016年2月6日发布并生效的《电信条例》第八条的规定,国内电信业务区分为基础电信业务[①]和增值电信业务[②]。根据2009年3月1日发布并于同年4月10日生效的《电信业务经营许可管理办法》及2016年2月6日发布并生效的《外商投资电信企业管理规定》的规定,电信业务经营许可证分类及审批机构如下:

电信业务经营许可证分类及审批机构			
	证照类型		审批机构
内资	基础电信业务经营许可证		工信部
	增值电信业务经营许可证	跨地区增值电信业务经营许可证	工信部
		省、自治区、直辖市范围内的增值电信业务经营许可证	省、自治区、直辖市通信管理局

---

① 基础电信业务,是指提供公共网络基础设施、公共数据传送和基本话音通信服务的业务。

② 增值电信业务,是指利用公共网络基础设施提供的电信与信息服务的业务。

(续表)

	电信业务经营许可证分类及审批机构	
	业务类型	审批机构
外资	基础电信业务	按顺序审批： ① 国务院发展改革部门核准（适用时） ② 国务院商务主管部门 ③ 工信部
	跨省、自治区、直辖市范围增值电信业务	
	省、自治区、直辖市范围内增值电信业务	按顺序审批： ① 省、自治区、直辖市人民政府商务主管部门 ② 工信部

可见，国内电信业务经营许可证包括"基础电信业务经营许可证""跨地区增值电信业务经营许可证"以及省、自治区、直辖市范围内的"增值电信业务经营许可证"三种。《网络借贷信息中介机构业务活动管理暂行办法》所言之"相应的电信业务经营许可"应当属于"增值电信业务经营许可"，各方对此并无异议，而对于网贷平台应当申请何种类型的增值电信业务经营许可，业内多有讨论，行业呼声一度"反转"，讨论的焦点主要包括"信息服务业务（仅限互联网信息服务）"及"在线数据与交易处理业务"两类增值电信业务。但目前，就网贷平台应当申请何种类型的增值电信业务经营许可，尚无官方定论。基于此，笔者将从国内相关法律法规梳理角度出发，结合业务分类演变及行业实践，就题述问题略作分析。

1. 国内增值电信业务分类演变

在2000年9月25日公布的《电信条例》附件电信业务分类目录（下称《电信业务分类目录（2000年版）》）中，增值电信业务包括：① 电子邮件；② 语音信箱；③ 在线信息库存储和检索；④ 电子数据交换；⑤ 在线数据处理与交易处理；⑥ 增值传真；⑦ 互联网接入服务；⑧ 互联网信息服务；⑨ 可视电话会议服务，共计九类。

2003年2月21日，信息产业部（已撤销，现为工信部）发布关于重新调整《电信业务分类目录》的通告，公布新的《电信业务分类目录》，并于2003年4月1日起施行（下称《电信业务分类目录（2003年版）》）。根据《电信业务分类目录（2003年版）》，增值电信业务包括：

《电信业务分类目录（2003年版）》增值电信业务分类			
B.增值电信业务	第一类增值电信业务	在线数据处理与交易处理业务	
^	^	国内多方通信服务业务	
^	^	国内因特网虚拟专用网业务	
^	^	因特网数据中心业务	
^	第二类增值电信业务	存储转发类业务	语音信箱
^	^	^	X.400电子邮件业务
^	^	^	传真存储转发业务
^	^	呼叫中心业务	
^	^	因特网接入服务业务	
^	^	信息服务业务	

2015年12月28日，工信部发布《电信业务分类目录（2015年版）》，并于2016年3月1日起施行。根据《电信业务分类目录（2015年版）》，增值电信业务包括：

《电信业务分类目录（2015年版）》增值电信业务分类			
B.增值电信业务	B1 第一类增值电信业务	B11 互联网数据中心业务	
^	^	B12 内容分发网络业务	
^	^	B13 国内互联网虚拟专用网业务	
^	^	B14 互联网接入服务业务	
^	B2 第二类增值电信业务	B21 在线数据处理与交易处理业务	
^	^	B22 国内多方通信服务业务	
^	^	B23 存储转发类业务	
^	^	B24 呼叫中心业务	B24-1 国内呼叫中心业务
^	^	^	B24-2 离岸呼叫中心业务
^	^	B25 信息服务业务	
^	^	B26 编码和规程转换业务	
^	^	B26-1 域名解析服务业务	

对比《电信业务分类目录》2000年版、2003年版以及2015年版，可以发现：

（1）《电信业务分类目录（2000年版）》并未区分第一类、第二类增值电信业务；

（2）在线数据处理与交易处理业务由原先的第一类增值划入第二类增值电信业务；

（3）《电信业务分类目录》(2000年版)》中并无"信息服务业务"，仅有"互联网信息服务"，而在《电信业务分类目录（2003年版）》及《电信业务分类目录（2015年版）》中无"互联网信息服务"，均有属于第二类增值电信业务的"信息服务业务"。

2. 国内在线数据与交易处理业务演变

根据《电信业务分类目录（2003年版）》，在线数据处理与交易处理业务属于第一类增值电信业务，是指利用各种与通信网络相连的数据与交易/事务处理应用平台，通过通信网络为用户提供在线数据处理和交易/事务处理的业务。

《电信业务分类目录（2003年版）》在线数据与交易处理业务	
交易处理业务	包括办理各种银行业务、股票买卖、票务买卖、拍卖商品买卖、费用支付等
电子数据交换业务	即EDI，是一种把贸易或其他行政事务有关的信息和数据按统一规定的格式形成结构化的事务处理数据，通过通信网络在有关用户的计算机之间进行交换和自动处理，完成贸易或其他行政事务的业务
网络/电子设备数据处理业务	指通过通信网络传送，对连接到通信网络的电子设备进行控制和数据处理的业务

根据《电信业务分类目录（2015年版）》，在线数据处理与交易处理业务属于第二类增值电信业务，是指利用各种与公用通信网或互联网相连的数据与交易/事务处理应用平台，通过公用通信网或互联网为用户提供在线数据处理和交易/事务处理的业务。在线数据处理与交易处理业务包括交易处理业务、电子数据交换业务和网络/电子设备数据处理业务。

对比2003年版与2015年版《电信业务分类目录》，新版目录将在线数据与交易处理业务由第一类增值电信业务划入第二类增值电信业务，但其定义及分类并无实质性变化。而对于在线数据处理与交易处理业务的审批机构权限划分，工信部在《电信业务分类目录（2015年版）》常见问题中明确答复如下："（1）在线数据处理与交易处理业务（仅限经营类电子商务）：应依法向公司注册地省通信管理局申请许可。（2）在线数据处理与交易处理业务（不含经营类电子商务）：a. 通过互联网提供服务的，应依法向公司注册地省通信管理局申请。b. 不通过互联网提供服务的，若跨省服务的，应依法向工信部申请许可，若仅在注册地省内服务的，应依法向公司注册地的省通信管理局申请许可。"据此，如后续工信部明确网贷平台需要申请在线数据处理与交易处理业务经营许可，笔者推测网贷平台相关申请应当属于此处的通过互联网提供在线数据处理与交易处理业务（不含经营类电子商务）服务情形，应当向省一级通信管理局申请（具有外资成分的，需要由工信部审批）。

3. 国内信息服务业务演变

根据《电信业务分类目录（2003年版）》，信息服务业务属于第二类增值电信业务，是指通过信息采集、开发、处理和信息平台的建设，通过固定网、移动网或因特网等公众通信网络直接向终端用户提供语音信息服务（声讯服务）或在线信息和数据检索等信息服务的业务。

《电信业务分类目录（2003年版）》信息服务业务	
信息服务类型	内容服务
	娱乐/游戏服务
	商业信息
	定位信息服务
信息服务业务客户	固定通信网络用户
	移动通信网络用户
	因特网用户
	其他数据传送网络的用户

根据《电信业务分类目录（2015版）》，信息服务业务属于第二类增值电信业务，是指通过信息采集、开发、处理和信息平台的建设，通过公用通信网或互联网向用户提供信息服务的业务。

《电信业务分类目录（2015版）》信息服务业务	
信息发布平台和递送服务	指建立信息平台，为其他单位或个人用户发布文本、图片、音视频、应用软件等信息提供平台的服务。平台提供者可根据单位或个人用户需要向用户指定的终端、电子邮箱等递送、分发文本、图片、音视频、应用软件等信息。

（续表）

《电信业务分类目录（2015版）》信息服务业务	
信息搜索查询服务	指通过公用通信网或互联网，采取信息收集与检索、数据组织与存储、分类索引、整理排序等方式，为用户提供网页信息、文本、图片、音视频等信息检索查询服务
信息社区平台服务	指在公用通信网或互联网上建立具有社会化特征的网络活动平台，可供注册或群聚用户同步或异步进行在线文本、图片、音视频交流的信息交互平台
信息即时交互服务	指利用公用通信网或互联网，并通过运行在计算机、智能终端等的客户端软件、浏览器等，为用户提供即时发送和接收消息（包括文本、图片、音视频）、文件等信息的服务。信息即时交互服务包括即时通信、交互式语音服务（IVR），以及基于互联网的端到端双向实时话音业务（含视频话音业务）
信息保护和处理服务	指利用公用通信网或互联网，通过建设公共服务平台以及运行在计算机、智能终端等的客户端软件，面向用户提供终端病毒查询、删除，终端信息内容保护、加工处理以及垃圾信息拦截、免打扰等服务

对比2003年版与2015年版《电信业务分类目录》关于信息服务业务的规定，可以发现变化较大。2003版目录根据网络技术类别（"固定网、移动网或因特网等公共通信网络"）划分信息服务业务，并据此将其经营许可证划分为"固网证、SP证及ICP许可证"，然而国内通信网络技术的发展使得固定网、移动网或互联网的界限模糊，因此这一分类方式已然不再适用。基于此，《电信业务分类目录（2015年版）》重新定义了信息服务业务，并根据业务的具体形态，将信息服务业务细分为"信息发布平台和递送服务、信息搜索查询服务、信息社区服务、信息即时交互服务、信息保护和处理服务"。

《电信业务分类目录（2015年版）》中的信息服务业务已不再按互联网、移动网、固定网划分，而实践中在办理许可证时还需要区分"互联网信息服务"与否。针对这一问题，工信部在《电信业务分类目录（2015年版）》常见问题中明确："依据《互联网信息服务管理办法》（国务院令第292号）对'互联网信息服务'的分类规定，目前仍将互联网信息服务作为单独业务进行许可，在许可证业务种类栏目载明为'信息服务业务（仅限互联网信息服务）'。"根据笔者的市场考察，网贷平台"互联网信息服务增值电信业务经营许可证"，应当向省一级通信管理局申请（具有外资成分的，需要由工信部审批）。

4. 国内企业增值电信业务许可证申请情况考察

笔者针对国内电商平台、互联网金融企业等的增值电信业务许可证申请情况进行了考察,检索途径包括该等企业官方网站公示信息、地方通信管理局及工信部公示系统等,具体如下：

审批机构	检索渠道名称	网址
工信部	行政许可结果公开系统	http://shenpi.miit.gov.cn/resultSearch?categoryTreeId=504&categoryTreePid=302
北京市通信管理局	许可证名录	http://www.bca.gov.cn/default/list.jsp?key=09221546040821202997
上海市通信管理局	电信业务管理系统	http://www.shcaeg.gov.cn/Backend/inintSearchlicenseinfo.action
广东省通信管理局	运营企业	http://www.gdca.gov.cn/company/index.asp[①]
浙江省通信管理局	在线查询	http://www.zca.gov.cn/query.html
江苏省通信管理局	许可公示	http://bsdt.jsca.gov.cn/zwdtportal/getxkgs/0.jsi

电子商务企业			
序号	企业名称	增值电信业务经营许可情况	发证日期
		业务类型 / 证照编号	
1	浙江淘宝网络有限公司	互联网信息服务；在线数据处理与交易处理业务 / 浙B2-20080224	2016年5月31日
2	浙江天猫网络有限公司	互联网信息服务；在线数据处理与交易处理业务 / 浙B2-20110446	2016年5月31日
3	江苏苏宁易购电子商务有限公司[②]	第一类增值电信业务中的在线数据处理与交易业务（江苏省） / 苏B1-20130131	2013年12月27日
		第二类增值电信业务中的因特网信息服务业务（江苏省） / 苏B2-20130376	2013年11月11日
4	北京京东叁佰陆拾度电子商务有限公司	信息服务业务（仅限互联网信息服务） / 京ICP证070359号	——

---

① 广东省通信管理局官网运营企业名单未及时更新,部分已获得增值电信业务许可证的企业并未列入官网企业名单之中。

② 苏宁易购增值电信业务经营许可情况来源于苏宁易购官网公示信息。根据江苏省通信管理局许可公示网站查询,苏宁易购许可证编号为苏B1.B2-20130376,业务种类为在线数据处理与交易处理业务。

（续表）

电子商务企业			
序号	企业名称	增值电信业务经营许可情况		发证日期
		业务类型	证照编号	
5	北京当当科文电子商务有限公司	信息服务业务（仅限互联网信息服务）	京ICP证041189号	——
6	北京世纪卓越信息技术有限公司	信息服务业务（仅限互联网信息服务）	京ICP证010225号	——
7	国美在线电子商务有限公司	信息服务—互联网信息服务业务（ICP）	沪B2-20120004	——
8	纽海电子商务（上海）有限公司	在线数据处理与交易处理业务、信息服务业务（不含固定网电话信息服务）（全国）	合字B1.B2-20130004	——

第三方支付机构			
序号	企业名称	增值电信业务经营许可情况		发证日期
		业务类型	证照编号	
1	支付宝（中国）网络技术有限公司	信息服务—互联网信息服务业务（ICP）	沪B2-20150087	——
		呼叫中心业务、信息服务业务（不含固定网电话信息服务和互联网信息服务）（全国）	B2-20120015	
2	汇付天下有限公司	信息服务—互联网信息服务业务（ICP）	沪B2-20110119	——
3	上海富友支付服务有限公司	信息服务—互联网信息服务业务（ICP）	沪B2-20130103	——
4	通联支付网络服务股份有限公司	无	无	——
5	上海付费通信息服务有限公司	信息服务—无线市话与移动信息服务业务（SP）	沪B2-20040316	——
6	快钱支付清算信息有限公司	信息服务—互联网信息服务业务（ICP）	沪B2-20100011	——
		呼叫中心业务、信息服务业务（不含固定网电话信息服务和互联网信息服务）（全国）	B2-20060204	

（续表）

第三方支付机构				
序号	企业名称	增值电信业务经营许可情况		发证日期
		业务类型	证照编号	
7	上海银联电子支付服务有限公司	在线数据处理与交易处理业务	沪B1-20120034	——
8	南京苏宁易付宝网络科技有限公司	信息服务业务（仅限互联网信息服务），在线数据处理与交易处理业务	苏B1.B2-20140004	——

互联网基金销售平台				
序号	企业名称	增值电信业务经营许可情况		发证日期
		业务类型	证照编号	
1	上海天天基金销售有限公司	信息服务—因特网信息服务业务（ICP）	沪B2-20130026	——
2	上海陆金所资产管理有限公司	无	无	——
3	上海好买基金销售有限公司	无	无	——

地方交易所/地方金融资产交易中心				
序号	企业名称	增值电信业务经营许可情况		发证日期
		业务类型	证照编号	
1	浙江金融资产交易中心股份有限公司	互联网信息服务；在线数据处理与交易处理业务	浙B2-20140147	2016年4月29日
2	南京金融资产交易中心有限公司	无	无	——
3	北京金融资产交易所有限公司	无	无	——
4	江苏省金融资产交易中心有限公司	无	无	——
5	温州金融资产交易中心股份有限公司	无	无	——
6	苏州金融资产交易中心有限公司	无	无	——

从事网贷业务的企业				
序号	企业名称	增值电信业务经营许可情况		发证日期
		业务类型	证照编号	
1	恒诚科技发展（北京）有限公司	信息服务业务（仅限互联网信息服务）	京ICP证150277号	——
2	上海陆家嘴国际金融资产交易市场股份有限公司	信息服务——互联网信息服务业务（ICP）	沪B2-20120023	——
3	万惠投资管理有限公司	在线数据处理与交易（广东省）；信息服务业务（仅限互联网信息服务）	粤B1.B2-20150286①	2015年11月27日
4	浙江聚元普惠网络科技有限公司	在线数据处理与交易处理业务（浙江省）；信息服务业务（仅限互联网信息服务）	浙B2-20160303	2016年5月13日
5	杭州小九投资管理有限公司	移动网信息服务；互联网信息服务；在线数据处理与交易处理业务	浙B2-20160528	2016年7月29日
6	杭州泉水金融信息服务有限公司	互联网信息服务；在线数据处理与交易处理业务	浙B2-20160482	2016年7月12日
7	浙江邦理投资管理有限公司	互联网信息服务；在线数据处理与交易处理业务	浙B2-20160328	2016年5月31日
8	杭州黑羚金融信息服务有限公司	互联网信息服务；在线数据处理与交易处理业务	浙B2-20160263	2016年4月29日

以上显示，实践中获得在线数据处理与交易处理业务经营许可证的案例较少。在通常认为的必须申请在线数据处理与交易处理业务经营许可证的电子商务领域，如京东商城、当当网、亚马逊中国、国美在线等均无相应证书。在网络借贷领域，根据笔者的了解及检索，目前拥有在线数据处理与交易处理业务经营许可的网贷平台较少，据网贷之家统计，目前有31家，其中多为浙江省、广东省注册企业②。而在其他互联网金融领域（包括互联网基金销售、地方交易所/地方金

---

① 该等证照信息系PPmoney官网显示。广州万惠投资管理有限公司于2016年7月15日更名为万惠投资管理有限公司，且2016年3月1日起在线数据处理与交易业务划入第二类增值电信业务，难以知悉目前PPmoney是否申请变更并获得新的增值电信业务经营许可证。
② 经查阅网贷之家公布的31家名单，笔者认为并非均属于网贷平台，其中不乏"互联网综合理财平台"，如网易理财、苏宁金融，也包括了地方金融交易所，如浙江金融资产交易中心，因此该数据不具有结论性参考意义。

融资产交易中心、第三方支付等），在线数据处理与交易处理业务经营许可证获得案例则更少。

5. 国内部分地区通信主管部门咨询情况反馈

为进一步考察网贷平台申请电信业务经营许可证的必要性及许可证类型，笔者向工信部及部分省市通信管理局进行了电话咨询，获得反馈如下：

序号	咨询对象	反馈情况
1	工信部	（1）信息发布平台须办理ICP证 （2）涉及支付业务需办理在线数据处理与交易处理业务许可 并未明确网贷平台办证类型，亦表示未收到网贷平台需要办理在线数据处理与交易处理业务经营许可证的通知
2	上海市通信管理局	尚未接到办理在线数据处理与交易处理业务经营许可证的通知
3	浙江省通信管理局	尚未接到办理在线数据处理与交易处理业务经营许可证的通知
4	广东省通信管理局	（1）网贷平台办理ICP证 （2）出售产品需要办理在线数据处理与交易处理业务许可证，出售信息需办理ICP证①

6. 笔者观点

（1）ICP许可证或成为必要。

ICP（Internet Content Provider）系指互联网信息服务提供者，ICP经营许可证是指各地通信管理部门核发的"互联网信息服务增值电信业务经营许可证"，属于"增值电信业务经营许可证"之一，其在许可证业务种类栏目中载明"信息服务业务（仅限互联网信息服务）"。

《互联网信息服务管理办法》②第三条规定："互联网信息服务分为经营性和非经营性两类。经营性互联网信息服务，是指通过互联网向上网用户有偿提供信息或者网页制作等服务活动。非经营性互联网信息服务，是指通过互联网向上网用户无偿提供具有公开性、共享性信息的服务活动。"该办法第四条规定："国家对经营性互联网信息服务实行许可制度；对非经营性互联网信息

---

① 广东省通信管理局咨询电话两次接听人员不同，故（1）、（2）系两名接听人员的不同答复。
② 《互联网信息服务管理办法》于2000年9月25日发布并生效，并于2011年1月8日修订。

服务实行备案制度。未取得许可或者未履行备案手续的,不得从事互联网信息服务。"

关于经营性和非经营性互联网信息服务的界定,信息产业部(已撤销,现为工信部)在《关于界定互联网信息服务性质的批复》[①]中指出:"《互联网信息服务管理办法》第三条中'经营性互联网信息服务',是指通过互联网向上网用户有偿提供信息或者网页制作等服务的活动,包括利用互联网站向用户有偿提供特定信息内容、网上广告、制作网页以及其他网上应用服务等。经营性互联网信息服务是以营利为目的的商业活动。'非经营性互联网信息服务',是指通过互联网向上网用户无偿提供具有公开性、共享性信息的服务活动。目前主要包括各级政府部门的网站;新闻机构的电子版报刊;企业、事业单位、教育、科研机构等和各类公益性网站的对本单位产品或业务进行自我宣传的网站等。这些网站不向上网用户收取费用,也不利用互联网站直接进行以营利为目的的商业活动。"另,信息产业部在《关于进一步做好互联网信息服务电子公告服务审批管理工作的通知》[②]中亦进一步明确经营性ICP和非经营性ICP的区别在于:"经营性ICP,是指通过互联网,向上网用户提供信息内容或者利用网站向用户提供某种在线应用,从而获得收入的活动。经营性ICP目前提供的网上信息大都是免费游览的,收费项目主要是网上广告、代制作网页、服务器内存空间出租、有偿提供特定信息内容、电子商务及其他网上应用服务,经营性ICP是以盈利为目的的商务活动。非经营性ICP,是指通过互联网向用户无偿提供具有公开性、共享性信息服务的活动。非经营性网站主要是各级政府部门的网站、新闻机构的电子版报刊,企业、事业单位、教育科研机构的各类公益性网站和对本单位产品或业务作自我宣传的网站,不向上网用户收费,也不利用互联网站直接进行以盈利为目的的商业活动,但对一些特定服务可能收取一些成本费或象征性收费。"

依据上述划分,笔者认为,网贷平台通过互联网为借贷双方提供信息服务并从中收取费用(包括居间服务费、咨询服务费、手续费等)等,系利用互联网直接进行以营利为目的的商业活动,应认定为经营性互联网信息服务,网贷平台应

---

① 《关于界定互联网信息服务性质的批复》于2002年4月26日发布并生效,但被2016年6月2日发布并实施的《工业和信息化部公告2016年第26号——废止的政策性文件目录》废止。该批复虽已被废止,但仍具有一定参考意义。

② 《关于进一步做好互联网信息服务电子公告服务审批管理工作的通知》于2001年3月7日发布并生效。

当申请ICP许可证。

（2）交易处理业务许可或与ICP许可证并存。

国内互联网平台（包括但电商平台、金融产品销售平台、第三方支付平台、网络借贷平台等）办理在线数据与交易处理业务许可证的案例较少，在各省、自治区、直辖市执行情况不一。以电子商务平台为例，该类企业系属从事在线数据处理与交易处理业务的典型代表，但实践中亦多有电子商务企业尚未办理相关业务经营许可证。

《电信业务分类目录（2015年版）》将在线数据处理与交易处理业务定义为"利用各种与公用通信网或互联网相连的数据与交易/事务处理应用平台，通过公用通信网或互联网为用户提供在线数据处理和交易/事务处理的业务"。同时将在线数据处理与交易处理业务划分为交易处理业务、电子数据交换业务和网络/电子设备数据处理业务三类，但并未就该三类业务进行描述或定义。相较于《电信业务分类目录（2003年版）》和《电信业务分类目录修订稿（2013版）（征求意见稿）》，《电信业务分类目录（2015年版）》删除了关于前述三个子类别的描述或定义，笔者理解，该等调整主要是考虑到日新月异的市场业务演变，为电信监管部门监管权限的弹性调整预留空间。

根据《网络借贷信息中介机构业务活动管理暂行办法》第二条第二款的规定，网贷平台为借款人与出借人实现直接借贷提供信息搜集、信息公布、资信评估、信息交互、借贷撮合等服务，其本质在于"发布借款项目信息并撮合借贷交易"，从文义理解来看，与"交易处理业务"[①]较为契合。因此，将网贷平台业务活动划入"交易处理业务"，具有一定的合理性。笔者认为，在网络借贷领域，"交易处理业务"许可能与ICP许可证并存，该种"并存"可能表现为"同一证照下包含多项业务类型"，也可能表现为"针对网贷平台开辟特有的业务类型"。笔者同时认为，本着平等监管原则，如网贷平台所从事业务活动属于"交易处理业务"，则实践中的互联网平台销售金融产品活动亦应当归入"交易处理业务"从而需要申请在线数据与交易处理业务许可证，典型包括互联网基金销售、地方交易所/地方金融资产交易中心、第三方支付机构以及互联网理财平台等。

---

① "交易处理业务"在《电信业务分类目录（2003年版）》中被描述为："包括办理各种银行业务、股票买卖、票据买卖、拍卖商品买卖、费用支付等。"在《电信业务分类目录（2013年版）（征求意见稿）》中被描述为："指利用与通信网络（含互联网）相连的交易处理平台，面向社会公众提供各种金融、证券交易以及与电子商务等有关商品、服务交易公共平台服务。"

7. 结语

市场的热烈讨论、各方的独家见解以及一波三折的媒体反转报道[①]，皆源于官方定论的"尚未出台"。希望工信部能够尽快打消市场疑惑、定纷止争，就"何种类型的互联网平台需要申请在线数据处理与交易处理业务经营许可""何种类型的互联网平台需要申请互联网信息服务经营许可""网贷平台需要办理何种类型的电信业务许可"等问题进一步作出释明，并配之以可供参照执行的办事指南，以统一各地标准，解决网贷平台"无证经营"的尴尬现状，实现全行业的平等监管。

[①] 业界之前普遍认可应办理的是"ICP许可证（互联网信息服务业经营许可证）"。2017年中秋之后据不透露姓名的工信部官员解释，网贷信息中介机构应当办理的是"在线数据与交易处理许可证（也称EDI许可证）"。而日前又有同样不可查证源头的"工信部官员解释"出现，并认为P2P平台必须申请的是《电信业务分类目录（2015年版）》中与EDI许可证同属于B21项"在线数据处理与交易处理业务"中的"交易处理业务"，而非之前业内解读的EDI许可证。

十、互联网金融广告——个体网络借贷广告规范与应对

2015年4月24日新《广告法》修订通过，自2015年9月1日起实施。新《广告法》贯彻体现了广告主承担主要责任的法律精神，普遍加重了处罚幅度、资格罚、定额罚和比例罚，明确了对大众传播媒介工作人员的追责，明确了对承担广告行政管理职能的公职人员的追责，因而被称为"史上最严的广告法"。2016年4月13日，国家工商行政管理总局等十七部门联合发布的关于印发《开展互联网金融广告及以投资理财名义从事金融活动风险专项整治工作实施方案》的通知，拉开了为期9个月的互联网金融广告专项整治行动的序幕。互联网金融广告开始走向规范化，对互联网金融广告的监管也开始实现常态化、长效化。

2017年9月4日，工商总局等十部门关于印发《严肃查处虚假违法广告维护良好广告市场秩序工作方案》的通知，再次重申互金广告监管：

二、工作重点

（三）……金融理财、收藏投资事关群众切身利益和社会稳定，要继续加强对金融理财、收藏投资等领域广告违法行为的监督检查，切实保护公众合法权益。

（四）加大对互联网金融广告的监管力度。按照互联网金融风险整治工作整体部署，延长互联网金融广告专项整治期限，依据工商总局等十七部门下发的《开展互联网金融广告及以投资理财名义从事金融活动风险专项整治工作实施方案》的要求，依法加强对互联网金融广告的监测监管，就广告中涉及的金融机构、金融活动及有关金融产品和金融服务的真实性、合法性等问题，通报金融管理部门进行甄别处理。对有关职能部门认定构成非法集资活动以及公安机关认定涉嫌经济犯罪的，工商部门依法责令停止发布广告，各有关部门依法、依职责进行查处，严厉打击发布虚假违法广告行为。

（六）持续加强互联网广告监管。加大对互联网药品、医疗器械、保健食品、食品、医疗、投资理财、收藏品等领域广告的监测监管力度，加快推进"依法管网""以网管网""信用管网"和"协同管网"，加快推进线上线下一体化监管工作机制。持续开展互联网金融广告的专项整治，维护金融市场秩序。

三、各部门职责

（十）银监会。针对涉及非法集资内容的违法广告，加强整治力度，加强与相关部门的信息互通和联合执法。会同工商部门推动出台金融广告正面清单与负面清单。对从事非法金融活动的或不符合有关法律、法规和规章要求的，银监会会同工商等部门依法、依职责责令停止相关广告发布活动。

1. 互联网金融广告相关监管规定

国内互联网金融广告监管规定基本可划分为"成文规范"与"专项整治"两个维度。其中，"成文规范"体现为各监管机构（以工商行政主管部门为主）发布的与互联网金融广告监管相关的法律、各类通知、暂行办法、实施意见等，而"专项整治"则体现为在全国各地开展的互联网金融广告专项整治工作。互联网金融广告相关监管规定按时间和层级顺序汇总如下：

（1）全国人民代表大会常务委员会于1993年9月2日发布的《中华人民共和国反不正当竞争法》第九条规定："经营者不得利用广告或者其他方法，对商品的质量、制作成分、性能、用途、生产者、有效期限、产地等作引人误解的虚假宣传。"

（2）全国人民代表大会常务委员会于2015年4月24日发布的《中华人民共和国广告法》（修订）第四条规定："广告不得含有虚假或者引人误解的内容，不得欺骗、误导消费者。"第九条规定："广告不得有下列情形：（一）使用或者变相使用中华人民共和国的国旗、国歌、国徽、军旗、军歌、军徽；（二）使用或者变相使用国家机关、国家机关工作人员的名义或者形象；（三）使用'国家级''最高级''最佳'等用语；（四）损害国家的尊严或者利益，泄露国家秘密；（五）妨碍社会安定，损害社会公共利益；（六）危害人身、财产安全，泄露个人隐私；（七）妨碍社会公共秩序或者违背社会良好风尚；（八）含有淫秽、色情、赌博、迷信、恐怖、暴力的内容；（九）含有民族、种族、宗教、性别歧视的内容；（十）妨碍环境、自然资源或者文化遗产保护；（十一）法律、行政法规规定禁止的其他情形。"第二十五条规定："招商等有投资回报预期的商品或者服务广告，应当对可能存在的风险以及风险责任承担有合理提示或者警示，并不得含有下列内容：（一）对未来效果、收益或者与其相关的情况作出保证性承诺，明示或者暗示保本、无风险或者保收益等,国家另有规定的除外;(二)利用学术机构、行业协会、专业人士、受益者的名义或者形象作推荐、证明。"

(3)国务院办公厅于2016年4月12日发布的国务院办公厅关于印发《互联网金融风险专项整治工作实施方案》的通知,具体相关规定为:"(四)互联网金融领域广告等行为。互联网金融领域广告等宣传行为应依法合规、真实准确,不得对金融产品和业务进行不当宣传。未取得相关金融业务资质的从业机构,不得对金融业务或公司形象进行宣传。取得相关业务资质的,宣传内容应符合相关法律法规规定,需经有权部门许可的,应当与许可的内容相符合,不得进行误导性、虚假违法宣传。"

(4)国家工商行政管理总局等十七部门于2016年4月13日联合发布的关于印发《开展互联网金融广告及以投资理财名义从事金融活动风险专项整治工作实施方案》的通知,内容涉及清理整治互联网金融广告,具体相关规定为:"(四)突出重点行为。互联网金融广告应当依法合规、真实可信,不得含有以下内容:一是违反广告法相关规定,对金融产品或服务未合理提示或警示可能存在的风险以及承担风险责任的。二是对未来效果、收益或者与其相关情况作出保证性承诺,明示或者暗示保本、无风险或者保收益的。三是夸大或者片面宣传金融服务或者金融产品,在未提供客观证据的情况下,对过往业绩作虚假或夸大表述的。四是利用学术机构、行业协会、专业人士、受益者的名义或者形象作推荐、证明的。五是对投资理财类产品的收益、安全性等情况进行虚假宣传,欺骗和误导消费者的。六是未经有关部门许可,以投资理财、投资咨询、贷款中介、信用担保、典当等名义发布的吸收存款、信用贷款内容的广告或与许可内容不相符的。七是引用不真实、不准确数据和资料的。八是宣传国家有关法律法规和行业主管部门明令禁止的违法活动内容的。九是宣传提供突破住房信贷政策的金融产品,加大购房杠杆的。"以上九条规定被业内视为互联网金融广告的"九条红线"。

(5)国家工商行政管理总局于2016年5月4日发布的关于印发《2016网络市场监管专项行动方案》的通知,要求各地工商、市场监管部门要严格执行新《广告法》的规定,认真加强对监管执法热点难点问题的研究,对互联网广告市场持续严管严控。进一步加强监测监管,严厉查处虚假违法互联网广告。充分发挥整治虚假违法广告部际联席会议作用,加强部门间的协调沟通、信息共享和执法协作,在2016年5月至11月开展互联网金融广告专项整治。

(6)国家工商行政管理总局于2016年7月4日发布的《互联网广告管理暂行办法》,内容主要为互联网广告相关规范。

（7）银监会、工业和信息化部、公安部、国家互联网信息办公室于2016年8月17日联合发布的《网络借贷信息中介机构业务活动管理暂行办法》，第十条关规定："网络借贷信息中介机构不得从事或者接受委托从事下列活动：……（十）虚构、夸大融资项目的真实性、收益前景，隐瞒融资项目的瑕疵及风险，以歧义性语言或其他欺骗性手段等进行虚假片面宣传或促销等，捏造、散布虚假信息或不完整信息损害他人商业信誉，误导出借人或借款人。"

（8）浙江省工商局于2016年1月21日发布的《浙江省工商行政管理局关于开展投资理财类广告专项整治的通知》，具体相关规定为："投资理财类广告不得含有下列内容：（一）对未来效果、收益或者与其相关的情况作出保证性承诺，明示或者暗示保本、无风险或者保收益等；（二）夸大或者片面宣传投资理财产品，违规使用安全、保证、承诺、保险、避险、有保障、高收益、无风险等与产品风险收益特性不匹配的表达；（三）利用学术机构、行业协会、专业人士、受益者的名义或者形象作推荐、证明；（四）在未提供客观证据的情况下，使用'业绩优良''名列前茅''位居前列''最有价值''首只''最大''最好''最强''唯一'等夸大过往业绩的表述；（五）引用不真实、不准确或未经核实的数据。"

（9）上海市工商局于2016年3月22日发布的《关于互联网金融广告的审查要求》，内容主要涉及对于互联网金融广告的审查要求。

（10）北京市工商局、北京市公安局等于2016年5月16日发布的《关于在防范和处置非法集资活动中加强金融投资理财类广告监管有关工作的实施意见》，要求各有关部门明确职责，加强监管，完善部门间协调沟通机制，形成监管执法合力，强化自律意识，依法从事广告经营活动，金融投资理财类广告内容要符合规定要求，广告内容必须真实、合法，不得欺骗、误导投资人，应当对可能存在的风险及风险责任承担有合理提示警示，显著标明"投资有风险，选择需谨慎"的风险提示语，广告主应当对金融投资理财类广告的真实合法性负责，广告经营者、广告发布者要守法经营，行业组织要加强自律。

（11）福建省工商局于2016年8月25日发布的《福建省工商局关于做好〈互联网广告管理暂行办法〉贯彻实施工作的通知》，要求高度重视，充分认识贯彻实施《网络借贷信息中介机构业务活动管理暂行办法》的意义，加强宣传培训，营造良好的舆论氛围和社会环境，严格执法，持续保持惩治虚假违法广告的高压态势，结合互联网金融广告专项整治工作，进一步做好互联网广告监管工作，严管严控，做到决心不变，力度不减，尺度不松，坚持高压严打，露头就打，决不让其滋生蔓延。

（12）福建省工商局于2017年1月10日发布的《福建省工商局关于做好当前互联网金融广告及以投资理财名义从事金融活动风险专项整治几项工作的通知》，要求各部门立足法定职责，扎实开展各项工作，在开展互联网金融平台现场核查和清理整顿工作中，要从企业注册登记、企业监督管理、网络商品交易管理、虚假宣传和广告监管等环节入手，对辖区内的互联网金融平台（企业）进行认真核查，对存在问题的，要依法依规及时处理。

（13）福建省工商局于2017年2月20日发布的《福建省工商局关于印发2017年广告监管与发展工作要点的通知》，要求建立长效监管机制，保持高压严管态势，严厉查处虚假违法广告。强化互联网广告监管，继续开展互联网金融广告专项整治，探索"互联网+广告监管"执法模式。加强办案指导，强化统一调度和督办协调，加大对重大违法广告案件查处的指挥力度。

经梳理国内互联网金融监管相关规范文件内容和专项整治规定，对国内互联网金融广告监管立法和专项整治情况可总结如下：第一，互联网金融广告的监管和专项整治作为互联网金融监管和专项整治的重要组成部分，与互联网金融的监管立法和专项整治保持高度协调；第二，互联网金融广告的监管和专项整治以工商行政主管部门为主力，多头监管协同推进；第三，虚假宣传和承诺收益成为监管和专项整治的重点，高压严打趋势将继续维持。

2. 互联网金融广告合规化建议

通过对互联网金融广告相关监管规定的梳理，并结合国家工商行政管理总局等十七部门于2016年4月13日联合发布的《开展互联网金融广告及以投资理财名义从事金融活动风险专项整治工作实施方案》对于互联网金融广告提出的九条禁令和2015年修订的现行《广告法》的相关规定，现对互联网金融企业提示互联网金融广告行政处罚风险并提供合规化建议如下：

（1）对金融产品或服务未合理提示或警示可能存在的风险以及承担风险责任。建议：在企业官网页面明确标注"投资有风险"等风险提示字样，在产品信息公示页面和产品条款中明确列明风险提示与承担条款，建议在每个产品信息展示页面都配以风险提示字样。

（2）对未来效果、收益或者与其相关情况作出保证性承诺，明示或者暗示保本、无风险或者保收益。建议：避免宣传"到期还本""年化收益率""预期收益率""稳健收益""收益高达X%""收益可至X%"等可能涉嫌承诺收益的宣传，不要在经营性页面特别是滚动页面宣传产品收益率范围。在产品信息公示页面公示与借款人约定收益率的同时,显著提示借款人违约的风险和违约责任的承担方式。如果使用"历史收益率",比如"近三个月收益率",需要明确指出历史的区间和产品的范围,且有明确的证据证明,同时需提醒历史收益率只能作为参考,不代表未来的收益。实践中,"年化收益率""预期收益率"等宣传措辞均有实践处罚案例可循,对于"预期收益率"表述,监管机构认为其涉嫌保证性承诺,因为对于不具备专业知识的消费者来说,是否购买产品就是以收益率来判断。基于此,我们建议:不使用"到期还本""年化收益率""预期收益率""稳健收益""收益高达X%""收益可至X%"等措辞。在项目信息公示页面,针对每个项目均要附上显著的风险提示语,在"收益率"表达上:第一,可考虑使用"同类型项目历史年化收益率"或"同类型项目近X月收益率"表达,并明确"同类型项目"的具体所指,"历史""近X月"所指向的具体的"期间",同时附上风险提示,明确告知客户历史收益率只能作为参考,不代表未来的收益;第二,可考虑使用"协议约定借款利率"表达,并明确"协议"在何处可供查询阅读,同时附上风险提示,明确告知客户协议约定的收益率存在违约风险,不构成对收益获得的承诺。此外,就"XX收益率""X%"以及每个项目配套的风险提示语,在字体大小上要相对合理,不能刻意以较大字体凸显"XX收益率""X%",而使用较小的字体用于风险提示语。

(3)夸大或者片面宣传金融服务或者金融产品,在未提供客观证据的情况下,对过往业绩、曾获荣誉作虚假或夸大表述。建议:客观、真实、全面宣传金融服务和产品,对经营历史、所获荣誉、股东背景、已为投资者赚得多少收益等如实宣传,宣传内容有客观的证据可以证明真实性,涉及与银行和保险机构合作的需说明具体的合作内容,如仅存在在银行处开立账户等行为,不得将银行等列为"合作机构/合作伙伴",不得以合作机构为任何产品提供宣传及信用背书。同时,针对与金融机构开展的合作,应当明确表述提供该金融服务内容的金融机构名称,比如银行资金托管、保险公司全额承保,需明确金融机构名称。

(4)利用学术机构、行业协会、专业人士、受益者的名义或者形象作推荐、证明。建议:避免利用学术机构、行业协会、专业人士的名义或者形象宣传。正常交流考察活动建议作为企业新闻动态展示,不宜在网站经营性页面展示宣传。避免使用受益者名义宣传,如需使用,建议借助使用者形象宣传,但是需要客观全面反映产品整体情况,包括收益和亏损,避免只宣传取得的收益。

(5)对投资理财类产品的收益、安全性等情况进行虚假宣传,欺骗和误导消费者。建议:客观、如实、充分披露产品信息和风险情况。

（6）未经有关部门许可，以投资理财、投资咨询、贷款中介、信用担保、典当等名义发布的吸收存款、信用贷款内容的广告或与许可内容不相符的广告。建议：根据工商行政主管部门核准的经营范围开展营业活动，发布的广告内容应与自身的资质（牌照）相适应，不得超越经营范围违规发布吸收存款、信用贷款内容的广告或者与许可内容不相符的广告。该问题在实践中较为突出，例如广告语宣传使用"当日申请、当日放款、当日到账"等措辞，即可能被认定为未经许可发布信用贷款内容。

（7）广告使用数据、统计资料、调查结果、文摘、引用语等引证内容不真实、不准确，未标明出处。引证内容有适用范围和有效期限的，未明确表示。建议：引用社会一致公认的，具有权威性的数据资料和现有社会认知程度下的客观真理。引用评优、评比、排序等综合性内容，应当确认相关真实性，并标明出证机构、评比内容、时间范围和空间范围等相关条件。用数据表示产品的基本信息和历史业绩时，无需标明数据的来源，但是数据产生有特定条件的，比如历史业绩的区间、范围需要标明。

（8）使用或者变相使用中华人民共和国的国旗、国歌、国徽、军旗、军歌、军徽。建议：不要使用与国家形象有关的任何宣传，特别是国旗的使用，不得利用手持国旗的形象宣传产品，即在网站/App页面等不要使用国旗、国徽等图案（包括卡通图案）。

（9）使用或者变相使用国家机关、国家机关工作人员的名义或者形象。建议：避免在经营页面使用国家机关和国家机关工作人员的名义和形象，领导视察等宣传建议作为新闻动态展示。避免宣传受到政策的扶持和支持。不得将领导视察放在经营性页面、滚动页面宣传，以免造成消费者的误解，错误认为领导为企业形象作推荐。

（10）使用"国家级""最高级""最佳"等用语。建议：避免使用"国家级""最高级""最佳""顶级"等语义相同的表示程度的最高级且具有排他性的形容词来损害同行竞争者的名义，避免对商品或服务的绝对化表示贬低其他同类商品或服务。但可以合理使用以下表述：第一，表示时空顺序的用词，或者可被证实的历史事实，不会发展变化的，如第一家互联网金融公司；第二，明示为自我比较的程度分级；第三，明示经营理念和追求目标的，如追求成为行业第一。

（11）损害国家的尊严或者利益，泄露国家秘密。建议：如需运用中国地图标注各地分支机构，请保证中国版图的完整性（台湾地区、南海九段线）。

（12）未明确信息中介性质，产品期限拆分。建议：明确表明平台作为信息中介（建议在网站首页显著位置表明平台信息中介身份，并就投资风险进行显著提示），不得宣传随存随取（尤其针对活期产品）。

（13）向未满18周岁的在校学生宣传提供贷款服务的内容，以歧视性、欺骗性语言或者其他手段进行虚假欺诈宣传、促销，引诱学生超前消费、过度消费和从众消费等。建议：上海市工商局2017年2月27日发布《关于加强校园网络借贷广告审查的提示》，明确："网络借贷广告不得以未成年人为诉求对象，不得宣传向未满十八周岁的在校学生提供贷款服务的内容。不得以歧视性、欺骗性语言或者其他手段进行虚假欺诈宣传、促销；不应含有引诱学生超前消费、过度消费和从众消费等错误观念的内容。"例如：宣扬大学生为了约会、美容、更换3C产品、整容等可以来借现金，构成《广告法》第九条妨碍社会公共秩序或者违背社会良好风尚的违法情形。对于前述关于未成年人/学生的规定，我们建议：广告宣传中不宜出现"学生"或类似字样，不针对该类特定群体制作广告文案或宣传文字，同时在贷款服务宣传层面，不在网站/App上明示服务群体包括或特指在校大学生群体，如果确实需要备注指向特定服务群体的，则需要通过显著字样表明贷款服务对象系"年满18周岁的成年在校大学生"。此外，在其他媒体报道、文案宣传中，应尤其慎重报道内容，避免构成对"校园贷业务"的宣传。

（14）在互联网等电子渠道以外的物理场所进行宣传、推介项目或者产品。建议：在互联网等电子渠道以外的物理场所不得宣传、推介项目或者产品，但可以宣传品牌形象，不能针对具体的项目和产品，例如地铁、公交车身广告投放等不得涉及具体产品、项目的宣传。再如分支机构的易拉宝、宣传物料等，亦不得涉及具体产品、融资项目的宣传。

（15）在大型门户网站、搜索引擎网站等重点网站进行广告投放纳入重点整治。建议：互联网金融广告监管将聚焦重点网站，对其发布的广告进行重点整治，重点网站包括大型门户类网站（东方网、2345网站导航等）、搜索引擎类网站（百度、搜狗、360等）、财经金融类网站（网贷之家、网贷天眼等）、房地产类网站。建议在该等网站进行广告投放或宣传报道时，需要重点把关广告、宣传内容。

综上，我们建议各从业机构仔细排查公司网站、App、宣传物料、外部投放广告等是否可能存在违规嫌疑，并尽早予以处理，避免行政处罚风险。特别需要提示的是，实践中各地工商执法口径不一情形确有存在，且互联网理财广告监管政策变化较快，以上风险提示及建议仅供参考，无法作为任何一家公司完全"豁免"相关行政处罚的指引或准则。

　　互联网金融专项整治工作已确认延期一年，对行业集中清理规范整顿的同时，对合规经营的互联网金融企业带来的是健康、良好的发展环境和机遇。互联网金融广告的专项整治和常态化监管作为互联网金融专项整治的重要组成部分，对于规范互联网金融广告的设计、制作、发布等发挥着重要作用。望互联网金融企业依法合规使用互联网金融进行宣传，正确引导投资者，树立良好品牌形象，促进互联网金融广告健康、有序发展，推动互联网金融企业的合规经营。

十一、网贷风险专项整治整改验收工作——《关于做好P2P网络借贷风险专项整治整改验收工作的通知》解读

[发布主体]P2P网络借贷风险专项整治工作领导小组办公室

2017年12月8日,P2P网络借贷风险专项整治工作领导小组办公室下发《关于做好P2P网络借贷风险专项整治整改验收工作的通知》。全文分两大部分,第一部分为通知正文,第二部分为附件《关于整改验收过程中部分具体问题的解释说明》。第二部分附件对P2P网贷行业提出了许多更为细化的监管要求,接下来,就第二部分逐条评析如下:

1.关于债权转让有关问题。对于债权转让是否合规,应当具体问题具体分析。为解决流动性问题,在出借人之间进行的低频次债权转让,应认定为合规;对于开展类资产证券化业务或实现以打包资产、证券化资产、信托资产、基金份额等形式的债权转让行为则应该认定为违规;对于由网贷机构高管或关联人根据机构的授权,与借款人签订借款合同,直接放款给借款人,再根据借款金额在平台放标,将债权转让给实际出借人的"超级放款人"模式的债权转让,由于其可能导致网贷机构虚构标的、将项目拆分期限错配、直接或间接归集出借人资金等行为,应当认定为违规;以活期、定期理财产品的形式对接债权转让标的,由于可能造成资金和资产的期限错配,应当认定为违规。同时,各网贷机构不得以出借人所持债权作为抵(质)押,提供贷款。

【解读】

对于本条的理解,可以划分为以下几个要点:
(1)允许出借人间低频次债转。该要点可以进一步理解为两个关键点:第

一个关键点"出借人间",第二个关键点"低频次"。

首先,"出借人间"限定了P2P网贷平台债权转让业务的主体,即债权转让人和债权受让人均需要为平台的出借人。这就从主体角度将平台出借人以外的P2P网贷平台外部的各类机构、个人在平台开展债权转让业务排除在外。对于该要求,2018年1月下发的《上海市网络借贷信息中介机构合规审核与整改验收工作指引表》第40项已经进行了相关规定,即"平台外部的各类机构(如小贷、保理、融资租赁等)、个人债权在平台进行转让(平台自身撮合交易产生债权的逐笔转让除外)"。

其次,"低频次"限定了P2P网贷平台债权转让业务的频次,即债权转让业务需要满足低频次的要求。由此,引出相关的疑问:"低频次"的认定标准是什么?是从"主体"层面要求不得在多个出借人之间进行债权转让,还是从"次数"层面要求不得多次进行债权转让?抑或是前两种标准均需满足?这里的"多个"或者"多次"又具体指向几次?从各地监管政策看,目前,山西要求每笔债权最多转让3次。而这些问题在上海地区仍没有明确的答案,有待监管口径的进一步明确。

《关于做好P2P网络借贷风险专项整治整改验收工作的通知》发布后,陆金服已经开始调整债权转让规则,申请个人借款债权转让的,需满足如下申请转让规则:① 原始借款债权至少已起息60天;② 债权出让人持有该借款债权至少已满30天;③ 该借款债权剩余还款期数至少还有3期;④ 该借款债权如果已逾期,可以提交申请,但该逾期借款债权距担保代偿日/保险理赔日至少还有2天。不难看出,随着债权转让规则的调整,陆金服出借人债权转让频次能够得到明显降低,可以说是对监管要求的响应。但该等调整能否被认定为符合监管要求,仍有待监管部门的确认。

(2)特定类型债转违规。本条规定"对于开展类资产证券化业务或实现以打包资产、证券化资产、信托资产、基金份额等形式的债权转让行为则应该认定为违规"。这些特定类型债权转让,在《网络借贷信息中介机构业务活动管理暂行办法》第十条第(八)项已经明确禁止,此处再次出现,是对特定类型债转违规的重申和强调,需要从业人员重视。相关具体解读详见本书《网络借贷信息中介机构业务活动管理暂行办法》的解读部分,此处不再赘述。

(3)"超级放款人"模式禁止。《关于做好P2P网络借贷风险专项整治整改验收工作的通知》附件明确指出"对于由网贷机构高管或关联人根据机构的授权,与借款人签订借款合同,直接放款给借款人,再根据借款金额在平台放标,将债权转让给实际出借人的'超级放款人'模式的债权转让,由于其可能导致网贷机构虚构标的、将项目拆分期限错配、直接或间接归集出借人资金等行为,应当认定为违规"。这是中央层面首次直接点名"超级放款人"债权转让模式,并明确指出该等债权转让业务可能导致的结果是网贷机构虚构标的、将项目拆分期限错配、直接或间接归集出借人资金等违规行为,因此禁止开展该等债权转让业务。

从上海地区监管要求来看,最早在2016年开始的第一轮P2P网贷企业排查中已经提出不得继续开展"超级放款人"债权转让业务的要求,部分平台在2017年5月下发《上海市网络借贷信息中介机构事实认定与整改工作指引表》前拿到的整改通知书里面已经直接点名超级放款人问题。该指引表第39项已经涵盖不得开展"超级放款人"债权转让业务的含义,只是没有明确点名超级放款人。2018年1月下发的《上海市网络借贷信息中介机构合规审核与整改验收工作指引表》第39项则是上海地区首次直接点名"超级放款人"债权转让模式:"持有(控制)5%以上股份(表决权)的股东、实际控制人、董事、监事、高级管理人员及其近亲属,以及与平台受同一实际控制人控制的关联方在平台上进行债权转让(即通过'超级放款人'出借资金后在平台进行债权转让)。"

(4)活期、定期理财产品对接债转禁止。P2P平台开展活期理财产品和定期理财产品业务,需要依托于债权转让,通过债权转让的流动性实质上达到活期或定期的理财效果,但因为涉嫌未充分提示流动性风险且可能造成资金和资产的期限错配,被监管叫停。

从上海地区的监管要求看,2018年1月下发的《上海市网络借贷信息中介机构合规审核与整改验收工作指引表》第27项"向出借人提供各类活期产品,或承诺出借资金可以随时提取"、第28项"向出借人提供各类定期产品,包括在合同协议中约定通过债权转让方式到期退出的定期产品(借款人实际借款期限和出借人出借期限相匹配的,或者在产品名称中标明持满一定时间方可转让、同时已充分向出借人提示流动性风险并由出借人事先书面确认的除外)"明确点名不得开展活期产品和定期产品业务。对此,建议从业机构:

第一,所有的"活期产品"均不再使用"活期""灵活""随时退出""理财"等字样,对于"活期产品"的业务模式需要在网站、App中显著描述,"活期"效果仅可通过"投资人间债转"方式实现,针对债转产品需要在产品名称中显著标识并提示,需要为投资人设定一定期限的"产品持有期",充分告知可能债权转让不成功的风险并由投资人确认知悉,且每次债转均需要签订债权转让协议。通过该等整改措施,"活期产品"实质上变为"定期产品",只是"锁定期"较之于通常的定期产品更短。

第二，对于定期产品，项目借款期限应当与告知出借人的出借期限一致，否则构成期限拆分且属于"违规发售理财产品"。对定期产品的整改措施是，取消产品名称、相关合同中可能使出借人产生"定期投资"的误导性表述，为实现"定期"效果，可以作"投资人间债转"安排，并在相关产品及借款协议中注明"出借届满一定期限后可以进行债权转让，但并不保证转让成功"。

（5）"净值标"禁止。净值标系指平台出借人以所持债权作为质押，在平台上发布借款信息进行借款，一般平台对净值标提供利率参考区间，借款人可自行调整借款利率，但通常都会比其已投借款项目的利率低，从而净值标所借款项再行用于其他项目投资，该等净值标实质属于"利差套利"与"投资杠杆"行为。本条并未直接点名"净值标"，而是要求"各网贷机构不得以出借人所持债权作为抵（质）押，提供贷款"，实质上看，就是禁止P2P网贷平台开展"净值标"业务。

从上海地区监管要求看，2018年1月下发的《上海市网络借贷信息中介机构合规审核与整改验收工作指引表》第42项已经明确禁止"开展以出借人所持债权作为质押的'净值标'借款业务"。建议平台针对平台出借人间债转制定详尽的债权转让规则，加强"净值标"管理，禁止"净值标"的二次流转。

2. 关于风险备付金有关问题。目前市场上部分机构出于解决信用风险的考虑，提取了部分风险备付金，这一经营模式与网贷机构的信息中介定位不符。应当禁止辖内机构继续提取、新增风险备付金，对于已经提取的风险备付金，应当逐步消化，压缩风险备付金规模。同时严格禁止网贷机构以风险备付金进行宣传。各地应当积极引导网贷机构采取引入第三方担保等他方式对出借人进行保障。

【解读】

本条措辞严厉，对网贷机构的风险备付金提出了不得新增、存量压缩、不得宣传的要求，严格按照本条规定执行，网贷行业以风险备付金、准备金等为代表的风险保障机制将不再具备任何生存空间。令人困惑的是，本条要求与上海地区监管规定中对于风险备付金的要求似乎存在一定出入。根据2018年1月下发的《上海市网络借贷信息中介机构合规审核与整改验收工作指引表》第12项的要求，网贷机构不得"变相承诺保本保息，包括在官网、App等对外宣传及相关合同协议中表示设立风险准备金、备付金、客户质保款等各类客户风险保障机制"。按照该项规定，上海地区监管所禁止的"风险备付金"保障模式侧重于

"不允许宣传""不允许在相关合同协议中作出表示",如平台从自身业务收入中提取风险准备金,在借款人发生逾期时向出借人进行赔付,该等安排从文义理解并未违反第12项的要求。但只要是设置了风险备付金机制,即便未对外宣传,也涉嫌违反了《关于做好P2P网络借贷风险专项整治整改验收工作的通知》的规定。从条文层面出发,《关于做好P2P网络借贷风险专项整治整改验收工作的通知》与《上海市网络借贷信息中介机构合规审核与整改验收工作指引表》对于风险备付金监管态度的不一致,给上海地区的从业机构把握风险备付金问题的整改尺度造成了一定困扰。鉴于《关于做好P2P网络借贷风险专项整治整改验收工作的通知》直接由P2P网络借贷风险专项整治工作领导小组办公室下发,建议上海地区的从业机构对风险备付金问题从严把握,按照《关于做好P2P网络借贷风险专项整治整改验收工作的通知》的规定,做到不得新增、不得宣传、压缩存量。

《关于做好P2P网络借贷风险专项整治整改验收工作的通知》要求存量风险备付金应当逐步消化,压缩规模。实践中,对于风险备付金存量的清理工作,困惑颇多,主要包括:

(1)对于存量项目签署的协议中明确约定了向借款人收取风险备付金的,能否根据原先签署的协议继续向借款人收取风险备付金,或是仅针对新增项目停止收取风险备付金即可。

(2)对于存量项目,借款人发生逾期时,能否按照原先约定使用风险备付金向出借人进行赔付。

(3)对于已经收取的存量风险备付金,应当如何处置方能满足"逐步消化,压缩风险备付金规模"的要求。鉴于部分平台此前收取的风险备付金规模较大,即便能够继续使用风险备付金对出借人进行赔付,也无法在短期内消化完毕。部分网贷平台采取直接将风险备付金从原先设置的风险备付金专户中划转至平台基本户等收入账户中,该等处置方式能否满足风险备付金消化的要求尚不明确。

上述存量风险备付金清理工作中的相关困惑尚有待监管进一步明确。同时,《关于做好P2P网络借贷风险专项整治整改验收工作的通知》指出"应当积极引导网贷机构采取引入第三方担保等他方式对出借人进行保障"。除由第三方提供担保外,网贷行业实践中出现了担保公司"风险保障计划"的担保机制,其大致业务模式为:担保公司发起"风险保障计划",作为风险保障计划的管理人。借款人缴纳一定的"风险保障费用"加入风险保障计划,并向担保公司支付风险保障服务费。当借款人发生逾期情形时，担保公司将根据"风险保障计划"内的资金对出借人进行赔付。该等业务模式本质上是将原来由平台设立管理的风险保障机制转移至担保公司，能否符合监管对于"风险备付金"的整改要求尚有待进一步考量。

3. 关于资金存管有关问题。网贷专项整治领导小组办公室委托中国互联网金融协会开展网贷资金存管业务测评，测评工作将按照"标准统一、质量优先、客观公正、实事求是"的原则，严格依据《网络借贷资金存管指引》有序开展。网贷机构应当与通过测评的银行业金融机构开展资金存管业务合作。

【解读】

在前面"网贷资金存管规范《网络借贷资金存管业务指引》解读"部分（本条所载《网络借贷资金存管指引》名称有误），已经详细介绍了网贷资金存管规范的发展历程，并对《网络借贷资金存管业务指引》进行了逐条解读。《关于做好P2P网络借贷风险专项整治整改验收工作的通知》附件再次点名资金存管有关问题，可以看出监管层面对于网贷资金存管的重视。

本条指出了负责网贷资金存管业务测评的机构和受托机构，即网贷专项整治领导小组作为网贷资金存管业务测评的负责机构，委托中国互联网金融协会开展网贷资金存管业务测评。据报道，对存管银行的测评主要分为三个阶段，即自测、机构测评及专家现场测试。部分存管银行存在几套存管系统版本，测评的要求是所有版本均能通过评测。对于测评结果，采取"白名单"管理方式，即对于通过测评的存管银行进行公示。截至目前，中国互联网金融协会尚未公布存管银行测评的"白名单"。对于从业机构而言，应对存管银行测评进展保持关注，待"白名单"公布后，选择通过测评的银行业金融机构开展资金存管业务合作。

4. 关于综合借款成本及"现金贷"有关问题。各地应当继续做好对"现金贷"的清理整顿工作，要求辖内网贷机构依照《关于对"现金贷"业务进行规范整顿通知》相关要求开展业务，对于继续撮合或变相撮合违反法律有关利率规定的借贷业务的网贷机构不予备案登记。

【解读】

本条要求做好"现金贷"业务的清理整顿工作，对于综合借款成本问题，《关于规范整顿"现金贷"业务的通知》(本条所载《关于对"现金贷"业务进行规范整顿通知》名称有误)提出"各类机构以利率和各种费用形式对借款人收取的综合资金成本应符合最高人民法院关于民间借贷利率的规定,禁止发放或撮合违反法律有关利率规定的贷款"、网贷机构"不得撮合或变相撮合不符合法律有关利率规定的借贷业务"。涉及"综合借款成本"的具体理解,详见本书关于《关于规范整顿"现金贷"业务的通知》的解读,此处不再赘述。实践中对于"综合借款成本"的范围存在诸多疑惑,例如借款人发生逾期时所支付的逾期管理费等费用是否需要纳入综合借款成本计算;借款人提前还款时对于网贷机构已经收取的服务费等费用,是否需要按照借款人的实际借款期间折算综合借款成本从而将超过36%的部分退还给借款人等问题均有待监管进一步明确。

本条明确网贷机构如果继续撮合或变相撮合违反法律有关利率规定的借贷业务的,将不予备案登记。

5. 关于法人及分支机构备案有关问题。申请备案登记的网贷机构应当为法人机构,在申请登记的同时,应当将本法人机构的所有分支机构信息报送至本地区网贷整治办公室,同时,相关整治办公室应当及时共享相关信息,并密切配合,共同处置相关风险。

【解读】

本条对法人和分级机构备案提出了要求,即备案主体应该在备案时将所有分支机构信息报送至本地区网贷整治办公室,相关整治办公室应当及时共享相关信息,并密切配合,共同处置相关风险。实践中,存在部分网贷机构分支机构众多且地域分布较广,一定程度上加大了监管的难度。此举旨在加强对网贷机构及其分支机构的统一监管和协调监管,方便各相关整治办公室的信息共享和配合,有利于加强监管和防范、处置风险,避免发生系统性金融风险。

从地方实践看,浙江地区在《浙江省网络借贷信息中介机构备案登记管理实施细则(试行)(征求意见稿)》中对于加强分支机构的协同监管已经提出了要求。其中,第二十条规定:"在外省已备案的网络借贷信息中介机构在浙江省内设立分支机构的,应当在完成工商登记手续后10个工作日内,通过工商登记注册地县(市、区)人民政府金融管理部门告知设区的市人民政府金融管理部门,提交分支机构营业执照和总部机构备案登记文件的复印件,并接受监管。各设区的市人民政府金融管理部门发现外省分支机构在本辖区开展网络借贷信息中介业务活动但未获告知的,应及时在官方网站或指定媒体上向社会公示并进行风险提示。"

6. 关于线下经营的有关问题。对于大规模从事线下营销的网贷机构应当消减淘汰或转型线下营销门店及人员,清理、摘除相关标示、标牌、宣传牌、宣传单等,不得再在互联网、固定电话、移动电话等电子渠道以外的物理场所进行宣传或推介融资项目。

【解读】

本条强调线下营销问题的整改。《网络借贷信息中介机构业务活动管理暂行办法》第十条明确规定网贷机构不得"自行或委托、授权第三方在互联网、固定电话、移动电话等电子渠道以外的物理场所进行宣传或推介融资项目",同时按照第十六条的规定,网贷机构设置的线下网点的功能仅限于:① 信用信息采集;② 信用信息核实;③ 贷后跟踪;④ 抵质押管理等必要经营环节。对于线下营销行为的理解,将在下文进行详细分析,此处不再赘述。对于线下营销问题的整改,建议网贷机构:

第一,梳理自身线下门店或其他经营网点,对于存在从事违反监管要求的"线下营销"行为嫌疑的门店、网点予以转型、关闭等处理。

第二,严格公司宣传材料管理,对于涉嫌"线下营销"问题的相关标示、标牌、宣传牌、宣传单等按照监管要求予以清理摘除。

第三,禁止通过互联网、固定电话、移动电话等电子渠道以外的物理场所进行宣传或推介融资项目。实践中,为规避本条规定,部分网贷平台将原有的线下门店转型为客服部门,通过固定电话电子渠道等开展业务。

7. 关于网贷机构业务规模控制有关问题。网贷机构应当持续优化自身业务结构,调控自身业务规模,在前述要求的基础上,应当自整改通知书下发之日起,实现存量违规业务持续下降,确保不再新增任何违规业务。对于存在违反《办法》规定的十三项禁止性行为以及单一借款人上限的网贷机构,在其相应违规业务没有化解完成前,各省(区、市、计划单列市)整治办应当不予备案登记。

【解读】

本条涉及网贷机构业务规模控制和存量违规业务化解时间节点,对于P2P

平台影响较大。

首先,网贷机构业务规模控制。要求网贷机构自整改通知书下发之日起,存量违规业务持续下降,确保不再新增任何违规业务。这里需要注意一个时间点,即自整改通知书下发之日起。与之相关的问题,在于业务总量规模的控制问题。实践中,监管提出了业务总量不得增长的口径。对此可以理解为,在存量违规业务持续下降的同时,可以在业务总量规模不增长的前提条件下增长合规业务量。从监管的角度看,P2P平台需要逐月上报业务数据,一旦发现业务总量较上月增加,会面临监管的压力。

其次,存量违规业务化解时间节点。本条是对《关于做好P2P网络借贷风险专项整治整改验收工作的通知》正文提到的时间节点的补充说明。《关于做好P2P网络借贷风险专项整治整改验收工作的通知》正文中提及"对于《办法》规定的十三项禁止性行为及单一借款人借款上限规定,网贷机构应当自2016年8月24日后不再违反,相应存量业务没有化解完成的网贷机构不得进行备案登记"。在《关于做好P2P网络借贷风险专项整治整改验收工作的通知》发布后,本书课题组接到了很多网贷平台从业者对于正文该条规定的咨询,其自身存在2016年8月24日后违反十三项禁止性行为及单一借款人借款上限规定的情形,但平台已经在整改过程中,担心因为该条的规定而影响备案登记。但实际上,《关于做好P2P网络借贷风险专项整治整改验收工作的通知》附件的规定对该条进行了补充说明,即时间节点可以理解为备案登记前整改完成。也就是说,2016年8月24日后违反十三项禁止性行为及单一借款人借款上限规定的情形的,在备案登记前整改完成即可。从上海地区的监管实践看,2018年1月下发的《上海市网络借贷信息中介机构合规审核与整改验收工作指引表》对整改要求的时间节点一般为"备案登记前及时整改",与《关于做好P2P网络借贷风险专项整治整改验收工作的通知》对于整改时间的要求保持一致。

8.关于网贷机构与地方金融交易所合作有关问题。对于与各类地方金融交易所进行合作的网贷机构,应当停止合作,存量合作业务逐步转让或清偿,最终于本次专项整治结束之前完成。

【解读】

本条明确要求网贷机构应当停止与地方金融交易所的合作,值得注意的是,本次《关于做好P2P网络借贷风险专项整治整改验收工作的通知》中的相关表述并未针对网贷机构与地方金融交易所的合作业务进行"违法违规"与否的区分,而是直接要求应当立即停止合作。根据此前下发的《关于对互联网平台与各类交易场所合作从事违法违规业务开展清理整顿的通知》,互联网平台与交易所合作涉嫌的违规之处主要在于"将权益拆分面向不特定对象发行,或以'大拆小''团购''分期'等各种方式变相突破200人限制,存在资金池问题;一些产品未向投资者披露信息和提示风险,甚至将高风险资产进行包装粉饰;向不具备风险承受能力的中小投资者出售,一旦信用风险爆发,可能影响社会稳定"。按照《关于对互联网平台与各类交易场所合作从事违法违规业务开展清理整顿的通知》的要求,互联网平台应当于2017年7月15日前,"停止与各类交易场所合作开展涉嫌突破政策红线的违法违规业务的增量""妥善化解存量违法违规业务"。对于互联网平台与交易所的业务合作是否存在上述违法违规之处较难判断。实践中,也不乏将网贷平台与地方金融交易所的合作一概认定为违规业务的操作方式。

对于网贷平台与地方金融交易所的存量合作业务,本条要求应当逐步转让或清偿,转让或清偿完成的时间节点应当在本次专项整治结束之前。

9. 关于网贷机构业务外包及机构分立有关问题。辖内网贷机构不得将核心业务进行外包。对于将自身业务分割,将原有网贷机构分立为不同实体的情况,如果其分立出的实体,只与将其分立出的网贷机构进行业务合作的,则应当将分立后的机构视为原网贷机构的组成部分,进行一并验收管理。

【解读】

本条是关于网贷机构业务外包和机构分立的规定。具体来说,包括以下问题:

(1)网贷机构业务外包。"辖内网贷机构不得将核心业务进行外包。"此处引申出两个问题:核心业务包括哪些业务?如何理解"外包"?首先,对于核心业务范围的界定,《关于规范整顿"现金贷"业务的通知》对于银行业金融机构的要求为"不得将授信审查、风险控制等核心业务外包"。授信审查和风险控制对于个体网络借贷业务来说,依然是业务的核心,可以作为界定网贷机构核心业务的参考。接下来,对于"外包"的理解,从严格角度理解,外部第三方合作机构只要提供授信审查和风险控制等核心业务即构成"外包",按照该理解,外部合作机构只能提供更加体现服务性的纯导流业务,负责获客、催收等业务;从有利角度理解,可以理解为外部第三方合作机构可以为网贷机构继续提供授信审查和风险控制等核心服务,但是网贷机构自身必须建立完善的授信审查和风险控制等核心业务部门、制度和工作流程,不能仅依靠第三方合作机构提供服务,而自身不再进行实质审核和风控。本书倾向于从有利角度理解,但具体是从严格角度理解还是从有利角度理解,有待监管规定和监管口径的进一步细化和传达,需要密切关注监管动态和走向。

(2)机构分立。"对于将自身业务分割,将原有网贷机构分立为不同实体的情况,如果其分立出的实体,只与将其分立出的网贷机构进行业务合作的,则应当将分立后的机构视为原网贷机构的组成部分,进行一并验收管理。"机构分立的要求主要针对原有网贷机构分立为不同实体的情况,实践中包括原有网贷机构分立为从事获客、导流或助贷的机构、负责风控和贷后的机构和负责资金端的机构的情况。如果原有网贷机构分立后,分立出来的实体只与原网贷机构进行业务合作,需要受到该条款的规制,与原网贷机构进行一并验收管理。不难看出,监管此举旨在加强对网贷机构的统一监管,防止网贷机构通过业务和主体的分离而规避监管。

10. 关于网贷机构信息披露有关问题。网贷机构应该继续完善自身信息披露,于自身官方网站或App上确实披露项目风险及资金投向,同时将本法人机构的所有分支机构信息报送至本地区网贷整治办公室,在本次专项整治结束前,网贷机构应当依据银监会发布的《网络借贷信息中介机构业务活动信息披露指引》进行完整的信息披露。

【解读】

关于网贷机构的信息披露问题,银监会于2017年8月23日下发《网络借贷信息中介机构业务活动信息披露指引》对信息披露的内容、信息披露的时间、信息披露的管理等进行规制,网贷机构应当按照该指引的要求开展信息披露工作。对于该指引的具体内容,前文已进行逐条解读分析,此处不再赘述。

值得注意的是,本条提出了信息披露的"完整性"要求,网贷机构应当在本次专项整治结束前,依据《网络借贷信息中介机构业务活动信息披露指引》进行完整的信息披露。《网络借贷信息中介机构业务活动信息披露指引》所要求的信息披露项内容较多且颇为细致繁杂,对于网贷机构而言,要做到严格逐条披露难度不小。建议网贷机构加强对信息披露工作的重视,对照《网络借贷信息中介机构业务活动信息披露指引》核查自身平台信息披露内容是否完整并进行相应整改。

本条同时提出了分支机构信息报送要求，网贷机构应当将所有分支机构信息报送至本地区网贷整治办公室。

11. 关于网贷机构基础设施有关问题。对于缺乏合规的网络安全设施的网贷机构，应于本次专项整治结束前，提升安全防护和开发能力，确保系统能够满足保护客户资金信息安全、防止黑客攻击和系统中断等信息科技安全要求。

【解读】

本条再次重申对于网贷机构加强信息科技安全管理的要求。《网络借贷信息中介机构业务活动管理暂行办法》第十八条已经对网贷机构加强网络安全和信息安全提出了要求："网络借贷信息中介机构应当按照国家网络安全相关规定和国家信息安全等级保护制度的要求，开展信息系统定级备案和等级测试，具有完善的防火墙、入侵检测、数据加密以及灾难恢复等网络安全设施和管理制度，建立信息科技管理、科技风险管理和科技审计有关制度，配置充足的资源，采取完善的管理控制措施和技术手段保障信息系统安全稳健运行，保护出借人与借款人的信息安全。网络借贷信息中介机构应当记录并留存借贷双方上网日志信息，信息交互内容等数据，留存期限为自借贷合同到期起5年；每两年至少开展一次全面的安全评估，接受国家或行业主管部门的信息安全检查和审计。网络借贷信息中介机构成立两年以内，应当建立或使用与其业务规模相匹配的应用级灾备系统设施。"

随着《网络安全法》的实施和《最高人民法院、最高人民检察院关于办理侵犯公民个人信息刑事案件适用法律若干问题的解释》的发布，网络安全和个人信息保护成为企业合规经营的重要考量因素。对网贷机构而言，其从属于互联网金融。互联网金融作为互联网与金融的有机结合，互联网对于互联网金融业务的经营至关重要。互联网带来高效、便捷的同时，也带来了系统稳定性、安全性和数据信息安全等一系列风险。因此，网贷机构需要配备专业IT部门、IT设备设施和具有专业能力的IT技术人员，专门负责网贷机构运营的高效与稳定，提升安全防护和开发能力，防范和化解黑客攻击等风险，确保数据和用户信息的安全。

十二、互联网资管业务整顿——《关于加大通过互联网开展资产管理业务整治力度及开展验收工作的通知》解读

2018年3月28日,互联网金融风险专项整治工作领导小组办公室下发《关于加大通过互联网开展资产管理业务整治力度及开展验收工作的通知》,备受业内人士关注的互联网资管业务监管文件终于落地。该文件整体措辞严厉,直接将互联网资管业务本质定性为"资产管理业务类特许经营行业",强调开展互联网资管业务需取得相应牌照,体现了监管对于互联网资管业务清理整治的决心与魄力。该文件的出台,不禁让人感慨,在这一严监管态势下,是否意味着曾经一度野蛮生长的互联网资管行业乱象将终?

本书课题组结合多年业务实践,尝试从资产管理业务的资质要求、互联网资管的业务模式以及对网贷行业备案登记的影响等多方面进行分析,以期为诸君理解该文件中的相关内容助力。

1. 关于开展资产管理业务的资质要求

《关于加大通过互联网开展资产管理业务整治力度及开展验收工作的通知》第一项"验收标准"第1点强调互联网资产管理业务的本质是"开展资产管理业务""非金融机构不得发行、销售资产管理产品"和"依托互联网公开发行、销售资产管理产品,须取得中央金融管理部门颁发的资产管理业务牌照或资产管理产品代销牌照"。通过互联网开展资产管理业务,按照《通过互联网开展资产管理及跨界从事金融业务风险专项整治工作实施方案》中"采取'穿透式'监管方法,综合资金来源、中间环节与最终投向等全流程信息,对业务实质进行界定"的要求来界定:"互联网"是开展渠道,"资产管理"是业务实质。因此,互联网资产管理业务应适用资产管理相关的法律法规和监管要求。

开展"资产管理业务"的资质要求包括:

（1）主体要求：金融机构。根据《关于规范金融机构资产管理业务的指导意见》第二条："资产管理业务是指银行、信托、证券、基金、期货、保险资产管理机构、金融资产投资公司等金融机构接受投资者委托，对受托的投资者财产进行投资和管理的金融服务。"经梳理，各金融机构及其归属监管部门[①]如下：

银监会	证监会	保监会	其 他
银行	基金销售	保险	典当
信托	基金销售支付	保险代理、保险经纪	小额贷款
金融租赁	券商		融资性担保
货币经纪	公募基金		融资租赁
贷款公司	基金子公司		
第三方支付	期货		

（2）资质要求：具备资产管理业务牌照或资产管理产品代销牌照。根据《关于规范金融机构资产管理业务的指导意见》第三条："资产管理产品包括但不限于人民币或外币形式的银行非保本理财产品，资金信托，证券公司、证券公司子公司、基金管理公司、基金管理子公司、期货公司、期货公司子公司、保险资产管理机构、金融资产投资公司发行的资产管理产品等。"为防止监管套利，在我国资管行业的监管体系下，发行、代销不同的资产管理产品需要具备不同的资质，即使是金融机构开展不同类型的资产管理业务时，也须考察是否具备相应牌照。可以预见的是，基金代销等资管类牌照将更加具有市场价值。

2. 违法违规业务模式分析

《关于加大通过互联网开展资产管理业务整治力度及开展验收工作的通知》第一项"验收标准"中的第2点和第4点明确了作为互联网平台禁止开展的两类资产管理业务模式：一是"未经许可，依托互联网以发行销售各类资产管理产品等方式公开募集资金的行为"；二是为各类交易场所代销，涉嫌突破监管要求的行为。

相较于《通过互联网开展资产管理及跨界从事金融业务风险专项整治工作

---

① 2018年3月17日，第十三届全国人民代表大会第一次会议，审议批准了国务院机构改革方案，决定将中国银行业监督管理委员会和中国保险监督管理委员会的职责整合，组建中国银行保险监督管理委员会。

实施方案》针对"通过互联网开展资产管理及跨界从事金融业务"主体范围的界定①,《关于加大通过互联网开展资产管理业务整治力度及开展验收工作的通知》对于互联网资管业务模式的界定更为具体明确,也更有针对性;与上海地区此前下发的《关于贯彻国家专项整治工作领导小组部署要求进一步做好本市清理整顿阶段各项工作的通知》中第(八)项②关于互联网资产管理领域的模式分类及定性基本一致。

我们可以将《关于加大通过互联网开展资产管理业务整治力度及开展验收工作的通知》中的两点禁止性要求概括为"互联网+资产管理产品模式"和"互联网+交易所模式",并将其理解为该文件中提到的未经许可开展的需要"坚决打击"的"违法违规互联网资产管理活动":

(1)互联网+资产管理产品模式。

第一,表现形式:

A. 定向委托计划。

"定向委托计划"的业务模式通常为资产管理公司(非持牌机构)作为定向委托投资产品的受托人,由平台为其发布信息。平台撮合定向委托投资产品的委托人和受托人,即投资人与资产管理公司经平台撮合签订《定向委托资产管理协议》,投资人通过平台发布指令,委托资产管理公司进行定向投资。资产管理公司根据投资人的委托投资于信贷资产、货币市场基金、企业债券、票据、股票、银行理财产品、信托计划、资产管理计划等资产。

B. 定向融资计划。

结合《银行间债券市场非金融企业债务融资工具非公开定向发行规则》③,

---

① 《通过互联网开展资产管理及跨界从事金融业务风险专项整治工作实施方案》第二项"整治重点":(一)具有资产管理相关业务资质,但是开展业务不规范的各类互联网企业……;(二)跨界开展资产管理等金融业务的各类互联网企业……;(三)具有多项金融业务资质,综合经营特征明显的互联网企业。

② 《关于贯彻国家专项整治工作领导小组部署要求进一步做好本市清理整顿阶段各项工作的通知》第(八)项:一是互联网平台与各类交易场所合作、将各类金融资产拆分并向公众销售的,应按照国家整治办《关于对互联网平台与各类交易场所合作从事违法违规业务开展清理整顿的通知》(整治办函〔2017〕64号)要求,责令有关平台停止违法违规业务增量。在2017年7月15日以后新发生的违法违规行为,应当依法进行处罚。二是互联网平台以发行各种资管产品的名义,汇集投资者资金并以自己名义对外投资的,属于公募行为,未取得相关业务牌照的涉嫌非法集资或非法证券、变相从事基金业务活动。

③ 本规则所称非公开定向发行是指具有法人资格的非金融企业,向银行间市场特定机构投资人发行债务融资工具,并在特定机构投资人范围内流通转让的行为。

《银行间债券市场非金融企业债务融资工具管理办法》[1]中关于"定向"和"融资"的概念界定以及实践中互联网平台与金融资产交易所开展的定向融资计划的业务模式,"定向融资计划"通常将直接融资需求通过类似于金交所等通道包装为融资产品,并面向互联网平台上的特定投资者发售。该类产品的产生不乏绕道类金融机构进行产品化包装以规避网贷监管中关于借款余额限制之意。

C. 理财计划和资产管理计划。

理财计划和资产管理计划实际上都是只能由传统金融机构开发的服务类型。在传统金融领域,银行理财计划指向商业银行提供的资金投资和管理服务,而资产管理计划是由证券公司、基金管理公司子公司等提供的资产管理服务。在网贷业务领域,类似的资金池、资产池业务模式早已在"十三条红线"中被明令禁止。

D. 收益权转让。

互联网平台早期以收益权份额拆分转让的形式对私募基金、信托或资管产品进行销售,从而规避合格投资者的要求。但《私募投资基金募集行为管理办法》的出台明确禁止将私募基金份额或其收益权进行非法拆分转让。此后该类业务模式演变为互联网平台资产端对接小贷、保理、融资租赁等持有大量债权的机构,并创设出债权收益权的概念,以实现债权持有方既能快速回笼资金、满足资金流动性需求,又能够以到期回购的方式实现对债权的实际控制同时也规避债权转让通知的法律要求。《关于加大通过互联网开展资产管理业务整治力度及开展验收工作的通知》将"收益权转让"纳入"资产管理产品"范畴,对未经许可发行销售此类产品的行为予以否定。

第二,业务实质:

无论表现为何种形式,认定违法违规开展互联网资产管理业务的核心还是在于是否存在"公开募集资金"的行为。参照《关于规范金融机构资产管理业务的指导意见》第四条和《证券法》第十条第二款[2]规定,"公开"应包括面向不特定对象,或面向特定对象累计超过200人等情形。

第三,定性:

《关于加大通过互联网开展资产管理业务整治力度及开展验收工作的通

---

[1] 本办法所称非金融企业债务融资工具,是指具有法人资格的非金融企业在银行间债券市场发行的,约定在一定期限内还本付息的有价证券。

[2] 《证券法》第十条第二款规定:"有下列情形之一的,为公开发行:(一)向不特定对象发行证券的;(二)向特定对象发行证券累计超过二百人的;(三)法律、行政法规规定的其他发行行为。非公开发行证券,不得采用广告、公开劝诱和变相公开方式。"

知》中将"未经许可,依托互联网以发行销售各类资产管理产品等方式公开募集资金的行为"明确为"非法金融活动",具体可能构成"非法集资、非法吸收公众存款、非法发行证券等"。我国法律中对前述违法行为的界定如下:

A.非法集资。包括"非法吸收公众存款"和"集资诈骗"两类罪名,其中:

a.非法吸收公众存款。即违反国家金融管理法律规定,向社会公众(包括单位和个人)吸收资金的行为。

法律依据:《刑法》第一百七十六条和《最高人民法院关于审理非法集资刑事案件具体应用法律若干问题的解释》第一条、第二条、第三条。

认定标准:应同时具备下列四个要件:① 未经有关部门依法批准或者借用合法经营的形式吸收资金;② 通过媒体、推介会、传单、手机短信等途径向社会公开宣传;③ 承诺在一定期限内以货币、实物、股权等方式还本付息或者给付回报;④ 向社会公众即社会不特定对象吸收资金。

b.集资诈骗。

法律依据:《刑法》第一百九十二条和《最高人民法院关于审理非法集资刑事案件具体应用法律若干问题的解释》第四条、第五条。

认定标准:在非法吸收公众存款的行为基础上,还带有非法占有的目的,并使用诈骗方法实施的。

B.非法发行证券。

法律依据:《刑法》第一百七十九条、《最高人民法院关于审理非法集资刑事案件具体应用法律若干问题的解释》第六条以及《证券法》第十条、第一百八十八条。

认定标准:未经国家有关主管部门批准,向社会不特定对象发行、以转让股权等方式变相发行股票或者公司、企业债券,或者向特定对象发行、变相发行股票或者公司、企业债券累计超过200人的。

第四,整改要求:

《关于加大通过互联网开展资产管理业务整治力度及开展验收工作的通知》第一项"验收标准"第3点针对"未经许可,依托互联网发行销售资产管理产品的行为"提出两点要求:① 立即停止新增业务;② 存量业务于2018年6月底前压缩至零。原则上以2018年6月底作为整改的最后时限;针对情况特别复杂、确有必要适当延长整改时限的,应经省级人民政府批准,并由省级人民政府指定相关部门负责后续整改监督及验收。本书课题组注意到,《关于加大通过互联网开展资产管理业务整治力度及开展验收工作的通知》发布之后,部分涉嫌未经许可发行销售互联网资产管理产品的平台迅速采取下架相应产品等措施停止新增业务。但立即停止新增容易,存量压缩至零不易。虽然无法准确预估依托互联网发行销售资产管理产品的存量,但要在2018年6月底前存量压降至零,对于从事该等业务的机构来说,必将面临不小的难度和压力。

(2)互联网+交易所模式。

第一,合作模式:

本条列明的互联网平台与各类交易场所合作的业务模式为代销,值得关注的问题在于:《关于加大通过互联网开展资产管理业务整治力度及开展验收工作的通知》首次将"引流等方式"定性为"变相提供代销服务"。

关于"引流",通常可理解为"客户推介",相比于代销,因其较少介入实质性的业务,具有更多的中介属性,因而监管对其资质要求相对更为宽松。例如在基金销售领域,实践中也存在"第三方电子商务平台提供基金销售的辅助服务"等不需要获得基金销售业务资质的业务形态。

因此,《关于加大通过互联网开展资产管理业务整治力度及开展验收工作的通知》发布之前,在互联网平台与金融资产交易所合作的各类业务模式(参见下图)中,考查平台与交易所的关系到底构成引流还是代销(比如投资人的认购行为在哪个平台上发生、协议在哪个平台上签署以及资金的流向等),成为判断其合规性程度高低的重要依据。

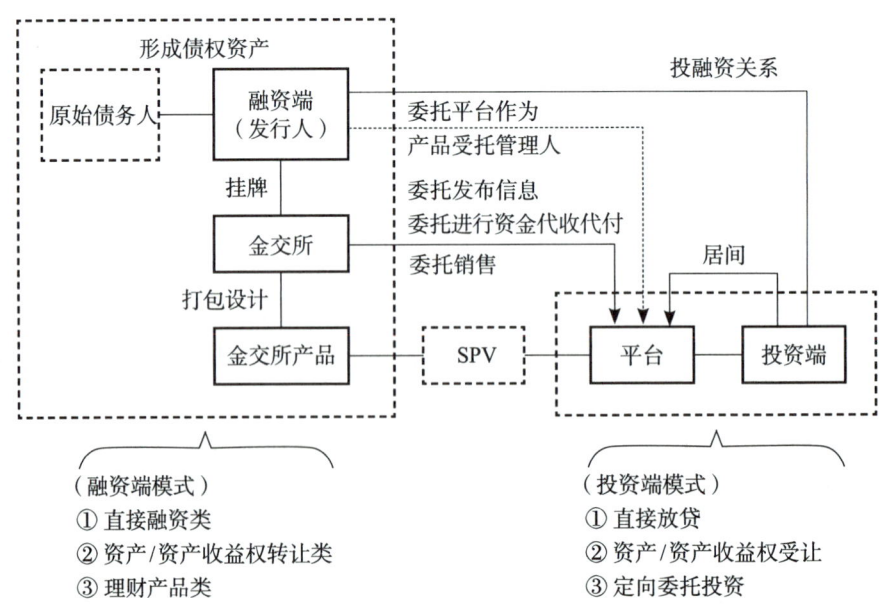

但《关于加大通过互联网开展资产管理业务整治力度及开展验收工作的通知》直接将"引流"方式纳入"变相提供代销服务"的概念范畴，与互联网平台与交易所以直接"代销"的方式进行违规资产管理产品合作的业务模式一并予以禁止，对于互联网+交易所的合作模式可以说是一轮沉重的打击。

第二，监管要求：

根据《国务院关于清理整顿各类交易场所切实防范金融风险的决定》《国务院办公厅关于清理整顿各类交易场所的实施意见》的规定，交易所开展业务的合规性边界主要在于：① 不得将任何权益拆分为均等份额公开发行；② 不得采取集中交易方式进行交易；③ 不得将权益按照标准化交易单位持续挂牌交易；④ 权益持有人累计不得超过200人；⑤ 不得以集中交易方式进行标准化合约交易；⑥ 未经国务院相关金融管理部门批准，不得设立从事保险、信贷、黄金等金融产品交易的交易场所，其他任何交易场所也不得从事保险、信贷、黄金等金融产品交易。

在目前互联网+交易所业务模式中，主要触犯的规定在于"将权益拆分为均等份额公开发行"和"权益的实际持有人累计超过200人"。表面看来，尽管金交所或互联网平台一般都会满足单期募集不超过200人上限的要求，但通过分期募集、多次转让等流程，其对应的底层资产收益权持有人往往会突破200人限制。

3. 验收标准

（1）验收主体：① 验收工作专班——由省金融办（局）、人民银行分支机构、银监局、证监局、保监局、公安、通信管理、市场监管管理等部门组成；② 特殊情况：实际经营场所与注册地分离的，由注册地省级整治办负责组织验收，实际经营所在地省级整治办提供配合与支持。

（2）验收时间：2018年4月至2018年6月底，分批次验收。

（3）验收对象：重点对象全覆盖，前期随机抽查发现仍在开展互联网资产管理业务的非重点对象也应纳入。

（4）验收措施：网络巡查、现场访谈、核查合同、调取账务数据、信息公示等。

4. 分类处置方案

（1）合格类。

主体：补齐资产管理业务相关牌照的机构。

处置方案：各省整治办出具验收合格意见，并移交相关牌照发放部门进行日常监管。

（2）整改类。

主体：仍未持有资产管理业务相关牌照，但存量业务已经化解至零、未新增业务的机构。

处置方案：机构及其实际控制人出具不再从事互联网资产管理业务的承诺书，并限期办理工商及ICP备案变更等（不得含有与资产管理业务相关的误导性陈述）。

（3）取缔类。

主体：存量互联网资产管理业务未化解至零的机构。

定性：非法金融活动。

处置方案：① 地方金融监管部门及中央金融管理部门派驻机构共同出具行政认定和处置意见；② 相关职能部门予以处置，具体包括：注销电信经营许可、封禁网站、下架移动App、吊销工商营业执照，要求从事金融业务的持牌机构不得向其提供各类金融服务等。

5. 对网贷平台备案的影响

《关于加大通过互联网开展资产管理业务整治力度及开展验收工作的通知》将违规互联网资管业务的清理与网贷平台备案登记工作挂钩，强调应当将网贷机构剥离、分立出去的互联网资产管理平台视为原网贷机构的组成部分一并进行验收。

对于将网贷业务与其他互联网资管业务分立运营的业务模式，大约肇始于2016年末2017年初兴起的"业务剥离潮"。这一阶段，由于《网络借贷信息中介机构业务活动管理暂行办法》中针对网贷平台提出的包括不得自行发售理财等金融产品募集资金、限额令等一系列严格要求，不少定位于提供"综合金融服务"的大型互联网平台，如陆金服、人人贷、开鑫贷、团贷网等，均将其运营的网贷业务或者基金、保险、信托等资产管理业务剥离，并由其他独立主体运营。对于剥离后的互联网资产管理业务而言，不少平台在早期布局之时，已经按照监管要求取得相关牌照进行合规化运作。但实践中，也不乏网贷机构在进行自身违规业务清理工作过程中，试图将违规业务剥离至其他关联平台继续"无照非法运营"。

按照此次《关于加大通过互联网开展资产管理业务整治力度及开展验收

工作的通知》的要求，将从"拟备案网贷机构的股东资质审核"入手，如该类从网贷机构剥离出去的机构运营的违规互联网资管业务存量未清理完成，则其实际控制人或股东投资设立的网贷机构将不予备案登记。该规定对于存有"保留互联网资管业务并以其他独立主体申请网贷备案登记"心思的机构的业务将造成重大冲击。对于拟申请备案登记的网贷机构而言，如果其实际控制人与股东投资有其他互联网资产管理机构的，应当重点关注关联的互联网资产管理机构是否已及时完成违规业务的清理工作，以免对网贷机构的备案登记工作造成影响。

此外，从现有监管政策来看，如果网贷平台所设计的产品是直接借贷模式（能够穿透到实际借款人、借款项目），且满足监管中关于不得进行期限拆分错配、不得自行发售理财等金融产品等相关要求的，则本书倾向于仍将其定性为网络借贷业务，不宜将其纳入《关于加大通过互联网开展资产管理业务整治力度及开展验收工作的通知》所规制的"理财计划"范畴。

合规释义篇

自2016年4月13日银监会印发《P2P网络借贷风险专项整治工作实施方案》以来,上海市各区已持续开展辖区内网络借贷信息中介机构业务活动专项整治工作,且目前仍在进行中。此外,北京、深圳两地亦先后出台关于网络借贷信息中介机构的整改要点,本部分围绕上海地区网贷整改要点(2018年1月,上海市监管部门向各辖区下发了《上海市网络借贷信息中介机构合规审核与整改验收工作指引表》,对2017年5月发布的《上海市网络借贷信息中介机构事实认定与整改工作指引表》进行了修改和补充,共计7部分、47条、168项),对比北京、上海、深圳三地整改要点,着重针对上海地区整改情形进行详解,并尝试提出相应的合规整改建议。

一、禁止性规定

（一）自融

"为自身或变相为自身融资"问题主要指向《网络借贷信息中介机构业务活动管理暂行办法》第十条第（一）项，即业界所称之"自融"，具体可能涉及如下情形：

（1）平台运营企业以自身名义在平台融资。

（2）以其他企业或个人名义在平台上融资，实际由平台自身使用。

（3）持有（控制）5%以上股份（表决权）的股东、实际控制人、董事、监事、高级管理人员及其近亲属，以及与平台受同一实际控制人控制的关联方在平台上融资。

（4）其他关联方在平台上融资，但未充分披露与平台的关联关系。

（5）其他有关问题。

从目前所知的北京、上海及深圳三地网络借贷整改要点来看，"自融"情形在监管实践中的认定，可对比如下：

地区	情形
北京	自身在平台上融资
	关联方在平台上融资但未予充分信息披露
	变相为自身融资（如：以股东、高管、实际控制人及其近亲属、公司员工等名义进行融资，由平台自身使用等情形）
	其他
上海	平台运营企业以自身名义在平台融资
	以其他企业或个人名义在平台上融资，实际由平台自身使用
	持有（控制）5%以上股份（表决权）的股东、实际控制人、董事、监事、高级管理人员及其近亲属，以及与平台受同一实际控制人控制的关联方在平台上融资

(续表)

地区	情　形
上海	其他关联方在平台上融资，但未充分披露与平台的关联关系
	其他有关问题
深圳	网贷机构以自身名义从自有平台融资
	以其他企业或个人名义在网贷机构融资，实际由网贷机构自身使用
	持有（控制）5%以上股份（表决权）的股东、实际控制人、董事、监事、高级管理人员及其近亲属在网贷机构融资
	与网贷机构受同一实际控制人控制的关联方以及其他关联方在网贷机构融资，但未充分披露与网贷机构的关联关系
	其他无法自行判定的情形（请详细说明）

针对上海地区网贷待整改情形，网贷机构应当在备案登记前及时整改。除兜底的"其他有关问题"外，网贷机构"自融"可理解如下：

第一，平台运营主体不得通过平台为自身融资。所谓的运营主体，通常是指平台网站、App的实际运营方，即网贷机构本身。

第二，非平台自身融资但资金由平台使用，纳入"自融"范畴。该条采用"资金实际使用人"认定标准，结合实践，监管难度较大，需要由会计师事务所针对平台资金流水进行审查方可能"有迹可循"。

第三，"平台核心关联方融资禁止"。该条所列"核心关联方"具体包括如下：一是持有5%以上股权/表决权的股东/控制方，从严理解应当包括通过协议控制获得表决权的主体；二是实际控制人，一般穿透追溯直至自然人、国资委或全民所有制企业股东；三是董事，通常以工商部门登记的为准；四是监事，通常以工商部门登记的为准；五是高级管理人员，严格理解，高级管理人员不仅包括公司章程所约定的相关人员，还应包括平台各部门的负责人，例如平台风控负责人、财务负责人等；六是前述五点所涉自然人的近亲属，在民法领域，"近亲属"包括配偶、父母、子女、兄弟姐妹、祖父母、外祖父母、孙子女、外孙子女；七是同一实际控制人控制的其他关联方，通常包括平台实际控制人持有或拥有超过51%股权/表决权的公司。对于上述七类"核心关联方"融资，均列为"变相自融"而予以禁止。

第四，非核心关联方融资需充分披露关联关系，该条为"平台关联方融资"留有了空间。针对该类融资项目，需要在项目描述中明确提示融资主体的"关联方"身份，且详述其与平台间存在的"关联点"，例如融资主体系持有平台5%

以下股权的股东、融资主体系平台参股企业等。

结合以上几点，建议从业机构：

一是全面梳理平台运营主体的股权架构、股权代持/协议控制情形、对外投资企业名录以及关联方名单（包括自然人核心关联方近亲属）。

二是制定《平台融资主体准入规则》，从制度规范层面提出"自融避免"之自我约束，并遵照执行以避免踩线"自融"。

（二）资金池

"直接或间接接受、归集出借人资金"问题主要指向《网络借贷信息中介机构业务活动管理暂行办法》第十条第（二）项，即业界所称之"资金池"，具体可能涉及如下情形：

（1）在没有具体项目的情况下先行归集出借人资金。

（2）客户资金未设立专门银行账户存储管理，与平台自有资金混用。

（3）通过第三方（股东、实际控制人、董事、监事、高级管理人员、公司员工及其近亲属等）银行账户接受、归集出借人的资金。

（4）平台挪用客户资金。

（5）其他有关问题。

从目前所知的北京、上海及深圳三地个体网络借贷整改要点来看，"资金池"情形在监管实践中的认定，可对比如下：

地区	情　　形
北京	以平台账户接受、归集出借人资金
	通过股东、高管、实际控制人及其近亲属、公司员工等接受、归集出借人的资金
	平台挪用出借人资金
	其他
上海	在没有具体项目的情况下先行归集出借人资金
	客户资金未设立专门银行账户存储管理，与平台自有资金混用
	通过第三方（股东、实际控制人、董事、监事、高级管理人员、公司员工及其近亲属等）银行账户接受、归集出借人的资金
	平台挪用客户资金
	其他有关问题

（续表）

地区	情 形
深圳	在没有具体项目的情况下先行归集出借人资金
	通过个人银行账户接受、归集出借人的资金
	网贷机构挪用客户资金
	其他无法自行判定的情形（请详细说明）

针对上海地区网贷待整改情形，网贷机构应当在备案登记前及时整改。除兜底的"其他有关问题"外，"资金池"可理解如下：

第一，禁止"先于融资项目归集出借人资金"。该条可能对实践中的"理财计划""定向委托投资""集合标""自动投标"和部分类型的"活期产品"等产生影响，强调出借人资金应与融资项目实时匹配，杜绝"资金沉淀"。

第二，对客户资金提出"专户管理"要求，从而与平台自有资金严格隔离。提请注意，该条所指资金并未限于"出借人资金"，因而既包括"出借人资金"，也包括"借款人资金"。实践中，为了资金结算与划付便利性考量，无论是在"募集环节"还是在"还款分配环节"，诸多平台会通过"资金结算与划付授权条款"实现资金在某个账户中的"短暂停留"，少有平台真正能够实现"资金冻结+点对点结算划付"。

第三，禁止平台第三方账户参与资金归集，该等账户主体包括：① 股东；② 实际控制人；③ 董事；④ 监事；⑤ 高级管理人员；⑥ 公司员工；⑦ 前述六类所涉人员的近亲属，除此之外，还可能进一步包括实践中常见的"保姆账户""司机账户"等。

第四，禁止平台挪用客户资金。所谓的"挪用"，可理解为平台"未按照客户授权范围划付资金"或"未经客户授权划付资金"或"平台擅自将客户资金挪作他用或自用"。

结合以上几点，建议从业机构：

一是梳理平台融资项目上线及资金募集流程，确保"融资项目先行"。

二是全面排查以平台名义开立的银行账户明细，充分知悉每个平台银行户的"功能"，针对"资金通道账户""催收回款户"，应当专账管理，严格与平台其他账户（尤其是平台基本户、收费户）进行隔离管理。

三是避免出借人资金通过平台第三方银行账户进行归集，即使该等第三方银行账户的用途只限于"资金通道账户"。

四是未经客户明确授权，不得擅自划转客户资金，全面梳理"用户协议""借款协议"以及"委托代收代扣协议"等协议条款，结合平台产品资金划付与结算实际需求，完善相应的代收代付授权条款，避免"授权不明"或"无授权"情形可能引发的"资金划转纠纷"。

（三）平台担保

"直接或变相向出借人提供担保或承诺保本保息"问题主要指向《网络借贷信息中介机构业务活动管理暂行办法》第十条第（三）项，即业界所称之"平台担保"，具体可能涉及如下情形：

（1）直接承诺保本保息，包括在官网、App等对外宣传及相关合同协议中承诺由平台自身保本保息、代偿逾期债权、回购债权等。

（2）变相承诺保本保息，包括在官网、App等对外宣传及相关合同协议中表示设立风险准备金、备付金、客户质保款等各类客户风险保障机制。

（3）持有（控制）5%以上股份（表决权）的股东、实际控制人、董事、监事、高级管理人员及其近亲属，以及与平台受同一实际控制人控制的关联方向客户提供担保、承诺回购或承诺保本保息（如果前述关联方是具有融资担保业务资质的融资担保机构、保险公司等专业担保、保险机构，可向平台客户提供融资担保、保险服务，但业务开展应当符合相关领域监管要求，并且平台应充分披露与其关联关系）。

（4）其他关联方向平台客户提供担保、保险服务，但未充分披露与平台的关联关系。

（5）平台自身向为客户提供担保服务的机构提供反担保。

（6）其他有关问题。

从目前所知的北京、上海及深圳三地个体网络借贷整改要点来看，"平台担保"情形在监管实践中的认定，可对比如下：

地区	情　　形
北京	直接承诺保本保息，如在官网、App、协议等渠道中承诺保本保息、承诺代偿等
	设立风险保证金、准备金、备付金等提供担保，或者以此进行宣传
	为担保公司提供反担保业务
	与平台公司为同一实际控制人的担保机构或保险公司合作提供担保或者承诺保本保息

（续表）

地区	情　形
北京	平台与有关联关系的担保机构或保险公司合作，但没有如实充分披露信息
	设立债权回购条款
	其他
上海	直接承诺保本保息，包括在官网、App等对外宣传及相关合同协议中承诺由平台自身保本保息、代偿逾期债权、回购债权等
	变相承诺保本保息，包括在官网、App等对外宣传及相关合同协议中表示设立风险准备金、备付金、客户质保款等各类客户风险保障机制
	持有（控制）5%以上股份（表决权）的股东、实际控制人、董事、监事、高级管理人员及其近亲属，以及与平台受同一实际控制人控制的关联方向客户提供担保、承诺回购或承诺保本保息（如果前述关联方是具有融资担保业务资质的融资担保机构、保险公司等专业担保、保险机构，可向平台客户提供融资担保、保险服务，但业务开展应当符合相关领域监管要求，并且平台应充分披露与其关联关系）
	其他关联方向平台客户提供担保、保险服务，但未充分披露与平台的关联关系
	平台自身向为客户提供担保服务的机构提供反担保
	其他有关问题
深圳	直接承诺保本保息，包括在官网、App等对外宣传及相关合同协议中承诺由网贷机构自身保本保息、代偿逾期债权、回购债权等
	变相承诺保本保息，包括在官网、App等对外宣传及相关合同协议中明确表示设立风险准备金、备付金、客户质保款等各类客户风险保障机制
	具有相应资质的网贷机构关联方向客户提供担保、承诺回购或承诺保本保息，但未充分披露关联关系（指具有融资担保业务资质的融资担保机构、保险公司，可向网贷机构客户提供融资担保、保险服务，但业务开展应当符合相关领域监管要求，并且网贷机构应充分披露与其关联关系）
	其他关联方向网贷机构客户提供担保、保险服务，但未充分披露与网贷机构的关联关系。请列出关联方名称
	网贷机构自身向为客户提供担保服务的机构提供反担保
	其他无法自行判定的情形（请详细说明）

针对上海地区网贷待整改情形，网贷机构应当在备案登记前及时整改。除兜底的"其他有关问题"外，"平台担保"可理解如下：

第一，平台直接承诺保本保息，主要体现为平台在对外宣传、相关协议中作出了平台担保、受让债权、逾期代偿、流动性支持等的承诺。该条可在《最高人民法院关于审理民间借贷案件适用法律若干问题的规定》找到对应依据，即第二十二条第二款:"网络贷款平台的提供者通过网页、广告或者其他媒介明示或者有其他证据证明其为借贷提供担保,出借人请求网络贷款平台的提供者承担担保责任的,人民法院应予支持。"

第二,平台变相承诺保本保息,主要体现为"风险准备金""备付金""客户质保款"等各类客户风险保证机制安排。提请注意,监管所禁止的"变相承诺保本保息",侧重于"不允许宣传""不允许在相关合同协议中作出表示",如平台在财务核算有"风险准备金"等"风险基金"科目,相关资金主要用于事后风险处置,未对外宣传,也未对投资人进行承诺,目前该等安排尚未禁止。同时,平台内部设立的"风险准备金"等"风险基金"应从自身业务收入中提取,不得向借款人、出借人收取。该条要求对网贷业务实践影响较大,最大的问题在于,因为平台自设的"风险准备金"等"风险基金"不得对外宣传,也不得在协议文本中明确,造成的后果是,即使平台动用"风险基金"进行了偿付,也无法产生"逾期债权向平台转让"的后果,进而平台无法以债权人身份向借款人进行追偿。当然,就协议条款安排而言,可以在条款撰拟上设置"隐性条款"而实现"债权转让"的诉求,但该等"隐性条款"未经司法实践考验,其能否实际实现"债权成功转让"的效果,尚难以明确。

第三,平台核心关联方提供担保需具备相应的业务资质。此处"平台核心关联方"的界定与"自融"认定情形中第(3)点的界定相同。即作为平台核心关联方的融资担保机构、保险公司可以为平台客户提供融资担保、保险服务,且平台应充分披露其与平台之间的关联关系。该条对网贷业务实践影响较大,实践中大量存在的"关联方受让债权"明示安排将构成违规。

第四,平台非核心关联方提供担保、保险服务需充分披露与平台的关联关系。

第五,禁止反担保。该条要求的主语已经明确,即禁止反担保的主体为"平台"。就网贷实践而言,平台实际控制人为担保机构提供反担保的"措施"安排较为常见,该等安排是否触犯本条,有待后续考察。

结合以上几点,建议从业机构:

一是全面梳理平台网页、宣传物料、广告宣传文案,核查合同/协议条款,避免任何宣传文字、条款安排被认定为构成"直接承诺保本保息"。

二是针对风险准备金等措施安排进行整改,不再公示《风险准备金使用规则》,不在协议中加入"风险准备金"条款。平台内部设立的"风险准备金"等"风险基金"从自身业务收入中提取,不向借款人、出借人收取。

三是排查平台核心关联方担保情形(包括担保、受让债权、承诺提供流动性支持等安排），不宜再新增核心关联方担保项目。

四是针对非核心关联方担保项目，通过平台项目信息充分披露关联关系。

五是对于平台反担保安排，不再予以新增，针对核心关联方或其他方反担保安排，予以密切关注，适时根据最新监管要求进行调整。

特别提示，从互联网金融广告工商行政处罚风险角度出发，建议避免宣传"到期还本""年化收益率""预期收益率""稳健收益""收益高达X%""收益可至X%"等可能涉嫌承诺收益的宣传，不要在经营性页面特别是滚动页面宣传产品收益率范围。在产品信息公示页面公示与借款人约定收益率的同时，应显著提示借款人违约的风险和违约责任的承担方式。如果使用"历史收益率"，比如"近三个月收益率"，需要明确指出历史的区间和产品的范围，且有明确的证据证明，同时需提醒出借人历史收益率只能作为参考，不代表未来的收益。实践中，"年化收益率""预期收益率"等宣传措辞均有处罚案例可循，对于"预期收益率"表述，监管机构认为其涉嫌保证性承诺，因为对于不具备专业知识的消费者来说，是否购买产品就是以收益率来判断。基于此，我们建议：不使用"到期还本""年化收益率""预期收益率""稳健收益""收益高达X%""收益可至X%"等措辞，在项目信息公示页面，针对每个项目均要附上显著的风险提示语，在"收益率"表达上，进一步建议网贷机构：

一是可考虑使用"同类型项目历史年化收益率"或"同类型项目近X月收益率"表达，并明确"同类型项目"的具体所指，"历史""近X月"所指向的具体的"期间"，同时附上风险提示，明确告知客户历史收益率只能作为参考，不代表未来的收益。

二是可考虑使用"协议约定借款利率"表达，并明确"协议"在何处可供查询阅读，同时附上风险提示，明确告知客户协议约定的收益率存在违约风险，不构成对收益获得的承诺。

三是就"XX收益率""X%"以及每个项目配套的风险提示语，在字体大小上要相对合理，不能刻意以较大字体凸显"XX收益率""X%"，而使用较小的字体用于风险提示语。

（四）线下营销

"自行或委托、授权第三方在互联网、固定电话、移动电话等电子渠道以外的物理场所进行宣传或推介融资项目"问题主要指向《网络借贷信息中介机构业务活动管理暂行办法》第十条第（四）项及第十六条，即业界所称之"线下营销"，具体可能涉及如下情形：

（1）通过线下网点自行推介项目、获取资金。

（2）委托第三方在线下推介项目、获取资金。

（3）在电子渠道以外的物理场所（如楼宇、地铁）进行业务宣传或推介融资项目。

（4）通过报刊、电视、广播等媒体进行业务宣传或推介融资项目。

（5）其他有关问题。

从目前所知的北京、上海及深圳三地个体网络借贷整改要点来看，"线下营销"情形在监管实践中的认定，可对比如下：

地区	情形
北京	通过线下网点自行推介项目，获取资金
	委托第三方（担保公司、合作公司等）线下推介项目，获取资金
	在电子渠道以外的物理场所进行宣传
	通过电视和广播宣传
	其他
上海	通过线下网点自行推介项目、获取资金
	委托第三方在线下推介项目、获取资金
	在电子渠道以外的物理场所（如楼宇、地铁）进行业务宣传或推介融资项目
	通过报刊、电视、广播等媒体进行业务宣传或推介融资项目
	其他有关问题
深圳	网贷机构自行或委托第三方在互联网、固定电话、移动电话等电子渠道以外的物理场所进行宣传或推介融资项目

针对上海地区网贷待整改情形，网贷机构应当在备案登记前及时整改。除兜底的"其他有关问题"外，"线下营销"可理解如下：

第一，禁止门店、分支机构等线下网点进行项目推介、获取资金。《网络借贷信息中介机构业务活动管理暂行办法》第十六条的规定将线下网点的功能限定于信用信息采集、信用信息核实、贷后跟踪、抵质押管理等必要经营环节。

第二，对于"线下项目推介""线下获取资金"的禁止，同样及于平台的"委外"安排。

第三，禁止在物理场所宣传业务、推介融资项目。诸如"纸质宣传物料""易拉宝""楼宇广告""公交车身广告""地铁/高速公路广告"等，都将纳入"物理场所"范畴，从而不得在该等"广告"或"宣传"行为中涉及对业务、融资项目的介绍。

第四，禁止通过报刊、电视、广播等媒体宣传业务、推介融资项目。报刊广告、电视广告、广播广告中不得涉及对业务、融资项目的介绍。

实践中，平台广告及对外宣传往往会涉及品牌、业务、项目等主题，而在广告或宣传过程中，该等主题的"边界"往往难以明确划定。结合以上几点，建议从业机构：

一是线下（包括报刊、电视、广播）广告与宣传，主题应仅限于"品牌"，不可涉及平台业务活动和具体融资项目要素的描述。

二是严格平台宣传物料管理，尤其针对纸质版物料，更应严控。

三是诸如"投资者开放日""赞助类型"活动，亦应避免对平台业务模式、融资项目的宣讲。

四是制定《线下门店管理制度》及《员工行为规范指引》，从资产开发流程、员工行为准则等方面把控线下门店"违规"风险。

（五）违规放贷

"违规发放贷款"问题主要指向《网络借贷信息中介机构业务活动管理暂行办法》第十条第（五）项，即业界所称之"违规放贷"，具体可能涉及如下情形：

（1）平台运营企业直接发放贷款。

（2）平台通过其股东、实际控制人、董事、监事、高级管理人员、公司员工及其近亲属等发放贷款。

（3）通过先有资金再找具体项目的形式发放贷款。

（4）其他有关问题。

从目前所知的北京、上海及深圳三地网络借贷整改要点来看，"违规放贷"情形在监管实践中的认定，可对比如下：

地区	情　　形
北京	通过股东、高管等发放贷款
	通过先有资金再找资产端形式发放贷款
	其他

（续表）

地区	情　　形
上海	平台运营企业直接发放贷款
	平台通过其股东、实际控制人、董事、监事、高级管理人员、公司员工及其近亲属等发放贷款
	通过先有资金再找具体项目的形式发放贷款
	其他有关问题
深圳	网贷机构直接发放贷款
	网贷机构通过其股东、实际控制人、董事、监事、高级管理人员、公司员工及其近亲属等发放贷款
	其他无法自行判定的情形（请详细说明）

针对上海地区网贷待整改情形，网贷机构应当在备案登记前及时整改。除兜底的"其他有关问题"外，"违规放贷"可理解如下：

第一，平台运营主体作为贷款人进行"放贷活动"属于严禁情形，但该等情形在实践中较为少见。

第二，平台通过核心关联方发放贷款，此处的"通过"，宜理解为"放贷资金实际由平台向核心关联方提供"，该等情形在实践中较为常见，尤其以"现金贷"领域、"超级放贷人"与"超级理财人"模式为典型。笔者认为，上述第（2）点不宜机械理解为"禁止平台核心关联方以自有资金参与平台项目融资"，平台核心关联方可以作为投资人进行款项出借并获得本息收益。

第三，"资金汇集"行为先于"融资项目"形成，该条要求在一定程度上与"资金池"问题项下第（1）点要求类似。

结合以上几点，建议从业机构：

一是平台运营主体在开展业务过程中与关联方之间发生的"资金拆借"或偶发的"对外款项出借"行为，不宜理解为"发放贷款"从而纳入"违规放贷"范畴，针对偶发借贷和"资金拆借"需求，亦不得通过平台进行融资项目发布及募集操作。

二是停用"超级放贷人模式"（即"关联方线下放款+线上债转"模式）和"超级理财人模式"（即"关联方满标认购+线上投资者间债转"模式）。

三是可以开展"资产池"业务，但应当杜绝"资金池"业务，确保"融资项目先行"。

（六）期限拆分

"将融资项目的期限进行拆分（期限错配）"问题主要指向《网络借贷信息中介机构业务活动管理暂行办法》第十条第（六）项，即业界所称之"期限拆分"，具体可能涉及如下情形：

（1）借款人实际借款期限和出借人出借期限不匹配、不对应，包括长期借款被拆分成多个短期借款，或多个短期借款搭配成长期借款。

（2）向出借人提供各类活期产品，或承诺出借资金可以随时提取。

（3）向出借人提供各类定期产品，包括在合同协议中约定通过债权转让方式到期退出的定期产品（借款人实际借款期限和出借人出借期限相匹配的，或者在产品名称中标明持满一定时间方可转让，同时已充分向出借人提示流动性风险并由出借人事先书面确认的除外）。

（4）其他有关问题。

从目前所知的北京、上海及深圳三地网络借贷整改要点来看，"期限拆分"情形在监管实践中的认定，可对比如下：

地区	情 形
北京	借款人借款期限被拆分成多个短期（或多个短期配成长期），借款人借款期限和投资人投资期限不匹配、不对应
	通过发售打包散标或债权转让类产品进行期限拆分或错配
	其他
上海	借款人实际借款期限和出借人出借期限不匹配、不对应，包括长期借款被拆分成多个短期借款，或多个短期借款搭配成长期借款
	向出借人提供各类活期产品，或承诺出借资金可以随时提取
	向出借人提供各类定期产品，包括在合同协议中约定通过债权转让方式到期退出的定期产品（借款人实际借款期限和出借人出借期限相匹配的，或者在产品名称中标明持满一定时间方可转让，同时已充分向出借人提示流动性风险并由出借人事先书面确认的除外）
	其他有关问题
深圳	网贷机构开展借款人借款期限和出借人投资期限不匹配的借贷撮合或出借人债权转让业务
	网贷机构向出借人明示或隐性承诺出借资金可以随时提取
	其他无法自行判定的情形（请详细说明）

针对上海地区网贷待整改情形,网贷机构应当在备案登记前及时整改。除兜底的"其他有关问题"外,"期限拆分"可理解如下:

第一,"长拆短"和"短凑长"模式均被明确禁止。在网贷实践中,"长拆短"问题在"超级放贷人"或"类金融机构债转及回购"模式中较为常见,该等模式除了面临期限拆分/错配问题外,往往还被纳入"违规债权转让"范畴,详见后文相关内容。

第二,平台提供活期产品或承诺出借资金随时可提取。该条主要指向"活期产品监管",监管实践倾向于认为"一切活期产品均构成期限拆分"。在以"直接借贷"为基础法律关系的网贷业务实践中,为实现"活期"效果,从业机构的可能措施包括:① 底层资产池配置货币基金以应对赎回兑付;② 借款人根据当日资金"退出"规模在次日进行兑付(兑付手段包括自有资金还款或保证金兑付,以及借款人关联方受让债权);③ 平台关联方"债权受让+再转让"安排;④ 平台开设"投资人间债转"功能,实现借贷债权在投资人间的流转。前述四种措施中,第①种涉嫌"自行发售理财产品"问题,第②种将"兑付"压力集中于借款人,易引发"挤兑"问题且实践中借款人难以接受,第③种可能涉嫌"平台变相担保",因此,仅有第④种所采取的"平台交易产生债权的转让"方式目前仍然可取。此外,"活期产品"必然涉及"自动投标(资产补足)"问题,当底层资产中的部分借款/债权到期兑付后,平台往往会为出借人再行配置其他资产(包括其他投资人转让债权和新的借款债权)以延续"活期产品"的存续期限,需要注意的是,监管实践倾向于要求针对每笔债权转让或借款债权都签订"债权转让协议"和"借款合同",不得以"债权清单"代替协议/合同,否则可能被认定为变相开展投资理财活动,而该等协议/合同的签署,本身也为第三方电子存证业务所要求。

第三,定期产品需满足一定条件,具体为:借款人实际借款期限需要与出借人出借期限保持一致;或通过持满一定时间允许对外转让债权以退出的"定期产品",需要在"产品名称"中显著标明。

结合以上几点,建议从业机构:

一是所有的"活期产品"均不再使用"活期""灵活""随时退出""理财"等字样,对于"活期产品"的业务模式需要在网站、App中显著描述,"活期"效果仅可通过"投资人间债转"方式实现,针对债转产品需要在产品名称中显著标识并提示,需要为投资人设定一定期限的"产品持有期",充分告知可能债权转让不成功的风险并由投资人确认知悉,且每次债转均需要签订"债权转让协议"。

通过该等整改措施,"活期产品"实质上变为了"定期产品",只是"锁定期"较之于通常的定期产品更短。

二是对于定期产品,项目借款期限应当与告知出借人的出借期限一致,否则构成期限拆分且属于"违规发售理财产品"。对定期产品的整改措施是,取消产品名称、相关合同中可能使出借人产生"定期投资"的误导性表述。为实现"定期"效果,可以作"投资人间债转"安排,并在相关产品及借款协议中注明"出借届满一定期限后可以进行债权转让,但并不保证转让成功"。

(七)发行/代销金融产品

"自行发售理财等金融产品募集资金,代销银行理财、券商资管、基金、保险或信托产品等金融产品"问题主要指向《网络借贷信息中介机构业务活动管理暂行办法》第十条第(七)项,即业界所称之"发行/代销金融产品",具体可能涉及如下情形:

(1)自行发售理财产品,或在官网等渠道以"理财"名义进行宣传。

(2)平台撮合交易无法穿透到实际借款人、借款项目,或者出借人仅能获取债权清单、未与借款人逐一签订电子合同。

(3)代销各类理财产品、保险产品、信托产品、基金产品等。

(4)未经允许为其他机构的金融产品开放链接端口、进行广告宣传。

(5)平台相关合同协议是购买理财而非借贷合同。

(6)其他有关问题。

从目前所知的北京、上海及深圳三地网络借贷整改要点来看,"发行/代销金融产品"情形在监管实践中的认定,可对比如下:

地区	情　　形
北京	自行发售理财产品,或以"理财"为名义开展宣传推介
	平台发售理财产品对接非标资产
	平台产品无法穿透到实际借款人、借款项目,出借人不能与借款人签署借款项目协议
	代销理财产品、保险产品、信托产品、基金产品等
	客户能够通过平台(包括线上渠道、被允许开办的线下分支机构)完成银行理财、券商资管、基金、保险或信托产品等金融产品的选择、申办、购买、支付等环节操作

（续表）

地区	情　　形
北京	网页和平台上有理财字样、预期收益率等理财产品特征的信息
	未经允许，平台为其他公司金融产品开放链接端口、无显著的客户提示并向其他公司收取代理费、推荐服务费等佣金性质的费用
	相关协议是购买理财的协议而非借贷合同
	其他
上海	自行发售理财产品，或在官网等渠道以"理财"名义进行宣传
	平台撮合交易无法穿透到实际借款人、借款项目，或者出借人仅能获取债权清单、未与借款人逐一签订电子合同
	代销各类理财产品、保险产品、信托产品、基金产品等
	未经允许为其他机构的金融产品开放链接端口、进行广告宣传
	平台相关合同协议是购买理财而非借贷合同
	其他有关问题
深圳	网贷机构自行发售理财产品
	合同协议或广告宣传中含有"理财""预期收益率"等具有理财产品特征的信息
	代销银行理财、券商资管、基金、保险或信托产品等金融产品
	为银行理财、券商资管、基金、保险或信托产品等金融产品开放链接端口、进行广告宣传等
	其他无法自行判定的情形（请详细说明）

针对上海地区网贷待整改情形，网贷机构应当在备案登记前及时整改。除兜底的"其他有关问题"外，"发行/代销金融产品"可理解如下：

第一，业务及产品宣传不得涉及"理财"字样，其主要指向网贷实践中的各类"理财计划"，其业务实质往往是"借贷债权集合"，但会被各平台包装宣传为"某某计划"，且呈现为"一期""二期"等分期"发行"形式。

第二，对平台撮合交易法律关系提出"穿透认定"要求，且强调基础法律关系只能且必须为借贷。该条亦主要指向实践中的"理财计划"（债权集合标），因该类集合债权标的底层借贷债权数量繁多且因资产到期而需实时调整，往往投资人仅签署"委托投资协议"，对于投资人实际出借款项所对应借款人情况仅以"债权清单"形式体现，上述第（2）点即提出出借人需要与实际借款人针对每笔"借贷债权"逐一签订电子合同要求。

第三，禁止代销各类金融产品。仅从字面解读，可以理解为"不论网贷平台是否具备代销资质（实践中表现为牌照，如基金销售资质、保险经纪业务资质等），均不得销售该等金融产品"。实践中"金融超市""一站式理财"等平台发展设想，必然会涉及资管产品、基金产品、保险产品乃至信托产品等（银行理财产品本身就不允许在银行之外的机构进行销售）的代销，在禁止"同一机构混业经营"的前提下，平台的应对措施在于：通过设立其他公司获取相应的代销牌照，并通过独立的网站进行相应的代销业务，实现公司之间的业务分离与独立运营。而对于部分已经获得相关金融产品代销牌照的网贷平台，后续则将面临业务板块调整及业务剥离问题。此外，互联网保险业务活动中的"第三方网络平台"、互联网基金销售业务活动中的"第三方电子商务平台"，虽然在法规层面被界定为提供"辅助服务"而非"代销服务"，但从严考量，上述第（3）点所称之"代销"宜作扩张解释而包括该等"辅助服务"。

第四，禁止针对各类金融产品的"导流"和广告行为。该条为"禁止代销各类金融产品"的延伸要求，诸如为保险公司、小额贷款公司、基金销售机构等开设访问链接的"导流"行为和广告都将被纳入整改范围，且无论是否收取费用。但该条所谓"未经允许"，难以明确"允许主体"的具体所指，后续是否存在"地方金融办允许网贷平台开展导流服务和广告服务"的可能性，尚无法知悉。

第五，强调借贷双方应签署"借款合同"，而非由投资人签署"理财产品购买协议"等，同样强调了"网络借贷信息中介业务"所撮合的基础法律关系应当为"直接借贷"。

结合以上几点，建议从业机构：

一是平台不以"理财""理财产品"等进行宣传，明确平台自身"网络借贷信息中介机构"以及"直接借贷撮合方"的身份属性，排查并清理"理财"等违规字样，梳理"理财计划"等产品情况，自然到期后不再新增该等名称产品发行。

二是全面梳理平台融资项目"开发"直至"募集完毕"流程中所涉及的协议签署环节，确保主协议为"借款合同/协议"，且主协议需要与每一笔借贷债权一一对应。在投资人间债转情形下，每笔债权转让亦需要签署"债权转让协议"并与债权对应的"借款合同/协议"相匹配。

三是金融产品代销业务、"保险/基金销售辅助服务"以及广告业务、计费"导流服务"不再通过平台开展。

（八）特定类型债转

"开展类资产证券化业务或实现以打包资产、证券化资产、信托资产、基金份额等形式的债权转让行为"问题主要指向《网络借贷信息中介机构业务活动管理暂行办法》第十条第（八）项，即业界所称之"特定类型债转"，具体可能涉及如下情形：

（1）平台开展类资产证券化业务。

（2）平台开展打包资产、证券化资产、信托资产、基金份额等形式的债权转让。

（3）资产端对接各类地方交易所的产品，或将平台撮合形成的债权打包后通过地方交易所进行转让。

（4）持有（控制）5%以上股份（表决权）的股东、实际控制人、董事、监事、高级管理人员及其近亲属，以及与平台受同一实际控制人控制的关联方在平台上进行债权转让（即通过"超级放款人"出借资金后在平台上进行债权转让）。

（5）平台外部的各类机构（如小额贷款公司、保理公司、融资租赁公司等）、个人债权在平台进行转让（平台自身撮合交易产生债权的逐笔转让除外）。

（6）开展可以调整原始债权收益率的债权转让业务。

（7）开展以出借人所持债权作为质押的"净值标"借款业务。

（8）其他有关问题。

从目前所知的北京、上海及深圳三地网络借贷整改要点来看，"特定类型债转"情形在监管实践中的认定，可对比如下：

地区	情　　形
北京	平台开展类资产证券化业务
	实现以打包资产、证券化资产、信托资产、基金份额等形式的债权转让
	将散标或债权转让标的打包发售
	资产端对接金融交易所产品
	对接融资租赁公司产品
	对接典当行
	对接保理公司
	对接小额贷款公司
	对接担保公司等其他形式

（续表）

地区	情　形
上海	平台开展类资产证券化业务
	平台开展打包资产、证券化资产、信托资产、基金份额等形式的债权转让
	资产端对接各类地方交易所的产品，或将平台撮合形成的债权打包后通过地方交易所进行转让
	持有（控制）5%以上股份（表决权）的股东、实际控制人、董事、监事、高级管理人员及其近亲属，以及与平台受同一实际控制人控制的关联方在平台上进行债权转让（即通过"超级放款人"出借资金后在平台上进行债权转让）
	平台外部的各类机构（如小额贷款公司、保理公司、融资租赁公司等）、个人债权在平台进行转让（平台自身撮合交易产生债权的逐笔转让除外）
	开展可以调整原始债权收益率的债权转让业务
	开展以出借人所持债权作为质押的"净值标"借款业务
	其他有关问题
深圳	开展类资产证券化业务进行债权转让
	开展打包资产、证券化资产、信托资产、基金份额等形式的债权转让业务
	与各类地方金融交易所违规开展业务合作（请列明合作的地方金融交易所及合作模式）
	为各类机构（如小额贷款公司、保理公司、融资租赁公司等）及个人提供债权转让业务，但为解决流动性问题，在出借人之间进行的低频次债权转让（如设置债权转让专区、核查出借人债权转让用途、限制出借人持有债权一定期限等），且事先向出借人提示流动性风险并经出借人确认的除外
	网贷机构高管或关联人先行放款给借款人，再通过网贷机构将债权转让给实际出借人
	以活期、定期理财产品的形式对接债权转让标的
	开展以出借人所持债权作为抵（质）押进行借款的业务
	其他无法自行判定的情形（请详细说明）

针对上海地区网贷待整改情形，网贷机构应当在备案登记前及时整改。除兜底的"其他有关问题"外，"特定类型债转"可理解如下：

第一，禁止平台开展"类资产证券化业务"。所谓的"类资产证券化业务"，实践中主要演变为两种模式：一是通过地方交易所挂牌产品将底层资产进行"权益化"后进行拆分转让；二是网贷平台自行将各类底层资产的"收益权"进行拆分并向投资人转让。前者违反"禁止对接地方交易所"整改要求，后者违反

"直接借贷"业务属性要求。

第二,投资人间债转之外的其他类型债权转让均予以禁止,具体包括:① 打包资产转让;② 证券化资产转让;③ 信托资产转让;④ 基金份额转让;⑤ 平台核心关联方债权转让(此处"平台核心关联方"的界定与"自融"情形下的核心关联方界定相同);⑥ 调整原始债权收益率的债权转让业务;⑦ "净值标"借款(净值标系指平台出借人以所持债权作为质押,在平台上发布借款信息进行借款,一般平台对净值标提供利率参考区间,借款人可自行调整借款利率,但通常都会比其已投借款项目的利率低,从而净值标所借款项再行用于其他项目投资,该等净值标实质属于"利差套利"与"投资杠杆"行为);⑧ 平台外部的融资租赁公司/保理公司/小额贷款公司、个人债权等在平台进行债权转让。

第三,禁止平台核心关联方债转,对于该类主体的债转约束,其本意应为禁止"超级放贷人"模式,但仅从条文字面理解,可以得出如下释义,试举例:平台高管参与某个平台借款项目成为出借人后,即不得再转让其持有的借款债权。

结合以上几点,建议从业机构:

一是全面排查平台债权转让项目,定期统计该等项目到期及兑付情况直至全部届满并兑付完毕,停止债转项目新增,监管实践中会要求备案登记前限期整改到位。

二是针对平台投资人间债转制定详尽的债权转让规则,加强"净值标"管理,禁止"净值标"的二次流转。

三是在监管口径未"松动"或调整以前,不宜对平台核心关联方开放债转功能。

(九)捆绑销售

"除有关规定允许外,与其他机构投资、代理销售、经纪等业务进行任何形式的混合、捆绑、代理"问题主要指向《网络借贷信息中介机构业务活动管理暂行办法》第十条第(九)项,即业界所称之"捆绑销售",具体可能涉及如下情形:

(1)商品和平台撮合借贷产品捆绑销售。
(2)其他金融产品、服务与平台撮合借贷产品捆绑销售。
(3)其他有关问题。

从目前所知的北京、上海及深圳三地网络借贷整改要点来看,"捆绑销售"情形在监管实践中的认定,可对比如下:

地区	情 形
北京	商品销售和金融业务捆绑销售
	其他
上海	商品和平台撮合借贷产品捆绑销售
	其他金融产品、服务与平台撮合借贷产品捆绑销售
	其他有关问题
深圳	网贷机构信息中介业务与其他机构投资、代理销售、经纪等业务进行任何形式的混合、捆绑、代理

针对上海地区网贷整改要点,网贷机构应当在备案登记前及时整改。除兜底的"其他有关问题"外,"捆绑销售"可理解如下:

言及"捆绑销售"问题,强调平台借贷产品的"单一性"。试举两例:① 部分平台引入"履约险",且由投资人/借款人出资购买;② 部分平台为解决投资人站岗资金闲置及隐性"资金池"问题,会提出"站岗资金处置方案",较为常见的做法即与基金公司开展合作,为投资人提供货币基金账户开立、认购、赎回等一系列基金产品服务,且基金账户往往与平台账户体系对接。前述两例存在被认定为"捆绑销售"的嫌疑。以"履约险"为例,以下两种情形不宜纳入"捆绑销售":平台作为投保人;投资人或借款人可以自行选择"购买"或"不购买"。此外,类似"货币基金对接"业务随着网贷资金银行存管的强制要求,本身也将退出网贷舞台。

(十)虚假宣传与不实披露

"虚构、夸大融资项目的真实性、收益前景,隐瞒融资项目的瑕疵及风险,以歧义性语言或其他欺骗性手段等进行虚假片面宣传或促销等,捏造、散布虚假信息或不完整信息损害他人商业信誉,误导出借人或借款人"问题主要指向《网络借贷信息中介机构业务活动管理暂行办法》第十条第(十)项,即业界所称之"虚假宣传与不实披露",具体可能涉及如下情形:

(1)虚构融资项目或经营信息(如虚构与第三方机构的业务合作等)。

(2)平台对融资项目或平台经营信息进行夸大宣传、隐瞒瑕疵及风险(如夸大累计交易金额、借款余额、出借人数等业务数据,或将与第三方机构的一般业务往来夸大为全面业务合作等)。

(3)对收益水平或获利前景等使用"最佳"安全"风险较低"等误导性用语,

或通过与银行存款、理财产品等金融产品收益率进行对比等方式误导出借人。

（4）平台以歧义性语言或其他欺骗性手段等进行虚假片面宣传或促销等。

（5）平台通过损害他人商业信誉的方式误导公众或出借人。

（6）平台捏造、散布虚假或不完整信息。

（7）其他有关问题。

从目前所知的北京、上海及深圳三地网络借贷整改要点来看，"虚假宣传与不实披露"情形在监管实践中的认定，可对比如下：

地区	情　　形
北京	平台对融资项目或平台经营信息进行虚构
	平台对融资项目或平台经营信息夸大宣传，隐瞒瑕疵及风险
	平台对收益水平或情景等，用与银行存款利息、银行理财收益率等金融产品收益进行对比等方式，误导出借人
	平台以歧义性语言或其他欺骗性手段等进行虚假片面宣传或促销等）
	平台捏造、散步虚假或不完整信息
	平台通过损害他人商业信誉的方式，误导公众或出借人
	其他
上海	虚构融资项目或经营信息（如虚构与第三方机构的业务合作等）
	平台对融资项目或平台经营信息进行夸大宣传、隐瞒瑕疵及风险（如夸大累计交易金额、借款余额、出借人数等业务数据，或将与第三方机构的一般业务往来夸大为全面业务合作等）
	对收益水平或获利前景等使用"最佳"安全"风险较低"等误导性用语，或通过与银行存款、理财产品等金融产品收益率进行对比等方式误导出借人
	平台以歧义性语言或其他欺骗性手段等进行虚假片面宣传或促销等
	平台通过损害他人商业信誉的方式误导公众或出借人
	平台捏造、散布虚假或不完整信息
	其他有关问题
深圳	虚构、夸大融资项目的真实性、收益前景，隐瞒融资项目的瑕疵及风险
	以歧义性语言或其他欺骗性手段等进行虚假片面宣传或促销等
	误导出借人或借款人的其他行为
	捏造、散布虚假信息或不完整信息损害他人商业信誉
	其他无法自行判定的情形（请详细说明）

针对上海地区网贷待整改情形，网贷机构应当在备案登记前及时整改。除兜底的"其他有关问题"外，"虚假宣传与不实披露"可理解如下：

"虚假宣传与不实披露"属于广告法范畴，其往往构成"虚假宣传""消费欺诈""误导消费者"等问题而面临监管或行政处罚。如前（1）—（7）点所列，结合网贷业务实践对违规情形举例说明：

情形一：平台在网页上宣称与"某某银行"开展战略合作，而实际情况仅是平台在该银行开户或购买理财产品等。

情形二：平台宣传成交量时，将撮合直接借贷资金量与借贷债权再次转让交易量进行累加计算。

情形三：通过"柱状图"等形式对比各类金融产品年化收益率，以此凸显平台借贷产品年化利率之高。

情形四：开展"红包活动"或者"贴息活动"时，对活动实质未进行明确提示与说明，给用户造成歧义理解。

情形五：平台针对车抵贷产品宣称已办理"车辆抵押登记"，而实际情况为未办理抵押登记或抵押权未能覆盖全部出借人债权。

除前述所列整改要点外，就互联网金融广告而言，另行特别提示从业机构注意如下违规情形：

第一，夸大或者片面宣传金融服务或者金融产品，在未提供客观证据的情况下，对过往业绩、曾获荣誉作虚假或夸大表述。建议从业机构客观、真实、全面宣传金融服务和产品，对经营历史、所获荣誉、股东背景、已为投资者赚得多少收益等如实宣传，宣传内容有客观的证据可以证明真实性，涉及与银行和保险机构合作的需说明具体的合作内容，如仅存在在银行处开立账户等行为，不得将银行等列为"合作机构/合作伙伴"，不得以合作机构为任何产品提供宣传及信用背书。同时，针对与金融机构开展的合作，应当明确表述提供该金融服务内容的金融机构名称，比如银行资金托管、保险公司全额承保，需明确金融机构名称。

第二，利用学术机构、行业协会、专业人士、受益者的名义或者形象作推荐、证明。建议从业机构避免利用学术机构、行业协会、专业人士的名义或者形象宣传。正常交流考察活动建议作为企业新闻动态展示，不宜在网站经营性页面展示宣传。避免使用受益者名义宣传，如需使用，建议借助使用者形象宣传，但是需要客观全面反映产品整体情况，包括收益和亏损，避免只宣传取得的收益。

第三，对投资理财类产品的收益、安全性等情况进行虚假宣传，欺骗和误导消费者。建议从业机构客观、如实、充分披露产品信息和风险情况。

第四，广告使用数据、统计资料、调查结果、文摘、引用语等引证内容不真实、不准确，未标明出处。引证内容有适用范围和有效期限的，未明确表示。建议从业机构引用社会一致公认的，具有权威性的数据资料和现有社会认知程度下的客观真理。引用评优、评比、排序等综合性内容，应当确认相关真实性，并标明出证机构、评比内容、时间范围和空间范围等相关条件。用数据表示产品的基本信息和历史业绩时，无需标明数据的来源，但是数据产生有特定条件的，比如历史业绩的区间、范围需要标明。

第五，使用或者变相使用中华人民共和国的国旗、国歌、国徽、军旗、军歌、军徽。建议从业机构不要使用与国家形象有关的任何宣传，特别是国旗的使用，不得利用手持国旗的形象宣传产品，即在网站、App页面等不要使用国旗、国徽等图案（包括卡通图案）。

第六，使用或者变相使用国家机关、国家机关工作人员的名义或者形象。建议从业机构避免在经营页面使用国家机关和国家机关工作人员的名义和形象，领导视察等宣传建议作为新闻动态展示。避免宣传受到政策的扶持和支持。不得将领导视察放在经营性页面、滚动页面宣传，以免造成消费者的误解，错误认为领导为企业形象作推荐。

第七，使用"国家级""最高级""最佳"等用语。建议从业机构避免使用"国家级""最高级""最佳""顶级"等语义相同的表示程度的最高级且具有排他性的形容词来损害同行竞争者的名义，避免对商品或服务的绝对化表示贬低其他同类商品或服务。但可以合理使用以下表述：① 表示时空顺序的用词，或者可被证实的历史事实，不会发展变化的，如第一家互联网金融公司；② 明示为自我比较的程度分级；③ 明示经营理念和追求目标的，如追求成为行业第一。

第八，损害国家的尊严或者利益，泄露国家秘密。建议从业机构如需运用中国地图标注各地分支机构，请保证中国版图的完整性（台湾地区、南海九段线）。

（十一）高风险借款用途

"向借款用途为投资股票、场外配资、期货合约、结构化产品及其他衍生品等高风险的融资提供信息中介服务"问题主要指向《网络借贷信息中介机构业务活动管理暂行办法》第十条第（十一）项，即业界所称之"高风险借款用途"，具体可能涉及如下情形：

（1）向借款用途为投资股票、场外配资、期货合约、结构化产品及其他衍生品等高风险的融资提供信息中介服务。

（2）其他有关问题。

从目前所知的北京、上海及深圳三地网络借贷整改要点来看，"高风险借款用途"情形在监管实践中的认定，可对比如下：

地区	情形
北京	向借款用途为投资股票、场外配资、合约、结构化产品及其他衍生品等高风险的融资提供信息中介服务
	参与高风险证券市场融资或利用类HOMS等系统从事股票市场场外配资行为等
	涉及房地产配资
	校园网络借贷业务
	其他
上海	向借款用途为投资股票、场外配资、期货合约、结构化产品及其他衍生品等高风险的融资提供信息中介服务
	其他有关问题
深圳	向借款用途为投资股票、场外配资、期货合约、结构化产品及其他衍生品等高风险的融资提供信息中介服务
	其他无法自行判定的情形（请详细说明）

针对上海地区网贷待整改情形，网贷机构应当在备案登记前及时整改。除兜底的"其他有关问题"外，"高风险借款用途"可理解为网贷借款用途的"负面清单"，具体包括：① 股票配资；② 场外配资；③ 期货合约；④ 结构化产品；⑤ 其他高风险衍生品。

基于此，建议从业机构：

一是制定《借款人尽职评估制度》，在借款人尽职评估环节重点关注借款用途。

二是在与借款人签订的"服务协议""借款合同"中增加借款人陈述与保证条款，承诺其所借资金不得用于前述"负面清单"项所列用途。

（十二）股权众筹

"从事股权众筹等业务"问题主要指向《网络借贷信息中介机构业务活动管理暂行办法》第十条第（十二）项，即业界所称之"股权众筹禁止"，具体可能涉及如下情形：

（1）发售股权众筹产品。

（2）平台以"股权众筹"名义开展业务宣传、推介等。

从目前所知的北京、上海及深圳三地网络借贷整改要点来看，"股权众筹"情形在监管实践中的认定，可对比如下：

地区	情　形
北京	发售股权众筹
	平台以"股权众筹"名义开展业务宣传、推介等
上海	发售股权众筹产品
	平台以"股权众筹"名义开展业务宣传、推介等
深圳	发售股权众筹产品
	网贷机构以"股权众筹"名义开展业务宣传、推介等

针对上海地区网贷待整改情形，网贷机构应当在备案登记前及时整改。结合前述列举式释明以及监管实践，"股权众筹禁止"可理解如下：

第一，根据《关于促进互联网金融健康发展的指导意见》第九条，股权众筹融资是指通过互联网形式进行公开小额股权融资的活动，严格从概念界定角度出发，"股权众筹"与"私募股权众筹（其在《关于调整场外证券业务备案管理办法个别条款的通知》中被称为互联网非公开股权融资）"应当区别对待。而前述所指"股权众筹"，宜扩大理解为包括了"股权众筹"和"互联网非公开股权融资/私募股权众筹"。

第二，实践中，未经批准不得以"股权众筹"名义从事股权融资或募集私募基金等其他资金募集行为，可以以互联网股权融资或非公开股权融资名义，但不能直接称呼"股权众筹"。

（十三）其他禁止性规定

对于网贷平台业务红线，北京、上海及深圳整改要点均设定了"兜底条款"，即"从事法律、法规、网络借贷有关监管规定禁止的其他活动"。可以预见，随着网贷市场各类新型模式及"玩法"的出现，监管机构将对该等市场行为予以持续关注，并纳入"兜底条款"以进行及时监管。

二、法定义务及风险管理要求

（十四）融资项目准入

"未对融资项目的真实性、合法性及其信用风险等情况进行审核、评价、分类"问题主要指向《网络借贷信息中介机构业务活动管理暂行办法》第九条第（一）（二）项，即"融资项目准入"，具体可能涉及如下情形：

（1）未制定对融资项目的真实性、合法性及其信用风险等情况进行审核、评价、分类的制度、措施，或相关制度、措施不健全。

（2）未实际执行对融资项目的真实性、合法性及其信用风险等情况进行审核、评价、分类的制度、措施。

（3）其他有关问题。

从目前所知的北京、上海及深圳三地网络借贷整改要点来看，"未对融资项目的真实性、合法性及其信用风险等情况进行审核、评价、分类"情形在监管实践中的认定，可对比如下：

地区	情　　形
北京	未制定对出借人资格等真实情况的审核制度
	未严格执行对出借人资格等真实情况的审核制度或制度不健全
	未制定对借款人资格等真实情况的审核制度
	未严格执行对借款人资格等真实情况的审核制度或制度不健全
	未制定信息真实性审核制度
	未严格执行信息真实性审核制度或制度不健全
	未制定融资项目真实性和合法性审核制度
	未严格执行融资项目真实性和合法性审核制度或制度不健全

（续表）

地区	情　形
	制定相关制度,但审核不严格或并未实际审核
	其他
上海	未制定对融资项目的真实性、合法性及其信用风险等情况进行审核、评价、分类的制度、措施,或相关制度、措施不健全
	未实际执行对融资项目的真实性、合法性及其信用风险等情况进行审核、评价、分类的制度、措施
	其他有关问题
深圳	未制定对出借人与借款人的资格条件、融资项目的真实性合法性、融资方发布信息真实性等情况进行审核、评价、分类的制度、措施
	未实际执行对出借人与借款人的资格条件、融资项目的真实性合法性、融资方发布信息真实性等情况进行审核、评价、分类的制度、措施
	其他无法自行判定的情形（请详细说明）

针对上海地区网贷待整改情形,网贷机构应当在备案登记前及时整改。除兜底的"其他有关问题"外,"融资项目准入"可理解如下：

第一,对平台提出了关于融资项目准入的相关制度、措施的制定与完善要求,并要求平台执行该等制度与措施。

第二,融资项目准入制度与措施所指之"准入",主要指向：① 融资项目真实性审核；② 融资项目合法性评价；③ 融资主体信用风险评价与分类。

结合上述两点,建议从业机构：

一是根据平台资产端及产品模式特征制定《平台融资项目准入制度》,内容应涵盖融资主体身份审核、融资项目借款用途真实性及合法性审核（线下项目遵循尽职调查制度,线上项目遵循借款人承诺及相关信息材料报送要求）、融资主体信用评价与分级等。

二是在风控流程中应嵌入《平台融资项目准入制度》的实施环节。

（十五）反欺诈

"未采取措施预防欺诈行为"问题主要指向《网络借贷信息中介机构业务活动管理暂行办法》第九条第（三）项,即"反欺诈",具体可能涉及如下情形：

（1）未制定防范欺诈的制度、措施。
（2）未实际执行已经制定的防范欺诈制度、措施。
（3）发现欺诈行为或其他损害出借人利益的情形,未能依法及时公告并终止相关网络借贷活动。
（4）其他有关问题。

从目前所知的北京、上海及深圳三地网络借贷整改要点来看,"反欺诈"情形在监管实践中的认定,可对比如下：

地区	情　　形
北京	未制定防范欺诈规章制度
	制定防范欺诈规章制度但未执行或不具备执行的条件
	平台发生多起严重欺诈事件
	其他
上海	未制定防范欺诈的制度、措施
	未实际执行已经制定的防范欺诈制度、措施
	发现欺诈行为或其他损害出借人利益的情形,未能依法及时公告并终止相关网络借贷活动
	其他有关问题
深圳	未制定防范欺诈的制度、措施
	未实际执行防范欺诈制度、措施
	发现欺诈行为或其他损害出借人利益的情形,未能依法及时公告并终止相关网络借贷活动
	其他无法自行判定的情形(请详细说明)

针对上海地区网贷待整改情形,网贷机构应当在备案登记前及时整改。除兜底的"其他有关问题"外,"反欺诈"可理解如下：

第一,明确对平台提出了关于防范欺诈的制度、措施制定及执行要求。

第二,要求平台依法及时公告欺诈行为并终止相关网贷活动。

结合上述两点,建议从业机构：

一是结合资产端特性制定《平台反欺诈制度》,内容可涵盖反欺诈基本策略、反欺诈部门的设立与职权、欺诈案件的定性与处理流程等,并应在相关协议中明确要求用户接受《平台反欺诈制度》的相关要求和规定。

二是对于疑似欺诈案例,建议开辟单独"公告栏",对于疑似欺诈案例脱敏要素进行披露公告(诸如案件编号、认定构成疑似欺诈原因等),同时拒绝对应融资项目的上线或拒绝放款安排。

三是如放款后发现欺诈嫌疑,应及时追偿、锁定融资主体身份信息并向公安机关报案,全力止损。

(十六)反洗钱和反恐怖融资

"未履行反洗钱和反恐怖融资规定"问题主要指向《网络借贷信息中介机构业务活动管理暂行办法》第九条第(七)项,即"反洗钱和反恐怖融资",具体可能涉及如下情形:

(1)未制定客户身份识别、可疑交易报告、客户身份资料和交易记录保存等反洗钱和反恐怖融资方面的制度、措施。

(2)未进行客户身份识别。

(3)未进行可疑交易报告。

(4)未对客户身份资料和交易记录等依法保存。

(5)其他有关问题。

从目前所知的北京、上海及深圳三地网络借贷整改要点来看,"反洗钱和反恐怖融资"情形在监管实践中的认定,可对比如下:

地区	情 形
北京	未做客户身份识别
	未做可疑交易报告
	未做客户身份资料和交易记录保存等
	其他
上海	未制定客户身份识别、可疑交易报告、客户身份资料和交易记录保存等反洗钱和反恐怖融资方面的制度、措施
	未进行客户身份识别
	未进行可疑交易报告
	未对客户身份资料和交易记录等依法保存
	其他有关问题

（续表）

地区	情形
深圳	未制定客户身份识别、可疑交易报告、客户身份资料和交易记录保存等反洗钱和反恐怖融资方面的制度、措施
	未进行客户身份识别
	未进行可疑交易报告
	未对客户身份资料和交易记录等依法保存
	其他无法自行判定的情形（请详细说明）

针对上海地区网贷待整改情形，网贷机构应当在备案登记前及时整改。除兜底的"其他有关问题"外，"反洗钱和反恐怖融资"可理解如下：

第一，明确对平台提出关于反洗钱和反恐怖融资的制度、措施制定和执行要求。

第二，平台义务将包括：① 进行客户身份识别；② 进行可疑交易报告；③ 对客户身份资料和交易记录等依法保存等内容。

结合上述两点，建议从业机构：

一是参考银行业、支付机构行业的相关制度建设，制定《平台反洗钱和反恐怖融资制度》并予以执行。

二是按照《网络借贷信息中介机构业务活动管理暂行办法》第二十三条的规定，记录并妥善保存网络借贷业务活动数据和资料，做好数据备份（借贷合同到期后至少保存5年）。

（十七）实名注册

"未落实客户实名注册要求"问题主要指向《网络借贷信息中介机构业务活动管理暂行办法》第十一条，即"实名注册"，具体可能涉及如下情形：

（1）未要求或未严格执行出借人、借款人实名注册要求。

（2）其他有关问题。

从目前所知的北京、上海及深圳三地网络借贷整改要点来看，"实名注册"情形在监管实践中的认定，可对比如下：

地区	情　形
北京	平台未要求或未严格执行实名注册
	其他
上海	未要求或未严格执行出借人、借款人实名注册要求
	其他有关问题
深圳	未要求或未严格执行出借人、借款人实名注册要求

　　针对上海地区网贷待整改情形，网贷机构应当在备案登记前及时整改。除兜底的"其他有关问题"外，"实名注册"的要求为"要求并严格执行出借人、借款人实名注册要求"。就出借人与借款人实名注册而言，目前网贷实践中的通行做法是，首先注册网贷平台用户，注册后即成为会员/用户，但如需进行投融资行为，则需要进一步进行身份验证、银行卡认证及绑定等操作环节。就身份验证环节，用户提供的信息通常包括姓名、身份证号码。随着银行存管的普及，在开立独立的银行存管账号时，存管银行可能会对用户实名认证有进一步的要求。同时，因今后信息披露的要求，借款人的身份信息披露将会更加充分，其实名认证过程也将随之复杂化。此外，就网贷实践中普遍存在的"通用账户"问题特别提示，"通用账户"旨在通过"一次实名注册"实现在综合平台不同业务板块间的"账户共享"，笔者建议：一是就实名注册信息共享事宜，需要配以缜密的"信息采集和授权使用条款"；二是在首次实名注册时需要明确该等注册账户可在"网贷平台"进行同步登录，同时在平台相关协议中增加类似"用户已实名注册"等条款。

（十八）借款余额

　　对于借款余额问题，监管机构提出"同一自然人在同一平台的借款余额不得超过人民币20万元；同一法人或其他组织在同一平台的借款余额不得超过人民币100万元"要求，网贷机构应当在备案登记前及时整改。该要求与《网络借贷信息中介机构业务活动管理暂行办法》第十七条第二款的规定保持一致。

　　从目前所知的北京、上海及深圳三地网络借贷整改要点来看，"借款余额"在监管实践中的认定，可对比如下：

地区	情形
北京	自然人借贷余额上限超过人民币20万元、法人或其他组织借贷余额上限超过人民币100万元
上海	同一自然人在同一平台的借款余额不得超过人民币20万元;同一法人或其他组织在同一平台的借款余额不得超过人民币100万元
深圳	同一自然人(包括个体工商户)在同一网贷机构的借款余额超过人民币20万元;同一法人或其他组织在同一网贷机构的借款余额超过人民币100万元

针对借款余额问题,建议从业机构全面排查、梳理超额借款标的并进行信息汇总,列明超额借款标的借款余额低于20万元/100万元的"时间临界",并不再新增超额借款标的。

(十九)信息安全保障

"违反信息安全保障相关管理要求"问题主要指向《网络借贷信息中介机构业务活动管理暂行办法》第十八条,即"信息安全保障",具体可能涉及如下情形:

(1)未聘请有资质的专业机构对本机构进行信息安全等级保护测评,或者未申请并通过公安机关网络安全部门的信息系统安全审核。

(2)未建立完善的防火墙、入侵检测、数据加密以及灾难恢复等网络安全设施和管理制度。

(3)未建立信息科技管理、科技风险管理和科技审计有关制度。

(4)未记录并留存借贷双方上网日志信息、信息交互内容等数据,或留存期限少于自借贷合同到期起5年。

(5)未能每两年至少开展一次全面的信息安全评估,或未接受国家及行业主管部门的信息安全检查和审计。

(6)未能在成立两年之内建立或使用与自身业务规模相匹配的应用级灾备系统设施。

(7)其他有关问题。

从目前所知的北京、上海及深圳三地网络借贷整改要点来看,"信息安全保障"情形在监管实践中的认定,可对比如下:

地区	情形
北京	未开展信息系统定级备案和等级测试
	不具有完善的防火墙、入侵检测、数据加密以及灾难恢复等网络安全设施和管理制度
	未建立信息科技管理、科技风险管理和科技审计有关制度
	未记录并留存借贷双方上网日志信息、信息交互内容等数据,留存期限为自借贷合同到期起5年
	未能每两年至少开展一次全面的安全评估,接受国家或行业主管部门的信息安全检查和审计
	未能在成立两年内建立应用级灾备系统设施
	其他
上海	未聘请有资质的专业机构对本机构进行信息安全等级保护测评,或者未申请并通过公安机关网络安全部门的信息系统安全审核
	未建立完善的防火墙、入侵检测、数据加密以及灾难恢复等网络安全设施和管理制度
	未建立信息科技管理、科技风险管理和科技审计有关制度
	未记录并留存借贷双方上网日志信息、信息交互内容等数据,或留存期限少于自借贷合同到期起5年
	未能每两年至少开展一次全面的信息安全评估,或未接受国家及行业主管部门的信息安全检查和审计
	未能在成立两年之内建立或使用与自身业务规模相匹配的应用级灾备系统设施
	其他有关问题
深圳	未聘请有资质的专业机构对本机构进行信息安全等级保护测评,或者未申请并通过公安机关网络安全部门的信息系统安全审核
	未建立完善的防火墙、入侵检测、数据加密以及灾难恢复等网络安全设施和管理制度
	未建立信息科技管理、科技风险管理和科技审计有关制度
	未记录并留存借贷双方上网日志信息、信息交互内容等数据,或留存期限少于自借贷合同到期起5年
	未能每两年至少开展一次全面的信息安全评估,或未接受国家及行业主管部门的信息安全检查和审计
	未能在成立两年之内建立或使用与自身业务规模相匹配的应用级灾备系统设施
	其他无法自行判定的情形(请详细说明)

针对上海地区网贷待整改情形，网贷机构应当在备案登记前及时整改。除兜底的"其他有关问题"外，"信息安全保障"要求内容基本为《网络借贷信息中介机构业务活动管理暂行办法》第十八条的"复制版"，提出了：① 专业机构信息安全等级保护测评；② 公安机关网络安全部门信息系统安全审核；③ 建立一系列网络安全设施和管理制度；④ 建立信息科技管理、科技风险管理和科技审计有关制度；⑤ 平台数据自借贷合同到期后至少保存5年；⑥ 两年一次全面的信息安全评估；⑦ 接受行业主管部门的信息安全检查和审计；⑧ 两年内建立与业务规模匹配的应用级灾备系统设施等要求。

针对前述关于信息安全保障方面的要求，建议平台寻求专业机构的协助并逐项落实。就"信息安全等级保护测评专业机构"而言，国内网络安全分为五个等级，第二级以上信息系统应当在安全保护等级确定或者新建投入运营后30日内，由其运营、使用单位到所在地设区的市级以上公安机关办理备案手续。以上海地区网贷机构为例：

第一，建立健全安全保护管理制度。上海市要求企业有三级架构设置：一是需要有专门负责的副总；二是需要有IT部门及部门负责人；三是需要有具体人员负责管理、培训、应急演练，并配合公安协查。

第二，定级备案流程。一是确定等级；二是选择测评机构开展测评，三级测评一年一测，二级两年一测，测评机构上海有5家，建议上海本地机构与上海机构合作，否则异地测评需要两地主管部门批准；三是根据测评结果开展整改直至合格；四是向公安机关申请备案证明。

第三，测评机构责任。测评机构需对测评结果负责，在与测评机构签订服务合同时，合同中需要约定测评机构对测评结果负责的相关条款。

第四，网贷机构向公安机关申请时需提交如下材料：①《信息系统安全等级保护备案表》；② 系统拓扑结构及说明；③ 系统安全组织机构和管理制度；④ 系统安全保护设施设计实施方案或者改建实施方案；⑤ 系统使用的信息安全产品清单及其认证、销售许可证明；⑥ 测评后复核系统安全保护等级的技术检测评估报告。

第五，网贷机构的"信息系统安全审核回执"由网安总队办理，权限不下放，分局只能受理，不能办理。关于网贷机构《信息系统安全审核回执》，总队目前内部有"草拟稿"的规范要求，涉及四部分内容（网安法相关规定、国家信息安全等级保护制度、各项信息安全保护管理制度以及各项安全技术措施等），后续将依照执行。

第六，网贷机构每年5月前提交上年度"信息安全等级测评报告"，每年需要提交测评报告，但实际中，测评机构在出具测评报告前会先行征求公安意见。

第七，上海市推荐等保测评机构名单如下：① 国家网络与信息系统安全产品质量监督检验中心；② 上海市信息安全测评认证中心；③ 上海交通大学（信息安全服务技术研究实验室）；④ 上海计算机软件技术开发中心；⑤ 上海市网络技术综合应用研究所。

（二十）募集期

对于融资项目募集期，监管机构要求平台"对融资项目明确投标截止日或募集期不得超过20天"，网贷机构应当在备案登记前及时整改。该要求与《网络借贷信息中介机构业务活动管理暂行办法》第十九条的规定基本保持一致。

从目前所知的北京、上海及深圳三地网络借贷整改要点来看，"募集期"情形在监管实践中的认定，可对比如下：

地区	情形
北京	平台未明确投标截止日或募集期超过20天
上海	未对融资项目明确投标截止日或募集期超过20天
深圳	未明确设置融资项目募集期，或募集期超过20天

针对该点，建议从业机构在融资项目信息展示页面增加"募集期""投标截止日"要素信息，且募集期应低于20天。需要特别提示的是，对于"资产池融资项目"，也建议针对每个单一的"池内"融资项目作出相应的"募集期""投标截止日"要素信息标注。

（二十一）征信系统接入

对于征信系统接入问题，监管机构要求平台"按照要求及时接入有关征信系统并依法提供、查询和使用有关金融信用信息"，网贷机构应当在备案登记前进行整改，或者在备案登记后的规定时间内整改到位。

从目前所知的北京、上海及深圳三地网络借贷整改要点来看，"征信系统接入"情形在监管实践中的认定，可对比如下：

地区	情　形
北京	无
上海	未按要求及时接入有关征信系统并依法提供、查询和使用有关金融信用信息
深圳	无

针对该点，鉴于"有关征信系统"的具体所指及"接入时间表"尚无法明确，建议从业机构根据监管要求适时跟进即可。

（二十二）电子签名与数字认证

"电子签名、数字认证不符合规定"问题主要指向《网络借贷信息中介机构业务活动管理暂行办法》第二十二条，即"电子签名与"电子认证"，具体可能涉及如下情形：

（1）对出借人与借款人的基本信息及交易信息使用电子签名、电子认证时未按照有关法律法规执行。

（2）使用第三方数字认证系统时，未对第三方数字认证机构进行定期评估以保证有关认证安全可靠并具有独立性。

（3）其他有关问题。

该条强调电子签名、电子认证及第三方数字认证系统使用时的合规性考察要求，网贷机构应当在备案登记前及时整改。

从目前所知的北京、上海及深圳三地网络借贷整改要点来看，"电子签名与数字认证"情形在监管实践中的认定，可对比如下：

地区	情　形
北京	未按照有关法律法规执行
	未对第三方数字认证机构进行定期评估
	其他
上海	对出借人与借款人的基本信息及交易信息使用电子签名、电子认证时未按照有关法律法规执行
	使用第三方数字认证系统时，未对第三方数字认证机构进行定期评估以保证有关认证安全可靠并具有独立性
	其他有关问题

（续表）

地区	情　形
深圳	对出借人与借款人的基本信息及交易信息使用电子签名、电子认证的未按照有关法律法规执行
	未对第三方数字认证机构进行定期评估

关于电子签名，目前我国的国标为GB/T 25064—2010《信息安全技术　公钥基础设施　电子签名格式规范》，其中ES-T系指带时间戳的电子签名（ES with Timestamp），即ES-T格式的电子签名必须有对应的时间戳，以固定合同/协议的签署时间，从而起到补强作用。虽然目前国内个体网络借贷规范（包括《网络借贷信息中介机构业务活动管理暂行办法》《上海市网络借贷信息中介机构业务管理实施办法（征求意见稿）》）并未明确提出"时间戳"要求，但实践中做得比较好且正规的电子签名平台都采用ES-T，也有极个别的电子签名不含时间戳。此外，据了解，目前正在制定过程中的中国互金协会关于电子合同安全标准中也明确提出"时间戳"要求。

关于时间戳，目前我国的国标为GB/T 20520—2006《信息安全技术 公钥基础设施 时间戳规范》，根据该规范，时间戳（timestamp）是指使用数字签名技术产生的数据，签名的对象包括了原始文件信息、签名参数、签名时间等信息。时间戳机构对此对象进行数字签名产生时间戳，以证明原始文件在签名时间之前已经存在。

结合国标GB/T 20520—2006和正在制定过程中的中国互金协会关于电子合同安全标准，我们认为，提供一个完整的时间戳服务应该具备以下条件：① 可信时间源；② 由认证CA机构颁发的时间戳服务证书；③ 时间戳服务软件。其中，可信时间的最初源头，在我国系唯一指向中国科学院国家授时中心。任何一家提供时间戳服务的公司，只要能够接入可信时间源，并申请到合法的时间戳服务证书，提供的时间戳服务就是可信的[①]。

网贷业务实践中，电子签名、电子认证等往往由平台合作方完成，建议平台对该类合作机构开展合作前尽调工作，考察其合作的CA机构是否获得了电子认证服务许可、提供时间戳服务的机构是否接入可信时间源并申请到合法的时间戳服务证书等，确保合作方电子签名与数字认证服务的合规性。

---

① 关于电子签名、时间戳部分内容的撰写，特别感谢上上签联合创始人林先锋先生的技术指导与专业解答。

(二十三)网贷业务数据保存

"未妥善保存网络借贷业务活动数据和资料"问题主要指向《网络借贷信息中介机构业务活动管理暂行办法》第二十三条,即"网贷业务数据保存"。"网贷业务数据保存"问题具体可能涉及如下情形:

(1)未制定网络借贷业务活动数据和资料保存制度。

(2)未采取适当的方法和技术记录并妥善保存网络借贷业务活动数据和资料。

(3)未做好电子数据的备份。

(4)网络借贷业务活动数据和资料保存期限违反法律法规及网络借贷有关监管规定的要求。

(5)借贷合同到期后保存时间少于5年。

(6)其他有关问题。

从目前所知的北京、上海及深圳三地网络借贷整改要点来看,"网贷业务数据保存"相关情形在监管实践中的认定,可对比如下:

地区	情 形
北京	贷款合同至少保存5年
	其他
上海	未制定网络借贷业务活动数据和资料保存制度
	未采取适当的方法和技术记录并妥善保存网络借贷业务活动数据和资料
	未做好电子数据的备份
	网络借贷业务活动数据和资料保存期限违反法律法规及网络借贷有关监管规定的要求
	借贷合同到期后保存时间少于5年
	其他有关问题
深圳	未采取适当的方法和技术,记录并妥善保存网络借贷业务活动数据和资料
	借贷合同到期后保存期限少于5年

根据上海地区网贷待整改情形,网贷机构应当在备案登记前及时整改。建议从业机构制定《平台业务活动数据和资料保存制度》并予以有效执行,遵循《网络借贷信息中介机构业务活动管理暂行办法》及监管部门关于保存期限、保存方式等方面的具体要求。

三、平台保护义务

（二十四）出借人决策

"未履行对出借人与借款人的保护义务"问题主要指向《网络借贷信息中介机构业务活动管理暂行办法》第二十五条，即"出借人决策"，具体可能涉及如下情形：

（1）未经出借人书面明确授权，代出借人选择出借项目、同意出借条件等（包括未经出借人书面明确授权开展"自动投标"等业务）。

（2）其他有关问题。

该条主要提出代出借人决策签的"出借人书面明确授权"要求，网贷机构应当在备案登记前限期整改。

从目前所知的北京、上海及深圳三地网络借贷整改要点来看，"出借人决策"情形在监管实践中的认定，可对比如下：

地区	情　　形
北京	平台未经出借人授权，代出借人行使决策
	授权不明确
	其他
上海	未经出借人书面明确授权，代出借人选择出借项目、同意出借条件等（包括未经出借人书面明确授权开展"自动投标"等业务）
	其他有关问题
深圳	未经出借人授权，代出借人行使决策
	出借人授权不明确

实践中网贷平台多通过"平台服务协议""借款合同"项下的授权条款达成该项要求,需要注意的是,在平台获得出借人授权之外,要避免"平台接受出借人授权与平台签署协议"以及"双方代理"情形的发生。此外,针对"自动投标"业务,监管实践认为在取得出借人授权后,出于分散风险、提高效率考虑可以采取自动投标模式,但在自动投标模式下,每笔交易行为均应当签订"借款合同"(按照《上海市网络借贷信息中介机构业务管理实施办法(征求意见稿)》,进一步要求该等"借款合同"需进行第三方电子合同存证),不能以"债权清单"替代"借款合同",否则可能被认定为变相开展投资理财活动。

基于此,建议从业机构:

一是全面梳理平台相关协议文本,完善"授权条款"。

二是针对自动投标或智能投顾业务,完善相关规则条文及合同签署工作。

(二十五)出借人风险提示、尽职评估与分类管理

"未对出借人进行风险提示、尽职评估、分类管理"问题主要指向《网络借贷信息中介机构业务活动管理暂行办法》第九条第(二)(四)项及第二十六条,即"出借人风险提示、尽职评估与分类管理",具体可能涉及如下情形:

(1)未通过互联网平台、相关合同协议、风险揭示书等出借人可获取的渠道向其提示网贷风险和禁止性行为。

(2)虽然向出借人提示网贷风险和禁止性行为,但存在字体不醒目、位置隐蔽等出借人易忽略、不易得的情形。

(3)虽以醒目方式提示网贷风险和禁止性行为,但未经出借人确认。

(4)未制定或未实施对出借人的年龄、财务状况、投资经验、风险偏好、风险承受能力等进行审核评估的制度、措施。

(5)向未进行风险评估的出借人提供交易服务。

(6)未根据风险评估结果对出借人进行分级管理。

(7)未根据风险评估及出借人分级结果对不同风险等级的出借人设置可动态调整的出借限额及出借标的限制。

(8)其他有关问题。

从目前所知的北京、上海及深圳三地网络借贷整改要点来看,"出借人风险提示、尽职评估与分类管理"情形在监管实践中的认定,可对比如下:

地区	情　　　形
北京	未以醒目方式提示网络借贷风险和禁止性行为并经出借人确认
	未制定或未实施出借人风险承受能力评估制度、措施
	存在向未进行风险评估的出借人提供信息中介服务的行为
	未根据风险评估结果对出借人进行分级管理,如设定不同的客户类别、定期开展风险承受能力再评估等
	未通过合同、官网、App等出借人可获取的渠道提示网贷风险和禁止性行为
	向出借人提示了网贷风险和禁止性行为,但存在字体不醒目、位置隐蔽等出借人易忽略、不易得等情形
	虽以醒目方式提示网贷风险和禁止性行为,但出借人并未确认
	其他
上海	未通过互联网平台、相关合同协议、风险揭示书等出借人可获取的渠道向其提示网贷风险和禁止性行为
	虽然向出借人提示网贷风险和禁止性行为,但存在字体不醒目、位置隐蔽等出借人易忽略、不易得的情形
	虽以醒目方式提示网贷风险和禁止性行为,但未经出借人确认
	未制定或未实施对出借人的年龄、财务状况、投资经验、风险偏好、风险承受能力等进行审核评估的制度、措施
	向未进行风险评估的出借人提供交易服务
	未根据风险评估结果对出借人进行分级管理
	未根据风险评估及出借人分级结果对不同风险等级的出借人设置可动态调整的出借限额及出借标的限制
	其他有关问题
深圳	未制定并实施出借人风险承受能力评估制度、措施
	未对提供交易服务的出借人进行风险评估
	未根据风险评估结果对出借人进行分级管理
	未设置可动态调整的出借限额和出借标的限制
	未以醒目方式提示网络借贷风险和禁止性行为并经出借人确认

针对上海地区网贷待整改情形,网贷机构应当在备案登记前及时整改,建议从业机构:

一是在平台官网、App主页面明确标注"投资有风险"等风险提示字样,在产品信息公示页面和产品条款中明确列明风险提示与承担条款，建议在每个产品信息展示页面都配以风险提示字样。

二是在"平台服务协议""借款合同"等协议中增加"风险提示条款"。

三是针对每个融资项目开设"风险提示"专栏，告知各类投资风险，内容可以与"风险提示条款"类同。

四是在相关协议中增加出借人"陈述条款"，确保出借人对其资金来源、禁止性行为、网贷风险等问题进行确认与条款接受，示范条款可参考："出借人确认，其在进行资金出借前已经了解融资项目信贷风险，具备相应的投资风险意识、风险认知能力、风险识别能力和风险承受能力，拥有非保本类金融产品投资的经历并熟悉互联网使用，将自行承担网络借贷交易可能产生的本息损失等借贷违约风险。出借人保证其出借资金来源合法，并非任何犯罪或者非法活动所得，亦非通过民间借贷或其他网络借贷交易获得的借款资金，出借人是其出借资金的合法所有人，完全有权出借该笔资金。如果第三人对资金归属、合法性问题提出异议，由出借人负责解决并自行承担相关责任，与本协议其他各方无关。出借人未能妥善解决、达成书面协议或在法院裁判生效之前，平台有权决定冻结出借人存管账户内的本金及利息收益。"

五是在投资者实名注册环节安排其在平台填写风险评估问卷，并作为平台实施出借人分级管理的依据。

六是制定并执行《平台出借人尽职评估及分类管理制度》。

（二十六）借款人风险提示与尽职评估

"未对借款人进行风险提示、尽职评估"问题主要指向《网络借贷信息中介机构业务活动管理暂行办法》第九条第（二）项，即"借款人风险提示与尽职评估"，具体可能涉及如下情形：

（1）未以醒目方式向借款人提示利息及相关费用收取规则、禁止性行为、违约后果等，或者虽有提示但并未经借款人确认。

（2）未制定或未实施对借款人的年龄、身份、借款用途、还款能力、资信状况等进行审核评估的制度、措施。

（3）其他有关问题。

从目前所知的北京、上海及深圳三地网络借贷整改要点来看，"借款人风险提示与尽职评估"情形在监管实践中的认定，可对比如下：

地区	情　形
北京	未制定对出借人资格等真实情况的审核制度
	未严格执行对出借人资格等真实情况的审核制度或制度不健全
	未制定对借款人资格等真实情况的审核制度
	未严格执行对借款人资格等真实情况的审核制度或制度不健全
	未制定信息真实性审核制度
	未严格执行信息真实性审核制度或制度不健全
	未制定融资项目真实性和合法性审核制度
	未严格执行融资项目真实性和合法性审核制度或制度不健全
	制定相关制度，但审核不严格或并未实际审核
	其他
上海	未以醒目方式向借款人提示利息及相关费用收取规则、禁止性行为、违约后果等，或者虽有提示但并未经借款人确认
	未制定或未实施对借款人的年龄、身份、借款用途、还款能力、资信状况等进行审核评估的制度、措施
	其他有关问题
深圳	无

针对上海地区网贷待整改情形，网贷机构应当在备案登记前及时整改，建议从业机构：

一是在借款人申请借款环节及相关"融资服务协议"中，明确告知借款利息及服务费收取规则，增加借款人"陈述与保证"条款，确保借款人对借款用途、禁止性行为、网贷风险及违约责任与后果等问题进行确认与条款接受。

二是单独制定《借款人尽职评估制度》，或在《平台融资项目准入制度》针对"借款人尽职评估"专章进行规定，通过问卷填写、信息授权采集、借款人主动提供信息及证明材料等多种方式，评估借款人资信状况、还款能力等，使其符合"适格借款人"标准。

（二十七）用户信息采集与使用

"未能合法、安全地采集、处理及使用出借人、借款人信息"问题主要指向《网络借贷信息中介机构业务活动管理暂行办法》第九条第（六）项及第二十七

条,即"用户信息采集与使用",具体可能涉及如下情形:

(1)未制定客户信息采集、使用及处理方面的安全保护制度。

(2)出借人与借款人信息采集、处理及使用违反相关法律法规或存在安全问题。

(3)删除、篡改客户信息。

(4)未经同意将客户信息用于所提供服务之外的目的。

(5)未经同意泄露、传播、买卖客户信息。

(6)中国境内获取的出借人与借款人信息的分析、处理及存储实际在境外进行。

(7)未有法律法规依据,向境外提供境内出借人和借款人信息。

(8)其他有关问题。

从目前所知的北京、上海及深圳三地网络借贷整改要点来看,"用户信息采集与使用"情形在监管实践中的认定,可对比如下:

地区	情　　形
北京	不符合出借人与借款人信息采集、处理及使用的合法性和安全性要求
	未经同意将信息用于所提供服务之外目的
	在中国境内收集的出借人与借款人信息的存储、处理和分析未在中国境内进行
	其他
上海	未制定客户信息采集、使用及处理方面的安全保护制度
	出借人与借款人信息采集、处理及使用违反相关法律法规或存在安全问题
	删除、篡改客户信息
	未经同意将客户信息用于所提供服务之外的目的
	未经同意泄露、传播、买卖客户信息
	中国境内获取的出借人与借款人信息的分析、处理及存储实际在境外进行
	未有法律法规依据,向境外提供境内出借人和借款人信息
	其他有关问题
深圳	未经出借人与借款人同意,将出借人与借款人提供的信息用于所提供服务之外的目的
	未在中国境内进行对境内收集的出借人与借款人信息的存储、处理和分析
	向境外提供境内出借人和借款人信息

针对上海地区网贷待整改情形，网贷机构应当在备案登记前及时整改。在网贷机构为用户提供借贷撮合服务过程中，从业机构需严格遵循"信息主体知悉并同意""信息采集与使用的必要性"以及"信息获取与对外提供的合法性"三大原则，相关"平台服务协议""授权书"中需要对个人信息采集、使用事宜进行明确约定并以显著方式提示用户查看、确认并接受，同时应当建立健全用户信息保护制度。国内个人信息保护立法虽然相对滞后且分散，但伴随着"大数据发展"及《网络安全法》的实施，个人信息保护在国内将日趋完善与严格，笔者提请各位读者重点关注《网络安全法》及《关于办理侵犯公民个人信息刑事案件适用法律若干问题的解释》相关规定。

（二十八）网贷资金银行存管

"未按规定进行客户资金存管"问题主要指向《网络借贷信息中介机构业务活动管理暂行办法》第二十八条及《网络借贷资金存管业务指引》，即"网贷资金银行存管"，具体可能涉及如下情形：

（1）未与通过中国互联网金融行业协会测评的银行与金融机构开展资金存管业务合作。

（2）未在本市开立客户资金存管账户。

（3）虽已实施资金存管，但尚未完全符合《网络借贷资金存管业务指引》的具体要求。

（4）其他有关问题。

从目前所知的北京、上海及深圳三地网络借贷整改要点来看，"网贷资金银行存管"情形在监管实践中的认定，可对比如下：

地区	情　　形
北京	平台自身资金、与平台为同一实际控制人的公司资金与出借人和借款人资金存在账户或资金流混同、交叉等情况
	平台法定代表人、实际控制人、平台委托人等个体资金与出借人和借款人资金存在账户或资金流混同、交叉等情况
	平台未选择符合条件的银行业金融机构作为出借人与借款人的资金存管机构
	虽与银行业金融机构签订存管协议，但未切实落实资金存管要求，如存在从存管资金汇总账户向网贷机构自有账户转账等情形

（续表）

地区	情　形
	虽已实施资金存管但尚未达到资金存管细则要求
	其他
上海	未与通过中国互联网金融行业协会测评的银行与金融机构开展资金存管业务合作
	未在本市开立客户资金存管账户
	虽已实施资金存管，但尚未完全符合《网络借贷资金存管业务指引》的具体要求
	其他有关问题
深圳	未实行网贷机构自身资金与出借人和借款人资金的隔离管理
	未与通过网贷专项整治领导小组办公室组织开展的网贷资金存管业务测评的银行业金融机构开展资金存管业务合作
	虽已实施资金存管、但不符合《网络借贷资金存管业务指引》具体要求

针对上海地区网贷待整改情形，网贷机构应当在备案登记前进行整改，或者在备案登记后的规定时间内整改到位。《上海市网络借贷信息中介机构业务管理实施办法（征求意见稿）》对存管银行的选择提出了三项要求：一是应为商业银行，具体可提供存管服务的主体将包括全国性商业、城市商业银行以及农村商业银行等；二是符合相关条件，该要求系指向银监办发〔2017〕21号《网络借贷资金存管业务指引》第三章的相关规定；三是应在上海市设有经营实体，经上海市金融办相关人员进一步释明，此处"经营实体"包括总行、分行、支行三类，存管银行在上海市设有三类中的任何一类，即满足本款规定。

对比上海、北京、深圳三地的地方征求意见稿，上海的要求是：第一，选择在本市设有经营实体且符合相关条件的商业银行进行客户资金存管；第二，取得备案登记后6个月内完成资金存管。深圳的要求是：第一，备案时提供资金存管意向协议书；第二，与在深圳市行政辖区内设有分行以上（含）级别机构的商业银行达成资金存管安排；第三，增值电信业务许可证的获得先于银行存管；第四，取得备案登记后6个月内完成资金存管。北京地区针对银行存管实际采取了存管银行"白名单"制度。基于此，关于银行存管的一个现实情形亦需要指出，与平台实际缔结"资金存管协议"的银行主体，可能是分行、支行，也可能是总行，例如：

情形一：上海地区一家平台选择了上海××银行深圳分行签署"资金存管协议"。

情形二：深圳地区一家平台选择了上海××银行总行签署"资金存管协议"；

情形三：北京地区一家平台选择了上海××银行总行签署"资金存管协议"，而在白名单上的是上海银行北京分行。

注意，上述"上海××银行"总行设立在上海，且在深圳有分行。

从上面对《上海市网络借贷信息中介机构事实认定与整改工作指引表》（共145个要点，2017年5月发布）中银行存管属地化的解读，引申出的一个问题是：在存管银行本身满足属地化要求前提下，实际提供存管服务的银行分支机构是否必须为上海市的银行分支机构？该问题一度在业内达成共识，即只要总行在上海有分支机构，并未对实际提供存管服务的分支机构提出必须为上海本地的分支机构要求，因而上海××银行外地分行等均可以为上海地区平台提供存管服务。

但是，现在《上海市网络借贷信息中介机构合规审核与整改验收工作指引表》（共168个要点，2018年1月发布）表面弱化了"经营实体本地化"要求，改为"本市开立存管账户"表述，却达到了较之于2017年版指引表更直接有效的监管，是对存管机构的属地监管，也是对存管资金的属地监管，更是对此前业内关于2017年版指引表中"经营实体"疑问的回应，原因在于：

第一，2018年版指引表所称"客户资金存管账户"，其指向"网络借贷资金存管专用账户"。《互联网金融 个体网络借贷 资金存管业务规范》标准（T/NIFA 3—2017）分别定义了"汇总账户""子账户"和"资金存管专用账户"，其中"汇总账户"与"资金存管专用账户"应属同义，包括了"子账户"。"客户资金存管账户"在实操中体现为"以平台名义开立的实体账户"，有对应的"户名""账号"和"开户行"，而2018年版指引表即要求"开户行"需在上海市内，因此实质上"本市开立存管账户"仍然要以"存管人在上海市有分支机构"为前提。而且，该等"分支机构"需要具备"开户"功能，此前业内所说的"资金存管事业部""非业务网点"等都难以符合，2017年版指引中的"经营实体"概念实际上被2018年版指引表的措辞表达所释明。

第二，"存管账户开立于上海市"要求的提出，是对存管资金"归属地"的要求，上海市以外分行提供存管服务，但存管账户开立在上海，这种操作在"技术上可行"，但在银行业务实践中"可能"存在一定障碍，因为涉及银行各分支机构之间乃至总行与分支机构之间的管理和结算甚至绩效考核问题。当然，根据我们的考察和了解，实践中也有部分银行可以实现"存管行与开户行"分离操作。

  基于以上两点，笔者认为"账户属地化"是比"机构属地化"更高的要求，绝非对存管银行属地化的"松绑"，地方监管关于该问题的措辞调整，遣词造句之间颇为巧妙，表达出了"机构监管"和"资金监管"的双重要求，也有效回应了此前关于"经营实体"界定的困惑。笔者建议从业机构对银行存管问题予以观望，有待于上海市金融办在正式的地方监管细则中或在后续专项整治中对存管行要求进一步明确，如目前从业机构已接入存管银行，则后续需要根据监管要求予以调整。

四、信息披露

（二十九）信息披露管理

"未按要求加强信息披露管理"具体可能涉及如下情形：

（1）未在官方网站及提供网络借贷信息中介服务的网络渠道显著位置设置信息披露专栏、展示信息披露内容。

（2）未建立健全信息披露制度，或未指定专人负责信息披露事务，无法确保信息披露专栏内容可供社会公众随时查阅。

（3）信息披露专栏的内容全部或部分没有网络借贷信息中介机构法定代表人签字确认。

（4）未向公众披露咨询、投诉、举报联系电话、电子邮箱、通讯地址等。

（5）披露的信息没有采用中文文本；或同时采用外文文本的，未能保证两种文本的内容一致。

（6）未将信息披露公告文稿和相关备查文件及时报送其工商登记注册地的地方金融监管部门、国务院银行监督管理机构派出机构，并置备于网络借贷信息中介机构住所供社会公众查阅。

（7）平台官方网站、提供网络借贷信息中介服务的网络渠道以及其他互联网渠道信息披露内容不一致。

（8）其他有关问题。

（三十）信息披露的内容、时间要求

"信息披露的内容、时间不符合要求"具体可能涉及如下情形：

（1）未按《网络借贷信息中介机构业务活动信息披露指引》第七条第一项要求披露相关备案信息。

（2）未按《网络借贷信息中介机构业务活动信息披露指引》第七条第二项要求披露相关组织信息。

（3）未按《网络借贷信息中介机构业务活动信息披露指引》第七条第三项要求披露相关审核信息。

（4）未在《网络借贷信息中介机构业务活动信息披露指引》第七条规定时间内披露相关信息。

（5）未在《网络借贷信息中介机构业务活动信息披露指引》第八条规定时间内，逐月向公众披露截至上月末撮合交易的相关信息。

（6）未按《网络借贷信息中介机构业务活动信息披露指引》第九条要求及时向出借人披露相关信息。

（7）未按《网络借贷信息中介机构业务活动信息披露指引》第十条要求及时向公众披露相关重大信息。

（8）未按《网络借贷信息中介机构业务活动信息披露指引》第十一条要求在官方网站上定期以公告形式向公众披露年度报告、相关法律法规及网络借贷有关监管规定。

（9）信息披露内容违反法律法规关于国家秘密、商业秘密、个人隐私的有关规定。

（10）未按照有关监管规定、行业自律准则要求进行信息披露的其他情形。

从目前所知的北京、上海及深圳三地网络借贷整改要点来看，"信息披露"在监管实践中的认定，可对比如下：

地区	情　　形
北京	官网未建立业务活动经营管理信息披露专栏
	未披露或未充分披露借款人基本信息
	未披露或未充分披露融资项目基本信息
	未披露或未充分披露风险评估情况及可能产生的风险结果
	未在合理范围内披露已撮合未到期融资项目资金运用情况
	未在合理范围内披露本机构所撮合借贷项目等经营管理信息
	未在合理范围内披露会计师事务所审计报告
	未在合理范围内披露信息安全测评认证机构信息安全报告
	未在合理范围内披露律师事务所合规报告
	未按照互联网金融协会信息披露自律管理规范披露的其他情形

（续表）

地区	情　　形
上海	未在官方网站及提供网络借贷信息中介服务的网络渠道显著位置设置信息披露专栏、展示信息披露内容
	未建立健全信息披露制度，或未指定专人负责信息披露事务，无法确保信息披露专栏内容可供社会公众随时查阅
	信息披露专栏的内容全部或部分没有网络借贷信息中介机构法定代表人签字确认
	未向公众披露咨询、投诉、举报联系电话、电子邮箱、通讯地址等
	披露的信息没有采用中文文本；或同时采用外文文本的，未能保证两种文本的内容一致
	未将信息披露公告文稿和相关备查文件及时报送其工商登记注册地的地方金融监管部门、国务院银行监督管理机构派出机构，并置备于网络借贷信息中介机构住所供社会公众查阅
	平台官方网站、提供网络借贷信息中介服务的网络渠道以及其他互联网渠道信息披露内容不一致
	其他有关问题
	未按《网络借贷信息中介机构业务活动信息披露指引》（银监办发〔2017〕113号）第七条第一项要求披露相关备案信息
	未按《网络借贷信息中介机构业务活动信息披露指引》（银监办发〔2017〕113号）第七条第二项要求披露相关组织信息
	未按《网络借贷信息中介机构业务活动信息披露指引》（银监办发〔2017〕113号）第七条第三项要求披露相关审核信息
	未在《网络借贷信息中介机构业务活动信息披露指引》（银监办发〔2017〕113号）第七条规定时间内披露相关信息
	未在《网络借贷信息中介机构业务活动信息披露指引》（银监办发〔2017〕113号）第八条规定时间内，逐月向公众披露截至上月末撮合交易的相关信息
	未按《网络借贷信息中介机构业务活动信息披露指引》（银监办发〔2017〕113号）第九条要求及时向出借人披露相关信息
	未按《网络借贷信息中介机构业务活动信息披露指引》（银监办发〔2017〕113号）第十条要求及时向公众披露相关重大信息
	未按《网络借贷信息中介机构业务活动信息披露指引》（银监办发〔2017〕113号）第十一条要求在官方网站上定期以公告形式向公众披露年度报告、相关法律法规及网络借贷有关监管规定
	信息披露内容违反法律法规关于国家秘密、商业秘密、个人隐私的有关规定
	未按照有关监管规定、行业自律准则要求进行信息披露的其他情形

（续表）

地区	情 形
深圳	未在官方网站及提供网络借贷信息中介服务的网络渠道显著位置信息披露专栏
	官方网站、提供网络借贷信息中介服务的网络渠道等各渠道间信息披露内容不一致
	信息披露内容存在虚假记载、误导性陈述、重大遗漏或拖延披露
	信息披露内容违反法律法规关于国家秘密、商业秘密、个人隐私的有关规定
	未按《网络借贷信息中介机构业务活动信息披露指引》第七条至第十一条规定充分披露相关信息

对于信息披露问题，网贷机构应当在备案登记前及时整改。就网贷平台信息披露事宜，国内互联网金融行业信息披露规范可见于《关于促进互联网金融健康发展的指导意见》《网络借贷信息中介机构业务活动管理暂行办法》《互联网金融风险专项整治工作实施方案》《P2P网络借贷风险专项整治工作实施方案》《中国互联网金融协会会员自律公约》《中国互联网金融协会信息披露自律管理规范》《互联网金融信息披露 个体网络借贷》标准（T/NIFA 1—2017）等的相关规定/要求。而网贷机构信息披露强制性规范则于2017年8月23日印发（即《网络借贷信息中介机构业务活动信息披露指引》，实际于8月25日向社会公布）。《网络借贷信息中介机构业务活动信息披露指引》共包含4章28条，并包括附件《信息披露内容说明》，以"指引+说明"形式发布新规，能够看到银监会尝试以"名词解释"的方式尽可能增进条文理解的努力。就指引内容而言，涵盖了：① 平台备案信息；② 平台运营主体公司信息；③ 平台运营主体外部机构审查信息；④ 撮合交易信息；⑤ 借款人信息；⑥ 平台重大事件信息等诸多方面，针对每个方面所对应的披露要点、披露对象及披露时限都有所区分和明确，行文内容详尽，具有较强的示范与实操指引意义（相关解读详见本书"规范解读篇"）。

基于此，建议从业机构：

一是在平台官方网站/App/微信公众号等开辟"信息披露专栏"，专门用于开展网贷平台信息披露工作。

二是严格参照《网络借贷信息中介机构业务活动信息披露指引》及《信息披露内容说明》开展信息披露工作，并注意6个月的信息披露工作整改期限要求。

三是聘请会计师事务所所、律师事务所、信息安全等级测评机构对平台开展审计、业务合规评估及信息安全等级测评工作，将审计、评估、测评结果向监管部门报送，并通过"信息披露专栏"予以披露。

五、违反校园网贷、现金贷相关监管要求

(三十一) 校园网贷业务

"未按要求及时暂停开展校园网贷业务"系指向2017年5月27发布的《关于进一步加强校园网贷规范管理工作的通知》(银监发〔2017〕26号)第二项相关规定,即"现阶段,一律暂停网贷机构开展在校大学生网贷业务,逐步消化存量业务"。具体到实践中,监管要求网贷机构"2017年6月之后,不得违规开展以在校学生为放款对象的校园网贷业务"。

从目前所知的北京、上海及深圳三地网络借贷整改要点来看,"校园网贷业务"在监管实践中的要求,可对比如下:

地区	情形
北京	校园网络借贷业务
上海	2017年6月之后,不得违规开展以在校学生为放款对象的校园网贷业务
深圳	2017年6月之后,仍开展借款人为在校学生的借贷撮合业务

针对上海地区网贷待整改情形,网贷机构应当在备案登记前及时整改。基于满足监管"不得违规开展校园网贷业务"的合规要求,建议从业机构:

一是在平台相关页面/注册协议/借款人服务协议中增加相应表述或相关条款,明确平台不为在校学生提供校园网贷服务;

二是在借款人风控信审环节,增加识别"学生"特征的相关要素,比如可要求借款人提供社保、公积金信息等收入证明资料以在一定程度上排除其"学生身份"。或者如果识别到借款人填写的地址等信息与"学校"相关,则存在借款人为在校学生的可能性,建议网贷机构应停止为该等借款人提供借款撮合服务。

（三十二）息费收取

"未按规定设定、收取利息及各类费用"主要指向《关于规范整顿"现金贷"业务的通知》中涉及利息及各类费用等综合资金成本收取的相关规定，具体可能涉及如下情形：

（1）以利率和各种费用形式对借款人收取的综合资金成本超过了最高人民法院关于民间借贷利率的上限规定（36%）。

（2）综合资金成本（含利息及各类费用）未统一折算为年化形式告知借款人。

（3）各项贷款条件以及逾期处理等信息没有在事前全面、公开披露，或者没有事前向借款人提示相关风险。

（4）从借贷本金中先行扣除利息、保证金或手续费、管理费等各类费用。

（5）设定高额逾期利息、滞纳金、罚息等（各类逾期罚息、费用之和一般不应超过银行信用卡逾期的罚息水平）。

从目前所知的北京、上海及深圳三地网络借贷整改要点来看，"息费收取"在监管实践中的要求，可对比如下：

地区	情　　形
北京	无
上海	以利率和各种费用形式对借款人收取的综合资金成本超过了最高人民法院关于民间借贷利率的上限规定（36%）
上海	综合资金成本（含利息及各类费用）未统一折算为年化形式告知借款人
上海	各项贷款条件以及逾期处理等信息没有在事前全面、公开披露，或者没有事前向借款人提示相关风险
上海	从借贷本金中先行扣除利息、保证金或手续费、管理费等各类费用
上海	设定高额逾期利息、滞纳金、罚息等（各类逾期罚息、费用之和一般不应超过银行信用卡逾期的罚息水平）
深圳	2017年12月之后，仍开展违反法律有关利率规定的借贷撮合业务（以利率和各种费用形式对借款人收取的综合资金成本超过最高人民法院关于民间借贷利率的规定上限）
深圳	向借款人收取的综合资金成本（含利息及各种费用）未统一折算为年化形式并告知借款人
深圳	从借贷本金中先行扣除利息、保证金或手续费、管理费等各类费用
深圳	设定高额逾期利息、滞纳金、违约金、罚息或者其他费用等（不得超过年利率24%）
深圳	未对单笔借款的本息费债务总负担明确设定金额上限

针对上海地区网贷待整改情形，网贷机构应当在备案登记前及时整改。对于利息及各类费用设定、收取的相关规定，可理解如下：

第一，综合资金成本需满足36%的上限规定。监管实践中综合资金成本的认定包括了利率以及各种形式的费用，疑惑点在于"各种形式的费用"所涵盖的具体费用种类并不确定。诸如网贷机构向借款人收取的提前还款服务费、逾期管理费等或有费用是否需要纳入综合资金成本计算，以及借款人支付的履约保险费、担保服务费等费用是否需包括在综合资金成本范围内尚有待监管进一步明确。

第二，综合资金成本应统一折算成年化形式告知借款人。关于年化形式的"统一折算"标准实践中通常包括"APR"以及"IRR"两种方式，条文层面并未进一步明确年化形式的折算标准。根据2017年12月8日下发的《关于印发小额贷款公司网络小额贷款业务风险专项整治实施方案的通知》（网贷整治办函〔2017〕56号）中的相关规定："将以利率和各种费用形式对借款人收取的所有借款成本与贷款本金的比例计算为综合实际利率，并折算成年化形式……"该规定应当指向以"APR"的形式折算年化形式的综合资金成本，具有一定的参考意义。

第三，贷款条件以及逾期处理等信息应当在事前全面、公开披露，做好借款人的风险提示工作。

第四，息费不得预扣。网贷机构不得从借贷本金中先行扣除利息、保证金或收取管理费等各项费用，实践操作中部分平台在给借款人放贷时，存在从借贷本金中先行扣除利息、手续费、管理费、保证金等金额，造成借款人实际收到的借款金额与借款合同约定金额不符的情形。此外，对于目前实践中普遍采用的将全部借款资金先行划转至借款人存管账户，再将借款人应当支付的服务费等各类费用以"秒扣"形式从借款人存管账户中进行划扣，是否违反"息费不得预扣"的要求，尚有待监管进一步明确。

第五，各类逾期罚息、费用之和一般不应超过银行信用卡逾期的罚息水平。根据《中国人民银行关于信用卡业务有关事项的通知》规定，银行信用卡逾期的罚息水平为："对信用卡透支利率实行上限和下限管理，透支利率上限为日利率万分之五，透支利率下限为日利率万分之五的0.7倍。信用卡透支的计结息方式，以及对信用卡溢缴款是否计付利息及其利率标准，由发卡机构自主确定。"

基于此，建议从业机构：

一是排查平台各类产品向借款人收取的利率及各类费用是否超过36%的上限规定并予以相应调整，对于"各类费用"在监管尚未进一步明确具体涵盖何种费用前，宜做从严理解，将借款人申请借款时应支付的各种名目的费用均纳入综合资金成本计算。

二是对于向借款人收取的综合资金成本建议可参考《关于印发小额贷款公司网络小额贷款业务风险专项整治实施方案的通知》的规定以"APR"方式折算成年化形式,通过借款人服务协议等渠道明确告知借款人。

三是贷款条件及逾期处理等信息可通过相关页面信息展示或者通过协议条款设置等方式进行全面、公开披露,做好借款人风险提示工作。

四是调整利息及各类费用收取方式,不得从借款本金中预先扣除利息及各类费。对于以"秒扣"形式收取服务费是否可行,鉴于目前监管规定尚不明确,可先保持观望态度。

五是调整逾期罚息及各类逾期费用收费标准,建议按照银行信用卡逾期的罚息水平即 0.05%/天的标准收取逾期罚息及各类逾期费用。

(三十三) 客户保护相关要求

"违反客户保护相关要求"具体可能涉及如下情形:

(1) 以各种手段诱致借款人过度举债、陷入债务陷阱。

(2) 没有全面持续评估借款人的信用情况、偿付能力、贷款用途等情况,未能审慎确定借款人适当性、综合资金成本、贷款金额上限、贷款期限、贷款展期限制、"冷静期"要求、贷款用途限定、还款方式等。

(3) 向无还款来源或不具备还款能力的借款人提供借贷撮合业务。

(4) 提供首付贷、赎楼贷、房地产场外配资等购房融资借贷撮合服务。

(5) 提供无指定用途的借贷撮合业务。

(6) 单笔贷款的本息费债务总负担没有明确设定金额上限。

(7) 无特殊情况贷款展期次数超过两次。

从目前所知的北京、上海及深圳三地网络借贷整改要点来看,"客户保护"在监管实践中的要求,可对比如下:

地区	情 形
北京	无
上海	以各种手段诱致借款人过度举债、陷入债务陷阱
	没有全面持续评估借款人的信用情况、偿付能力、贷款用途等情况,未能审慎确定借款人适当性、综合资金成本、贷款金额上限、贷款期限、贷款展期限制、"冷静期"要求、贷款用途限定、还款方式等

（续表）

地区	情　　形
	向无还款来源或不具备还款能力的借款人提供借贷撮合业务
	提供首付贷、赎楼贷、房地产场外配资等购房融资借贷撮合服务
	提供无指定用途的借贷撮合业务
	单笔贷款的本息费债务总负担没有明确设定金额上限
	无特殊情况贷款展期次数超过2次
深圳	为无还款来源或不具备还款能力的借款人提供借贷撮合业务
	涉及房地产配资，包括开展首付贷、过桥贷、尾款贷、赎楼贷等业务
	提供无指定用途的借贷撮合业务
	无特殊情况借款展期次数超过两次
	未在事前全面、公开披露各项贷款条件以及逾期处理等信息

针对上海地区网贷待整改情形，网贷机构应当在备案登记前及时整改。结合前述相关情形，建议网贷机构：

一是全面持续评估借款人的信用情况、偿付能力、贷款用途等情况，该等持续评估应当在贷前、贷中及贷后全流程持续进行。银监会下发的《网络借贷信息中介机构业务活动信息披露指引》亦要求网贷机构应当披露已撮合未到期项目中借款人资金用途、借款人还款能力变化情况等，其隐含的也是对于网贷机构开展贷中及贷后管理工作的要求，与本条全面持续评估的规定保持一致。

二是关于贷款展期限制。监管要求进行贷款展期限制，无特殊情况贷款展期次数不得超过两次。网贷业务实践中，展期情形并不多见，建议网贷机构可直接在相关协议中约定借款人经出借人及平台同意，方可申请展期，但展期次数不得超过两次。

三是设置相应的冷静期。我国当前金融领域的"冷静期"制度集中在保险、私募基金领域，中国基金业协会于2016年4月15日发布的《私募投资基金募集行为管理办法》第二十九条规定："各方应当在完成合格投资者确认程序后签署私募基金合同。基金合同应当约定给投资者设置不少于二十四小时的投资冷静期，募集机构在投资冷静期内不得主动联系投资者。"网贷领域的冷静期如何设置，尚有待监管进一步明确。目前可供参考的操作模式为以借款项目的募集期为冷静期，在借款项目募集期内，借款人可申请撤回借款申请，借款项目募集期满或者借款资金募集完成划转至借款人账户后,借贷法律关系生效,借款人即不得申请撤回借款申请,但该种操作是否满足监管对于设置"冷静期"的要求尚有待考量。

四是关于借款用途限定。建议网贷机构在资产端信审、风控环节即要求借款人填写相应的借款用途,借款用途尽可能具体详细,避免出现"消费""其他"等笼统概括的借款用途描述。同时,建议网贷平台在相关借款协议中明确规定借款人应承诺具有相应的还款来源及还款能力,借款人承诺将借款资金用于约定用途,平台不为首付贷、赎楼贷、房地产配资等购房融资提供借款撮合服务。

五是关于单笔贷款的本息费债务总负担,建议网贷机构应明确相应的金额上限,并通过借款人服务协议等形式明确告知借款人。至于何种费用应当纳入本条要求的"债务总负担"进行计算,鉴于当前监管尚未进一步明确,建议从严理解,将借款人应支付的全部费用均纳入债务总负担的计算范畴。

(三十四)审慎经营

"违反审慎经营原则"在监管实践中的认定,具体可能涉及如下情形:
(1)隐匿不良资产。
(2)撮合借贷资金的本息没有直接通过借款人银行账户支付或扣除,而是通过第三方合作机构账户中转收付。

从目前所知的北京、上海及深圳三地网络借贷整改要点来看,"审慎经营原则"在监管实践中的要求,可对比如下:

地区	情形
北京	无
上海	隐匿不良资产
	撮合借贷资金的本息没有直接通过借款人银行账户支付或扣除,而是通过第三方合作机构账户中转收付
深圳	隐匿不良资产

针对上海地区网贷待整改情形,网贷机构应当在备案登记前及时整改。结合前述相关情形,建议从业机构:

一是严格按照监管要求披露不良资产相关数据。上海地区监管实践中在认定"不良"的标准时规定:"不良借款本金余额指本金(或利息)逾期90天(含)以上的借款本金之和;分期还款交易,某一期的本金或利息未按时还款已逾90天(含),全部未偿还本金均应计入不良金额。"(《上海市网络借贷信息中介机构合规审核与整改验收工作指引表》)

二是按照监管要求调整借款人还款方式。关于"撮合借贷资金的本息,而是通过第三方合作机构账户中转收付",其主要指向实践中借款人的还款资金由网贷机构的资产推荐合作方等第三方账户划转至出借人账户进行还款,而不是直接通过借款人账户还款的情形。该条规定理解难点在于"借款人银行账户"具体指向借款人实体银行户还是借款人存管虚拟户。如果指向借款人存管虚拟户,则实践中以资产推荐方等第三方充值,再划转至借款人存管虚拟户进行还款的模式符合该条规定。但如果是必须通过借款人实体银行户进行还款资金的划转,则会对当前通过资产推荐方等第三方的实体账户进行还款的业务模式产生较大影响。建议网贷机构关注监管后续要求,及时调整借款人还款方式以符合监管规定。

(三十五)非法催收

"非法催收"在监管实践中的认定情形可能包括:
(1)平台自身或委托第三方机构通过暴力、恐吓、侮辱、诽谤、骚扰等方式催收贷款。
(2)向债务人、担保人以外的人员进行催收。

从目前所知的北京、上海及深圳三地网络借贷整改要点来看,"非法催收"在监管实践中的要求,可对比如下:

地区	情形
北京	暴力催收
上海	平台自身或委托第三方机构通过暴力、恐吓、侮辱、诽谤、骚扰等方式催收贷款
	向债务人、担保人以外的人员进行催收
深圳	通过暴力、恐吓、侮辱、诽谤、骚扰等方式催收贷款

针对上海地区网贷待整改情形,网贷机构应当在备案登记前及时整改。非

法催收问题在"信用借贷"领域相对突出，监管机构认为存在"依靠暴利覆盖风险，暴力催收"情况，部分"现金贷"平台风险控制十分薄弱，行业坏账率普遍在20%以上，平台依靠收取的高额利率平衡风险。而借款人一旦逾期，平台则采取非法手段对借款人进行各种方式的催收，极易引起恶性事件的发生。非法催收的方式具体包括暴力、恐吓、侮辱、诽谤、骚扰等。

关于不得向债务人、担保人以外的人员进行催收如何理解，此处涉及向债务人、担保人以外的人员进行"催收"的尺度如何把握问题，笔者认为如果仅仅是将债务人的逾期信息通过电话方式告知其亲友，不宜纳入本条规定的"向债务人、担保人以外的人员进行催收"的规制范围，但具体如何认定仍有待监管意见的进一步明确。

针对非法催收问题，建议从业机构依法催收逾期借款，针对内催人员、外催机构应当严格管理与管控，不得暴力催收，不得采取电话"轰炸"借款人亲朋好友等非法方式进行催收，避免投诉、举报、恶性事件发生。

（三十六）其他情形

"其他违反校园网贷、现金贷相关监管要求的情形"在监管实践中的认定，具体可能包括：

（1）将客户的信息采集、甄别筛选、资信评估、开户等核心工作外包。

（2）撮合银行业金融机构资金参与P2P网络借贷。

（3）其他有关问题。

从目前所知的北京、上海及深圳三地网络借贷整改要点来看，"其他有关问题"在监管实践中的要求，可对比如下：

地区	情　　形
北京	无
上海	将客户的信息采集、甄别筛选、资信评估、开户等核心工作外包
上海	撮合银行业务金融机构资金参与P2P网络借贷
上海	其他有关问题
深圳	将客户的信息采集、甄别筛选、资信评估、开户等核心工作外包
深圳	撮合银行业金融机构资金参与P2P网络借贷

针对上海地区网贷待整改情形,网贷机构应当在备案登记前及时整改。建议从业机构:

一是自建客户信息采集、甄别筛选、资信评估的体系,配备相应的人员,具备实际开展信息采集、甄别筛选、资信评估等工作能力。即使对于资产推介方推荐的资产,也应当对借款人进行实质核查,自行完成核心工作。

二是排查银行业金融机构资金参与平台网贷业务的情形,不得引入银行业金融机构资金投资于平台项目。

六、其他违规情形

（三十七）异地经营

对于网贷机构实际经营地问题，北京及上海两地监管机构均要求"实际经营地与注册地一致"，网贷机构应当在备案登记前及时整改。该要求在《上海市网络借贷信息中介机构业务管理实施办法（征求意见稿）》中同样被提出，即"公司实际经营地应当与住所相同"。由此可见，后续《上海市网络借贷信息中介机构业务管理实施办法》正式稿中保留该项要求，属于"大概率事件"。针对该点，考虑到目前上海地区从业机构办理"住所变更"在工商登记层面存有困难，建议从业机构予以关注并根据后续监管要求在备案登记前进行调整（典型如：是否允许存在数个"经营场所"，且其中一个经营场所与注册地保持一致即可）。

（三十八）股权代持

对于网贷机构股东情况，上海地区监管机构要求"工商登记的股东与实际出资人一致"，网贷机构应当在备案登记前及时整改。

从目前所知的北京、上海及深圳三地网络借贷整改要点来看，"股权代持"情形在监管实践中的认定，可对比如下：

地区	情　　形
北京	无
上海	工商登记的股东与实际出资人不一致
深圳	无

该要求在《上海市网络借贷信息中介机构业务管理实施办法（征求意见

稿）》中同样被提出，即"股东名册内的股东不得为他人代持股份"。针对该点，建议从业机构在备案登记前解除股权代持关系，同时股东名册内股东出具"无股权代持承诺函"并向金融办提交作为申请备案登记材料。

（三十九）增值电信业务许可

对于网贷机构"增值电信业务许可"问题，监管机构要求"按规定申请相应的电信业务经营许可"，网贷机构可以待本市监管制度出台后，根据要求限期整改。

从目前所知的北京、上海及深圳三地网络借贷整改要点来看，"电信业务经营许可"情形在监管实践中的认定，可对比如下：

地区	情形
北京	无电信业务经营许可
上海	未按规定申请相应的电信业务经营许可
深圳	无电信业务经营许可

根据最新消息称（无法确保真实性），网贷机构所需申请的增值电信业务许可类别，系指《电信业务分类目录（2015年版）》增值电信业务分类项下的"B21在线数据处理与交易处理业务"中的"交易处理业务"。

《电信业务分类目录（2015年版）》增值电信业务分类			
B.增值电信业务	B1第一类增值电信业务	B11 互联网数据中心业务	
		B12 内容分发网络业务	
		B13 国内互联网虚拟专用网业务	
		B14 互联网接入服务业务	
	B2第二类增值电信业务	B21 在线数据处理与交易处理业务	
		B22 国内多方通信服务业务	
		B23 存储转发类业务	
		B24 呼叫中心业务	B24-1 国内呼叫中心业务
			B24-2 离岸呼叫中心业务
		B25 信息服务业务	
		B26 编码和规程转换业务	
		B26-1 域名解析服务业务	

根据《电信业务分类目录（2015年版）》，在线数据处理与交易处理业务属于第二类增值电信业务，是指利用各种与公用通信网或互联网相连的数据与交易/事务处理应用平台，通过公用通信网或互联网为用户提供在线数据处理和交易/事务处理的业务。在线数据处理与交易处理业务包括交易处理业务、电子数据交换业务和网络/电子设备数据处理业务。

对于在线数据处理与交易处理业务的审批机构权限划分，工信部在《电信业务分类目录（2015年版）》常见问题中明确答复如下："（1）在线数据处理与交易处理业务（仅限经营类电子商务）：应依法向公司注册地省通信管理局申请许可。（2）在线数据处理与交易处理业务（不含经营类电子商务）：a.通过互联网提供服务的，应依法向公司注册地省通信管理局申请。b.不通过互联网提供服务的，若跨省服务的，应依法向工信部申请许可，若仅在注册地省内服务的，应依法向公司注册地的省通信管理局申请许可。"据此，如后续工信部明确网贷平台需要申请在线数据处理与交易处理业务经营许可，可推测网贷平台相关申请应当属于此处的通过互联网提供在线数据处理与交易处理业务（不含经营类电子商务）服务情形，应当向省一级通信管理局申请（具有外资成分的，需要由工信部审批）。

针对该点，建议从业机构予以关注，待条件成熟（地方通信管理局开放申请）时及时办理增值电信业务许可事宜。

（四十）客户投诉处理

对于客户投诉问题，监管机构要求"建立客户投诉处理制度，对客户投诉能依法、及时答复、处理"，网贷机构应当在备案登记前及时整改。

从目前所知的北京、上海及深圳三地网络借贷整改要点来看，"客户投诉处理"情形在监管实践中的认定，可对比如下：

地区	情　　形
北京	无
上海	建立客户投诉处理制度，对客户投诉能依法、及时答复、处理
深圳	无

针对该点，建议从业机构成立"客服中心投诉受理部门"，制定《客户投诉管理制度》并予以有效执行。

(四十一)监管工作配合

"未落实相关监管要求"问题主要指向"配合监管工作",具体可能涉及如下情形:

(1)未按照有关监管部门要求报送各类信息、资料。

(2)未按照有关监管规定及时报告重大事项、及时整改违规经营行为。

(3)其他未落实监管要求的情形。

该条提出的整改要求为"待本市监管制度出台后,根据要求限期整改",从业机构依法配合即可。

从目前所知的北京、上海及深圳三地网络借贷整改要点来看,"监管工作配合"情形在监管实践中的认定,可对比如下:

地区	情形
北京	未按照金融局、银监局和有关统计部门要求等报送常规性信息
	未按照金融局和银监局要求报送临时性信息
	其他
上海	未按照有关监管部门要求报送各类信息、资料
	未按照有关监管规定及时报告重大事项、及时整改违规经营行为
	其他未落实监管要求的情形
深圳	无

就目前而言,上海地区针对网贷整改提出了"原则上在2018年4月底之前完成整改,个别规模巨大、处置风险较大的从业机构可以适当放宽整改期限"的要求,同时会在"整改后进行验收",整改期内业务规模不再增加,如整改开始后继续从事违规业务的机构,以及整改期内整改不到位的机构,将纳入取缔类,将按照非法从事金融业务进行处置。

七、其他风险提示事项

（四十二）不良金额与不良率

对于"不良"问题，监管关注的要点包括"撮合交易形成借款的不良借款本金余额（不良借款本金余额指本金（或利息）逾期90天（含）以上的借款本金之和；分期还款交易，某一期的本金或利息未按时还款已逾90天（含），全部未偿还本金均应计入不良金额）；撮合交易形成借款的不良率（不良借款本金余额除以全部待偿还借款本金）"，并提出"控制并逐步压缩相关风险因素"要求。

从目前所知的北京、上海及深圳三地网络借贷整改要点来看，"不良金额与不良率"情形在监管实践中的认定，可对比如下：

地区	情　　形
北京	无
上海	撮合交易形成的不良借款本金余额（不良借款本金余额指本金（或利息）逾期90天（含）以上的借款本金之和；分期还款交易，某一期的本金或利息未按时还款已逾90天（含），全部未偿还本金均应计入不良金额）
上海	撮合交易形成借款的不良率（不良借款本金余额除以全部待偿还借款本金）
深圳	无

该条明确"不良金额"的统计口径按照"M3"标准执行，平台需要在定期向监管部门报送数据时提供平台不良金额/不良率数据。

（四十三）关联交易

对于关联交易问题，监管机构关注点在于"平台关联交易复杂嵌套，或缺乏制度规范、关联交易披露不充分等"，并提出"控制并逐步压缩相关风险因素要求。

从目前所知的北京、上海及深圳三地网络借贷整改要点来看,"关联交易"情形在监管实践中的认定,可对比如下:

地区	情　　形
北京	无
上海	平台关联交易复杂嵌套,或缺乏制度规范、关联交易披露不充分等
深圳	无

针对该条,建议从业机构制定《平台关联交易决策及管理制度》,对于关联方融资、关联方担保、关联方债转等,需要在相关项目信息展示中予以充分披露。

(四十四)盈利及财务状况

对于平台经营状况,监管机构关注点在于"平台持续亏损,或者资不抵债",并提出"控制并逐步压缩相关风险因素"要求。

从目前所知的北京、上海及深圳三地网络借贷整改要点来看,"盈利及财务状况"情形在监管实践中的规定,可对比如下:

地区	情　　形
北京	无
上海	平台持续亏损,或者资不抵债
深圳	无

该条表明监管机构对平台"盈利能力"与"资产状况"予以关注,如平台持续亏损或资不抵债,则将被列入观察名单。

(四十五)高管从业经历

对于高管从业经历问题,监管机构关注点在于"平台高管人员缺乏必要的金融从业经历",并提出"控制并逐步压缩相关风险因素"要求。

从目前所知的北京、上海及深圳三地网络借贷整改要点来看,"高管从业经

历"情形在监管实践中的规定,可对比如下:

地区	情形
北京	无
上海	平台高管人员缺乏必要的金融从业经历
深圳	无

《网络借贷信息中介机构业务活动管理暂行办法》并未对董监高提出任职资格要求,《上海市网络借贷信息中介机构业务管理实施办法(征求意见稿)》亦未对高管人员从业经历提出要求。对照《深圳市网络借贷信息中介机构备案登记管理办法(征求意见稿)》提出的"从事金融业相关工作5年以上,并具有大学本科以上(含)学历的高级管理人员不少于3名"要求,《上海市网络借贷信息中介机构合规审核与整改验收工作指引表》对平台高管提出"必要的金融从业经历"要求,如何把握"必要的金融从业经历",有待监管实践的进一步明确。

(四十六)平台/高管诚信记录

对于平台/高管诚信情况,监管机构关注点在于"平台及其高管人员有违法犯罪记录,或者存在有关涉诉事项、不良从业记录或其他重大不良信用记录等",并提出"控制并逐步压缩相关风险因素"要求。

从目前所知的北京、上海及深圳三地网络借贷整改要点来看,"平台/高管诚信记录"情形在监管实践中的规定,可对比如下:

地区	情形
北京	无
上海	平台及其高管人员有违法犯罪记录,或者存在有关涉诉事项、不良从业记录或其他重大不良信用记录等
深圳	无

《网络借贷信息中介机构业务活动管理暂行办法》第三十六条中提出"董监高发生重大违法违规行为"下的网贷平台报告要求,同时在第三十七条中提出"董监高违反境内外法律法规"情形下的网贷平台报告要求。而在《上海市网络借贷信息中介机构业务管理实施办法(征求意见稿)》中,则要求平台在申请备

案登记过程中提供董监高的信用报告、户籍地公安机关出具的无犯罪记录证明。为完成平台备案登记工作,建议从业机构对董事、监事、高级管理人员(可能包括总经理、副总经理和财务、风控、法律合规、稽核审计部门负责人,及实际履行上述职务的人员)进行背景调查并向律师提供完备的个人资料,以供出具法律意见书。

(四十七)其他

该条为"兜底"条款,无具体内容。对于上海地区网贷平台开展备案登记工作,前述整改要点(共计168项)将成为平台自查及整改的重要参考,也将成为律师出具"法律意见书"的重要援引。

行文至此,给网贷从业机构几点建议:

一是早作备案规划,最早一批的机会总是留给准备最充分的人,临门一脚远比飞奔全场来的干脆和有效。

二是业务层面认真结合前述168项进行自查与整改,在奔跑的同时不忘调整姿态。

三是认真关注运营主体公司治理层面的最新监管要求,股权代持、经营场所、财务管理以及各类制度规范要求,都将成为备案成功与否的关键因素。

附 录

一、国内网贷法律法规及规范性文件汇总

（一）个体网络借贷专项整治相关规范

1. 中国银监会办公厅关于人人贷有关风险提示的通知（银监办发〔2011〕254号）
2. 互联网金融风险专项整治工作实施方案（国办发〔2016〕21号）
3. P2P网络借贷风险专项整治工作实施方案（银监发〔2016〕11号）
4. 开展互联网金融广告及以投资理财名义从事金融活动风险专项整治工作实施方案（工商办字〔2016〕61号）
5. 广东省P2P网络借贷风险专项整治工作实施方案（2016）
6. 关于开展"现金贷"业务活动清理整顿工作的通知（网贷整治办函〔2017〕19号）
7. 关于开展"现金贷"业务活动清理整顿工作的补充说明（网贷整治办函〔2017〕20号）
8. 市金融办关于转去"现金贷"业务活动清理整顿通知的函（深府金函〔2017〕361号）
9. 本市互联网金融风险专项整治工作提示——关于开展"现金贷"业务活动清理整顿工作（上海市）（2017）
10. 上海银监会关于深入开展本市网络借贷信息中介机构事实认定并持续推进整改工作的通知（沪金融办〔2017〕100号）
11. 关于对互联网平台与各类交易场所合作从事违法违规业务开展清理整顿的通知（整治办函〔2017〕64号）
12. 关于开展网络借贷资金存管测评工作的通知（网贷整治办函〔2017〕49号）
13. 关于立即暂停批设网络小额贷款公司的通知（整治办函〔2017〕

138号）

14. 关于规范整顿"现金贷"业务的通知（整治办函〔2017〕141号）

15. 关于做好P2P网络借贷风险专项整治整改验收工作的通知（网贷整治办函〔2017〕57号）

16. 关于印发上海市网络借贷信息中介机构合规审核与整改验收工作指引表（2017年12月）的通知（沪金融办〔2017〕226号）

（二）个体网络借贷监管规范

1. 关于促进互联网金融健康发展的指导意见（银发〔2015〕221号）
2. 网络借贷信息中介机构业务活动管理暂行办法（中国银行业监督管理委员会、工业和信息化部、公安部、国家互联网信息办公室令2016年第1号）
3. 网络借贷信息中介机构备案登记管理指引（银监办发〔2016〕160号）
4. 厦门市网络借贷信息中介机构备案登记管理暂行办法（厦金融办〔2017〕8号）
5. 广东省《网络借贷信息中介机构业务活动管理暂行办法》实施细则（征求意见稿）（2017）
6. 广东省网络借贷信息中介机构备案登记管理实施细则（征求意见稿）（2017）
7. 网络借贷资金存管业务指引（银监办发〔2017〕21号）
8. 厦门市网络借贷信息中介机构备案登记法律意见书指引（2017）
9. 上海市网络借贷信息中介机构业务管理实施办法（征求意见稿）（2017）
10. 深圳市网络借贷信息中介机构备案登记管理办法（征求意见稿）（2017）
11. 北京市网络借贷信息中介机构备案登记管理办法（试行）（征求意见稿）（2017）
12. 网络借贷信息中介机构业务活动信息披露指引的通知（银监办发〔2017〕113号）
13. 浙江省网络借贷信息中介机构业务活动管理实施办法（试行）（征求意见稿）（2017）
14. 浙江省网络借贷信息中介机构备案登记管理实施细则（试行）（征求意见稿）（2017）

(三)非法集资

1. 国务院办公厅关于立即停止利用发行会员证进行非法集资等活动的通知(国办发〔1996〕33号)

2. 国务院关于同意建立处置非法集资部际联席会议制度的批复(国函〔2007〕4号)

3. 国务院办公厅关于依法惩处非法集资有关问题的通知(国办发明电〔2007〕34号)

4. 关于处置非法集资活动中加强广告审查和监管工作有关问题的通知(工商广字〔2007〕190号)

5. 处置非法集资工作信息统计和报送办法(银监发〔2007〕65号)

6. 保险业内涉嫌非法集资活动预警和查处工作暂行办法(保监发〔2007〕127号)

7. 中国银监会办公厅关于做好当前处置非法集资工作有关问题的紧急通知(银监办发〔2008〕238号)

8. 最高人民法院关于审理非法集资刑事案件具体应用法律若干问题的解释(法释〔2010〕18号)

9. 最高人民法院关于非法集资刑事案件性质认定问题的通知(法〔2011〕262号)

10. 最高人民法院、最高人民检察院、公安部关于办理非法集资刑事案件适用法律若干问题的意见(公通字〔2014〕16号)

11. 农业部办公厅关于开展农业领域非法集资风险专项排查活动的通知(农办经〔2014〕9号)

12. 商务部办公厅关于开展典当、拍卖、融资租赁等行业非法集资风险排查的通知(商办流通函〔2015〕21号)

13. 国务院关于进一步做好防范和处置非法集资工作的意见(国发〔2015〕59号)

14. 最高人民法院、最高人民检查院、公安部关于依法处理非法集资犯罪的通告(2015)

15. 中国保监会关于进一步做好保险业防范和处置非法集资工作的通知(保监稽查〔2015〕263号)

16. 处置非法集资部际联席会议、商务部、工商总局提示：严密防范利用预付消费进行非法集资（2016）

17. 国家卫生计生委关于做好卫生计生行业防范和处置非法集资工作的通知（国卫财务发〔2017〕29号）

18. 北京市人民政府办公厅关于严厉打击非法集资和非法证券经营活动有关问题的通知（京政办发〔2007〕70号）

19. 北京市打非工作小组办公室关于北京市开展打击非法集资专项整治行动的通告（2015）

20. 北京市进一步做好防范和处置非法集资工作的管理办法（京政办发〔2016〕2号）

21. 关于在防范和处置非法集资活动中加强金融投资理财类广告监管有关工作的实施意见（京工商发〔2016〕28号）

22. 上海市人民政府关于印发本市进一步做好防范和处置非法集资工作实施意见的通知（沪府发〔2016〕19号）

23. 广东省人民政府办公厅关于进一步做好依法惩处非法集资工作的意见（粤府办〔2007〕95号）

24. 广东省商务厅关于印发开展典当拍卖融资租赁等行业非法集资风险排查工作方案的通知（粤商务管函〔2015〕20号）

25. 广东保监局关于进一步做好广东保险业防范和打击非法集资工作的通知（粤保监发〔2015〕145号）

26. 贯彻落实《国务院关于进一步做好防范和处置非法集资工作的意见》工作方案（粤府函〔2016〕19号）

27. 广东保监局保险消费者防范非法集资风险提示（2016）

28. 广东省金融办关于《非法集资举报奖励办法》的实施细则（粤金函〔2017〕341号）

29. 建立处置非法集资联席会议制度（深府办〔2008〕8号）

30. 关于开展非法集资风险专项排查活动的函（深府金函〔2014〕122号）

31. 深圳市经济贸易和信息化委员会关于开展2014年度全市融资性担保公司年审暨非法集资专项整治工作的通知（深经贸信息中小字〔2015〕106号）

32. 深圳市非法集资案件举报奖励办法（试行）（深府函〔2016〕185号）

33. 处置非法集资条例（征求意见稿）（2017）

（四）协会指引

1. 中国互金协会《互联网金融　个体网络借贷　借款合同要素》标准（T/NIFA 5—2017）

2. 中国互金协会《互联网金融信息披露　个体网络借贷》标准（T/NIFA 1—2017）

3. 中国互金协会《互联网金融　个体网络借贷　资金存管业务规范》标准（T/NIFA 3—2017）

4. 中国互金协会《互联网金融　个体网络借贷　资金存管系统规范》标准（T/NIFA 4—2017）

5. 上海互金协会《上海市网络借贷电子合同存证业务指引》（2017）

6. 江苏互金协会《江苏省网络借贷信息中介机构规范与指引文件汇编（讨论稿）》（2017）（共计15个指引）

7. 上海互金协会《上海个体网络借贷平台信息披露指引》（2015）

8. 《深圳市网络借贷信息中介机构催收行为规范（征求意见稿）》（2017）

9. 深圳互金协会《居间服务协议必备条款指引（征求意见稿）》（2017）

10. 深圳互金协会《借款协议必备条款指引（征求意见稿）》（2017）

11. 深圳互金协会《网络借贷中介机构常用合同指引》起草说明（2017）

12. 深圳互金协会《债权转让协议必备条款指引（征求意见稿）》（2017）

13. 《福建省P2P行业自律公约》（2016）

二、网络借贷信息中介机构制度构建一览表

编号	制度名称	备注
1	平台服务内容公示	建议制度,公示型
2	资金存管制度	建议制度,公示/内部管理型
3	广告文宣管理办法	建议制度,内部管理型
4	分支机构管理办法	建议制度,报送/内部管理型
5	信息披露制度	必备制度,公示/报送/内部管理型
6	投资者风险提示	必备制度,公示/报送型
7	合格投资者制度(附:投资者问卷)	必备制度,公示/报送型
8	平台产品模式公示(附:各类产品模板文本)	建议制度,公示型
9	合同签署流程指引	建议/加分制度,公示/内部管理型
10	客户投诉处理办法	建议/加分制度,公示/内部管理型
11	客户在线争议解决制度	加分制度,公示/内部管理型
12	隐私权政策	必备制度,公示/报送型
13	积分管理制度	加分制度,公示/内部管理型
14	红包/贴息活动管理办法	建议/加分制度,内部管理型
15	客户资料与交易信息管理办法	必备制度,公示/报送/内部管理型
16	反欺诈制度	必备制度,公示/报送/内部管理型
17	反洗钱及反恐怖融资制度	必备制度,公示/报送/内部管理型
18	数据报送制度	必备制度,报送/内部管理型
19	投资人间债权转让制度	建议制度,公示/内部管理型
20	员工手册及职责行为指引	建议制度,内部管理型
21	融资项目准入制度	必备制度,内部管理型

（续表）

编号	制度名称	备注
22	风险准备金制度	建议制度,内部管理型
23	客户身份识别制度	建议制度,报送/内部管理型
24	可疑交易管理制度	建议制度,报送/内部管理型
25	借款人管理制度	必备制度,报送/内部管理型
26	合作机构准入制度	建议制度,内部管理型
27	平台收费标准公示	必备制度,公示型
28	贷后管理制度	建议制度,内部管理型
29	风险隔离制度	建议制度,内部管理型
30	黑名单管理制度	建议制度,公示/内部管理型
31	平台账户管理制度	建议制度,公示/内部管理型
32	自动投标业务说明书	建议制度,公示型
33	关联交易管理制度	必备制度,报送/内部管理型
34	董监高人员管理制度	加分制度,报送/内部管理型
35	担保物管理制度	建议制度,内部管理型
36	财务管理制度	必备制度,内部管理型

三、互联网资管业务政策梳理

编号	监 管 文 件	具 体 要 求
1	关于做好通过互联网开展资产管理及跨界从事金融业务风险专项整治清理整顿工作的通知(整治办函〔2016〕96号)	/
2	关于进一步做好互联网金融风险专项整治清理整顿工作的通知(银发〔2017〕119号)	/
3	关于对互联网平台与各类交易场所合作从事违法违规业务开展清理整顿的通知(整治办函〔2017〕64号)	① 2017年7月15日前,停止与各类交易场所合作开展涉嫌突破政策红线的违法违规业务的增量 ② 对于2017年7月16日以后仍继续与各类交易场所合作开展违法违规业务的互联网平台,各地整治办会同人民银行分支机构及其他相关部门,对相关互联网平台开展现场检查,查实互联网平台是否存在变相吸收公众存款、非法发放贷款、代销违法违规产品、无代销资质销售金融产品、未取得相关资质开办资产管理业务等问题,并按相关法律法规进行处罚
4	国务院办公厅关于印发互联网金融风险专项整治工作实施方案的通知(国办发〔2016〕21号)	① 互联网企业未取得相关金融业务资质不得依托互联网开展相应业务,开展业务的实质应符合取得的业务资质。互联网企业和传统金融企业平等竞争,行为规则和监管要求保持一致。采取"穿透式"监管方法,根据业务实质认定业务属性 ② 未经相关部门批准,不得将私募发行的多类金融产品通过打包、拆分等形式向公众销售。采取"穿透式"监管方法,根据业务本质属性执行相应的监管规定。销售金融产品应严格执行投资者适当性制度标准,披露信息和提示风险,不得将产品销售给与风险承受能力不相匹配的客户

（续表）

编号	监 管 文 件	具 体 要 求
4	国务院办公厅关于印发互联网金融风险专项整治工作实施方案的通知（国办发〔2016〕21号）	③ 金融机构不得依托互联网通过各类资产管理产品嵌套开展资产管理业务、规避监管要求。应综合资金来源、中间环节与最终投向等全流程信息，采取"穿透式"监管方法，透过表面判定业务本质属性、监管职责和应遵循的行为规则与监管要求 ④ 同一集团内取得多项金融业务资质的，不得违反关联交易等相关业务规范。按照与传统金融企业一致的监管规则，要求集团建立"防火墙"制度，遵循关联交易等方面的监管规定，切实防范风险交叉传染
5	通过互联网开展资产管理及跨界从事金融业务风险专项整治工作实施方案（银发〔2016〕113号）	整治重点： （一）具有资产管理相关业务资质，但开展业务不规范的各类互联网企业。重点查处以下问题：一是将线下私募发行的金融产品通过线上向非特定公众销售，或者向特定对象销售但突破法定人数限制。二是通过多类资产管理产品嵌套开展资产管理业务，规避监管要求。三是未严格执行投资者适当性标准，向不具有风险识别能力的投资者推介产品，或未充分采取技术手段识别客户身份。四是开展虚假宣传和误导式宣传，未揭示投资风险或揭示不充分。五是未采取资金托管等方式保障投资者资金安全，侵占、挪用投资者资金 （二）跨界开展资产管理等金融业务的各类互联网企业。重点查处以下问题：一是持牌金融机构委托无代销业务资质的互联网企业代销金融产品。二是未取得资产管理业务资质，通过互联网企业开办资产管理业务。三是未取得相关金融业务资质，跨界互联网金融活动（不含P2P网络借贷、股权众筹、互联网保险、第三方支付、资产管理业务） （三）具有多项金融业务资质，综合经营特征明显的互联网企业。重点查处各业务板块之间未建立防火墙制度，未遵循禁止关联交易和利益输送等方面的监管规定，账户管理混乱，客户资金保障措施不到位等问题
6	国务院关于清理整顿各类交易场所切实防范金融风险的决定（国发〔2011〕38号）	除依法设立的证券交易所或国务院批准的从事金融产品交易的交易场所外，任何交易场所均不得将任何权益拆分为均等份额公开发行，不得采取集中竞价、做市商等集中交易方式进行交易；不得将权益按照标准化交易单位持续挂牌交易，任何投资者买入后卖出或卖出后买入同一交易品种的时间间隔不得少于5个交易日；除法律、行政法规另有规定外，权益持有人累计不得超过200人

（续表）

编号	监管文件	具体要求
7	国务院办公厅关于清理整顿各类交易场所的实施意见（国办发〔2012〕37号）	① 不得将任何权益拆分为均等份额公开发行 ② 不得采取集中交易方式进行交易 ③ 不得将权益按照标准化交易单位持续挂牌交易 ④ 权益持有人累计不得超过200人 ⑤ 不得以集中交易方式进行标准化合约交易 ⑥ 未经国务院相关金融管理部门批准，不得设立从事保险、信贷、黄金等金融产品交易的交易场所，其他任何交易场所也不得从事保险、信贷、黄金等金融产品交易
8	清理整顿各类交易场所部际联席会议办公室《关于做好清理整顿各类交易场所"回头看"前期阶段有关工作的通知》（2017年3月16日）	主要违规交易模式特征、违规问题及整治措施 金融资产类交易场所 （一）特征 一是开展类资产证券化业务，将权益拆分发行、降低投资者门槛、变相突破200人界限。主要包括定向融资计划和投资收益权类两个方面。其中，定向融资计划是指发行人在交易场所发行的，约定在一定期限内还本付息的融资计划。投资收益权是指发行人以其符合要求的基础资产收益权向特定投资主体发行的，约定在一定期限内兑付投资本金和收益的产品 二是未经批准交易信贷、票据、保险等金融产品。部分金融资产交易场所违规开展由一行三会监管的金融产品交易，如银行信贷、票据、信托产品、保险资产等产品，部分地方政府在全国统一的票据交易中心推进建设之际，"抢跑"设立区域性票据交易场所 （二）违规问题 一是涉嫌将权益拆分为均等份额公开发行。国办发〔2012〕37号文件规定，交易场所不得将任何权益拆分为均等份额公开发行；任何交易场所利用其服务与市州，将权益拆分为均等份额后发售给投资者，即属于"均等份额公开发行"。地方金融资产交易场所的产品对外发售过程中，大都以10 000元等标准化单位为认购起点并以其整数倍进行递增，违反了交易场所不得将任何权益拆分为均等份额公开发行的规定 二是变相突破权益持有人累计不得超过200人的规定。国发〔2011〕38号、国办发〔2012〕37号文件规定，任何权益在其存续期间，无论在发行还是转让环节，其实际持有人累计不得超过200人。金融资产交易场所往往采取拆分销售方式，将金额圈套的产品拆分为若干金额较小的子产品分别销售，实现化整为零。交易场所将实质上属于同一发行方的同一发行

（续表）

编号	监管文件	具体要求
8	清理整顿各类交易场所部际联席会议办公室《关于做好清理整顿各类交易场所"回头看"前期阶段有关工作的通知》（2017年3月16日）	产品拆分为多个融资项目、分散发行，或者分为多期发行，变相突破了投资者人数不得超过200人的限制 三是涉嫌公开宣传。按照《证券法》等有关法律法规规定，交易场所产品为私募性质，不得采用广告、公开劝诱或变相公开方式发行或转让。金融资产交易场所往往通过网络、微信公众号以及报纸、机场、步行待、地铁、大厦等媒介广告，对交易产品进行公开宣传，承诺高额回报、诱导投资者，违反了不得公开宣传的相关规定 四是涉嫌擅自从事应由国务院相关金融管理部门批准的金融产品交易。根据国发〔2011〕38号、国办发〔2012〕37号文件有关规定，未经国务院相关金融管理部门批准，不得设立从事保险、信贷、黄金等金融产品交易的交易场所，其他任何交易场所也不得从事保险、信贷、黄金等金融产品交易。金融资产交易场所从事银行信贷、票据、信托、保险等金融产品的发行和转让行为，违反了国发〔2011〕38号、国办发〔2012〕37号文件的规定 （三）整治措施 严格按照国发〔2011〕38号、国办发〔2012〕37号文件有关规定，要求金融资产类交易场所停止将权益拆分为均等份额后发售给投资者，只能将权益进行整体转让。对于已出售的权益资产，可由资产出售方进行回购等方式，逐步实现产品下架。规范私募债券交易行为，不等通过拆分、代持等方式变相突破合格投资者标准或单只私募证券持有人数上限